H. Jürgen Wächter

Naturschutz in den deutschen Kolonien in Afrika (1884 – 1918)

EUROPA-ÜBERSEE

Historische Studien

herausgegeben von

Prof. Dr. Horst Gründer
Historisches Seminar der Universität Münster

Band 20

LIT

H. Jürgen Wächter

Naturschutz in den deutschen Kolonien in Afrika (1884 – 1918)

Lit

Gedruckt auf alterungsbeständigem Werkdruckpapier entsprechend
ANSI Z3948 DIN ISO 9706

Bibliografische Information der Deutschen Nationalbibliothek
Die Deutsche Nationalbibliothek verzeichnet diese Publikation in der Deutschen Nationalbibliografie; detaillierte bibliografische Daten sind im Internet über http://dnb.d-nb.de abrufbar.

ISBN 978-3-8258-1767-1

Verlagskontakt:
Fresnostr. 2 D-48159 Münster
Tel. +49 (0) 2 51/620 32 - 22 Fax +49 (0) 2 51/922 60 99
e-Mail: lit@lit-verlag.de http://www.lit-verlag.de

Auslieferung:

Deutschland/Schweiz: LIT Verlag Fresnostr. 2, D-48159 Münster
Tel. +49 (0) 2 51/620 32 - 22, Fax +49 (0) 2 51/922 60 99, e-Mail: vertrieb@lit-verlag.de

Österreich: Medienlogistik Pichler-ÖBZ GmbH & Co KG
IZ-NÖ, Süd, Straße 1, Objekt 34, A-2355 Wiener Neudorf
Tel. +43 (0) 2236/63 535-290, +43 (0) 2236/63 535 - 243, mlo@medien-logistik.at

Inhalt

Inhalt

Seite

1. Einleitung

Die Geschichte des Naturschutzes während des deutschen Kaiserreiches (1871-1918) ist in den letzten Jahren verstärkt in das Blickfeld der Historiker gelangt. Neben umfassenden Arbeiten über die Herausbildung des Naturschutzgedankens[1] sowie die Entstehung des staatlichen Naturschutzes[2] sind auch bereits einige Einzelaspekte näher untersucht worden[3]. Die bisherigen Arbeiten thematisieren ausschließlich den Naturschutz im damaligen Reichsgebiet. Bisher völlig unbeachtet sind jedoch die zur gleichen Zeit erfolgten Naturschutzmaßnahmen in den deutschen Kolonien. Dies ist verständlich, da historische Quellen zu diesem Thema noch nicht ausgewertet sind und die zeitgenössische Literatur sehr verstreut in von der Geschichtsforschung oft wenig beachteten Zeitschriften zu suchen ist. Nach dem Verlust der Kolonien mit dem Versailler Vertrag sank die Zahl der Veröffentlichungen zum Naturschutz in den Kolonien ohnehin praktisch auf Null, und in der folgenden Reise- und Veteranenliteratur[4] sowie kolonialrevisionistisch angelegten Büchern[5] wird der Naturschutz ebenfalls nicht behandelt. Auch von der Literatur der vom Völkerbund eingesetzten Mandatsmächte wird dies nicht ausgeglichen; in deren Darstellungen zur Geschichte der Gebiete wurde die deutsche Kolonialzeit sehr stiefmütterlich behandelt und spezielle Themenfelder wie der Naturschutz völlig ausgeklammert[6]. Sofern Naturschutzmaßnahmen in den Mandatsgebieten und den später selbständig gewordenen Staaten Thema von Veröffentlichungen sind, fehlen in diesen fast immer Angaben zu entsprechenden Bestrebungen aus deutscher Zeit[7]. Diesen Mangel hat die deutsche Geschichtswissenschaft bisher nicht kompensiert[8]; eine Ausnahme bilden allein die beiden kurzen Aufsätze von Baldus[9], in denen zumindest auf den kolonialdeutschen Naturschutz hingewiesen wird, ohne dass aber eine intensivere Auseinandersetzung erfolgt. Erstaunlich ist, dass sich selbst naturwissenschaftliche Literatur des Themas nicht angenommen hat, obwohl die afrikanische Flora und Fauna und speziell die Institution der Nationalparke ein häufig thematisiertes Feld sind. Dies gilt selbst für Ostafrika, wo Mitte des 20. Jahrhunderts die Einrichtung von Schutzgebieten für die Großtierwelt besonders durch Initiativen aus Deutschland wiederbelebt wurde[10].

In dieser Arbeit soll daher erstmals die Frage gestellt werden, inwieweit Naturschutzmaßnahmen auch in den deutschen Kolonien in Afrika zwischen 1884 und 1918 erfolgt sind (Frage 1).

Dabei soll tiefergehend untersucht werden, ob die in Deutschland entwickelten Naturschutzmaßnahmen lediglich auf die Kolonien übertragen wurden, oder ob dort eine eigenständige Entwicklung der Umsetzung des Naturschutzes einsetzte, die

---

[1] SCHMOLL 2004.
[2] FROHN & SCHMOLL 2006b.
[3] BLAB 2006, ERZ 1987, FROHN & SCHMOLL 2006a, HARTUNG 1989, OTT et al. 1999, PIECHOCKI 2003, 2006, 2007a, b, RIECKEN 2006, SUKOPP et al. 2006, WETTENGEL 1993. Hierzu trägt auch die 1996 durch das Land Nordrhein-Westfalen gegründeten Stiftung Naturschutzgeschichte bei, vgl. DIETZ 2003: 71.
[4] Etwa LETTOW-VORBECK 1920a, b.
[5] Etwa SCHNEE 1927.
[6] Vgl. FAGE 1978, HARLOW & CHILVER 1965, KIMAMBO & TEMU 1969, LISTOWEL 1965, LOW & SMITH 1976, MARSH 1972, MIDDLETON 1997, OLIVER & MATTHEW 1963, ROBERTS 1968.
[7] Das gilt selbst für grundlegende Arbeiten wie ANDERSON & MACKENZIE 1987, ANKER 2001, HULME & MURPHREE 2001, HUXLEY 1961, MADDOX et al. 1996.
[8] Vgl. etwa GRÜNDER 2004, SPEITKAMP 2006.
[9] BALDUS 2001, 2004.
[10] Vgl. u. a. GRZIMEK & GRZIMEK 1959, 1960, GABRIEL 2000: 118, 311.

sich von der in Deutschland unterschied (Frage 2).

Naturschutzmaßnahmen stehen in einem immanenten Spannungsverhältnis mit ökonomischen Interessen an der Natur. Bei ihrer Umsetzung kommt es daher zu einer Konkurrenzsituation zwischen Naturschützern und Naturnutzern um die Verfügbarkeit der natürlichen Ressourcen. Um offene Konflikte zwischen den Ansprüchen beider Akteure zu verhindern, sind Regelungen durch die staatliche Gewalt erforderlich. In dieser Arbeit soll daher auch untersucht werden, in welcher Form eine Konkurrenzsituation zwischen Naturschützern und Naturnutzern in den deutschen Kolonien bestand (Frage 3) und wie Politik und Verwaltung darauf reagierten (Frage 4).

2. Methode

2.1 Gliederung

Nach einigen methodischen Vorüberlegungen (Quellen, Untersuchungsgebiet, Begriffsbestimmungen) wird zu Beginn der Arbeit ein kurzer Überblick über die Entwicklung des Naturschutzes im Deutschen Kaiserreich gegeben werden, da sich die Fragestellungen nur im Kontext mit den gleichzeitig dort erfolgten Naturschutzmaßnahmen beantworten lassen (Kapitel 3). Dazu werden in Kapitel 4 der Begriff der Naturschutzmaßnahme näher definiert und die im Reich entwickelten und angewendeten Maßnahmen (Objektschutz, Flächenschutz, Artenschutz) vorgestellt. Ab Kapitel 5 wird dann der Blick auf die Kolonien gerichtet und einige zum weiteren Verständnis erforderliche Aspekte der naturkundlicher Ausstattung, Erforschung und Nutzbarmachung vorgestellt. Der Hauptteil der Arbeit liegt in den Kapiteln 6 bis 10. In Kapitel 6 wird einführend dargestellt, inwieweit und durch welche Ursachen es nach der kolonialen Inbesitznahme durch die Naturnutzer zu Beeinträchtigungen der Natur in den Kolonien kam und welche Auswirkungen dies auf die Natur hatte. Kapitel 7 führt in die staatlichen Entscheidungsstrukturen der Kolonien ein und zeigt auf, welche Maßnahmen staatlicherseits bis 1907 zum Schutz der Natur ergriffen wurden und inwieweit es dabei Abweichungen im Vergleich zu den Naturschutzmaßnahmen in Deutschland gab; dabei wird besonders aufgezeigt, dass es bei der Umsetzung von Naturschutzmaßnahmen zu einer eigenständigen Entwicklung mit deutlichen Phasen kam, in denen der Einfluss der Naturnutzer und Naturschützer abwechselnd dominierte (Frage 2). Um verstehen zu können, in welcher Form eine Konkurrenzsituation zwischen Naturschützern und Naturnutzern vorlag, ist es erforderlich, die Motive und Ziele beider Akteursgruppen zu untersuchen, was in Kapitel 8 erfolgt (Frage 3). In den Kapiteln 9 und 10 wird der Handlungsfaden wieder aufgenommen und die Entwicklung des Naturschutzes in den Kolonien ab 1907 dargestellt; die Kapitel 6-7 und 9-10 geben zusammen eine Antwort auf die Frage 1. In den Kapiteln 9 und 10 werden darüber hinaus zwei Phasenübergänge näher dahingehend untersucht, wie die Politik auf die Konkurrenzsituation reagierte (Frage 4). Danach erfolgt mit Kapitel 11 ein kurzer Blick auf die Entwicklung des Naturschutzes in Afrika nach dem Verlust der Kolonien, bevor in Kapitel 12 die Ergebnisse abschließend bewertend zusammengefasst und damit die Eingangsfragen zusammenfassend beantwortet werden. Zum Schluss wird in Kapitel 13 ein Ausblick auf weitere aus den Ergebnissen abgeleitete Fragestellungen gegeben. Zur Anschaulichkeit sind in den Text Tafeln mit meist zeitgenössischen Fotos und Karten eingefügt. Ein ausführlicher Apparat der verwendeten Quellen und Literatur sowie Fußnoten und Bildnachweise rundet die Arbeit ab und bietet zudem eine Hilfe für weitergehende Untersuchungen zum kolonialen Naturschutz des deutschen Kaiserreichs.

2.2 Quellen und Literatur

Aufgrund des bisher unzureichenden Bearbeitungsstandes und der nur lückenhaft überlieferten Daten ist es erforderlich, verschiedenste Quellen und Literatur für diese Arbeit heranzuziehen:

- Akten der Kolonialbehörden in Berlin
  Eine wichtige Quelle sind die Akten des Reichskolonialamtes, die heute im Bundesarchiv in Berlin aufbewahrt werden. Enthalten sind darin auch die Akten der bis 1907 bestehenden Kolonialabteilung des Auswärtigen Amtes, die im Reichskolonialamt aufging. Erhalten ist jedoch nicht der Gesamtbestand, denn 32% der Akten sind bei einem Luftangriff 1945 im Reichsarchiv Potsdam verbrannt, und weitere 5% gingen im Rahmen von Auslagerungen verloren[11]. Einige Akten liegen auch im Geheimen Staatsarchiv Preussischer Kulturbesitz vor (siehe 14.1.1).

- Akten der Gouvernementsverwaltungen in den Kolonien
  Nur zu geringen Teilen verfügt das Bundesarchiv über Akten der Gouvernementsverwaltungen der Kolonien. Einerseits spielten die Einwirkungen des Ersten Weltkrieges selber eine Rolle; so wurden die Akten in Deutsch-Ostafrika vor der Einnahme von Daressalam überstürzt nach Morogoro und dann nach Tabora ausgelagert, um danach teilweise vernichtet zu werden, damit sie dem Feind nicht in die Hände fielen[12]. Während der Mandatszeit scheinen Bestände zu manchen Themata nicht von Interesse gewesen zu sein. Beispielweise wurde in einem britischen Gouvernementsrundschreiben aus dem Jahr 1927 für Tanganyika die Anweisung gegeben „to destroy any obviously useless [...] correspondence"[13]. Es liegen Hinweise vor, dass auch Klima und schlechte Lagerungsverhältnisse Anteil an einer Zerstörung hatten; 1920 wurden die deutschen Aktenbestände in Tabora als „mostly rat and ant eaten" beschrieben[14]. Von den an Deutschland zurückgegebenen Akten wurde beim Luftangriff auf das Reichsarchiv der Gesamtbestand betreffend Deutsch-Ostafrika, Kamerun und Togo sowie 6% der Akten aus Deutsch-Südwestafrika vernichtet[15]. Erhalten sind heute Restbestände[16] sowie die in den ehemaligen Kolonien verbliebenen Akten, die in die Archive der unabhängig gewordenen Staaten überführt wurden[17]. Für diese Arbeit konnten die allein in den afrikanischen Archiven befindlichen Akten nicht ausgewertet werden. Zwar erfolgt seit 2004 mit Unterstützung des Bundesarchivs eine Mikroverfilmung im Nationalarchiv von Tansania [18]; das Projekt ist jedoch noch nicht abgeschlossen[19], so dass die Akten hier nicht berücksichtigt werden konnten.

- Akten der Bezirksämter
  Die Probleme der Aktenverluste stellen sich eklatant bei den Beständen der Bezirksämter, von denen zumeist nur Schreiben erhalten sind, wenn sie in die Be-

[11] SCHMID 1956: 180-181, 193.
[12] KARUGILA 1980: 118.
[13] Zitat nach KARUGILA 1980: 118; zugrunde liegt das Government Circular No. 7 of 1927, Destruction of Old Records.
[14] KARUGILA 1980: 118.
[15] SCHMID 1956: 180-182, 193. Insgesamt handelte es sich um 5350 Aktenbündel à 7 Kilogramm vernichtetes Material aus dem Reichskolonialamt und den afrikanischen Kolonien.
[16] Vgl. KARUGILA 1980: 119. Diese Akten befinden sich heute im Bundesarchiv in Berlin, Abt. Deutsches Reich.
[17] Etwa die Abteilung „German Records" im Nationalarchiv von Dar-es-Salaam, vgl. FRANZ & GEISSLER 1973.
[18] GANSER & SANDER 2005.
[19] Persönliche Mitteilung J. Ganser, Bundesarchiv Berlin vom 09.07.2007.

stände der Gouvernementsverwaltungen aufgenommen worden waren. In der Regel fanden Akten der Bezirksämter nur zu einem geringen Teil Eingang in die nationalen Archive. Sie dürften heute wohl zum allermeisten Teil vernichtet sein.

- Rechtsvorschriften
  Eine wichtige Quelle sind Rechtsvorschriften im Form von Verordnungen und Erlassen der Gouverneure der Kolonien, die im Deutschen Kolonialblatt veröffentlicht wurden[20]. Diese betrafen in zahlreichen Fällen Naturschutzaspekte und spiegeln Probleme und Lösungsversuche wider, zu denen andere Quellen rar sind; sie finden daher in dieser Arbeit besondere Berücksichtigung (14.2).

- Zeitungsartikel
  Die Zeitungen im Deutschen Reich und den Kolonien berichteten über die Naturschutzmaßnahmen und die damit verbundenen Probleme. Sie bieten eine ergänzende Quelle für anderweitig nicht dokumentierte Ereignisse, Maßnahmen und Meinungen. Allerdings sind Zeitungsartikel mit einer gewissen Vorsicht zu verwenden, da die Fehlerrate von Daten in ihnen manchmal sehr hoch ist[21]; sie werden in dieser Arbeit daher nur ergänzend herangezogen.

- Zeitgenössische Fachartikel
  Zeitgenössische Fachartikel über den Naturschutz in den Kolonien finden sich nur sehr verstreut in den unterschiedlichsten Zeitschriften und Büchern. Das wird ein Grund dafür sein, dass sie bisher kaum ausgewertet wurden. Da sie oft relevante Daten enthalten, wurde für diese Arbeit versucht, eine hohe Anzahl zu ermitteln und auszuwerten.

- Daten aus späterer Literatur
  Wie dargestellt wurde, ist das Thema des Naturschutzes in den deutschen Kolonien bisher nicht zusammenfassend bearbeitet worden, so dass wenig neuere Veröffentlichungen herangezogen werden können. Hinweise finden sich versteckt jedoch in unterschiedlichsten historischen, landeskundlichen und biologischen Artikeln und Büchern; außerdem in der Jagdliteratur, in Monographien über heutige Nationalparks sowie in Biographien. Für diese Arbeit wurde versucht, ein breites Spektrum dieser Veröffentlichungen heranzuziehen, um ein möglichst vollständiges und ausgewogenes Bild gewinnen zu können. Die benutzten Zeitungsartikel, zeitgenössischen Fachartikel und die anderweitige Literatur sind unter 14.3 gesammelt aufgeführt.

Ein deutlicher Mangel besteht an Quellen, die die zeitgenössische Sicht der Afrikaner zum Naturschutz widerspiegeln. Ihre Einstellungen können nur vorsichtig auf dem Umweg über wenige Berichte von Europäern erschlossen werden. Afrikanische Quellen zum Naturschutz in der deutschen Kolonialzeit bestehen wohl nicht; auch konnte keine mündlich tradierte Überlieferung ausfindig gemacht werden.

---

[20] Teilweise sind die Rechtsvorschriften für einzelne Kolonien auch zusammenfassend veröffentlicht worden; vgl. KAISERLICHES GOUVERNEMENT VON DEUTSCH-OSTAFRIKA 1911, KAISERLICHES GOUVERNEMENT VON TOGO 1910, RUPPEL 1912, ZIMMERMANN 1901.

[21] Wie derjenige die Erfahrung machen kann, der der Presse selbst Interviews gewährt.

2.3 Untersuchungsgebiet

Nicht unerwähnt darf bleiben, warum für diese Arbeit die vier Kolonien in Afrika herangezogen werden. Denn einerseits besaß das Deutsche Reich ja auch Kolonien in der Südsee und in China; und andererseits kann auch der Gedanke aufkommen, sich bei einer erstmaligen Untersuchung zu diesem Thema auf eine einzelne Kolonie zu beschränken. Die Anordnungen des Reichskolonialamtes zum Naturschutz wurden in ähnlicher Form an alle Gouverneure der afrikanischen Kolonien gegeben. Differenzierungen fanden statt, wenn die Landesnatur dies erforderlich machte. Insoweit kann von einem einheitlichen Vorgehen seitens der Reichsbehörden ausgegangen werden. Das Hauptproblem stellt aber die fragmentarische Erhaltung der Quellen dar. Bei Bearbeitung lediglich einer Kolonie würde sich kein vollständiges Bild ergeben; erst durch die Heranziehung der verschiedenen Arten von Quellen und Literatur (2.2) und aller afrikanischen Kolonien gleicht sich dieser Mangel aus. Für diese Arbeit wurde insoweit versucht einen Kompromiss zu finden, als Deutsch-Ostafrika als Schwerpunkt der Untersuchung herangezogen wird, die anderen deutschen Kolonien in Afrika aber ergänzend berücksichtigt werden, soweit Quellen und Literatur zu Ostafrika nicht ausreichend sind. In den nichtafrikanischen Kolonien wurden scheinbar kaum Naturschutzmaßnahmen durchgeführt; zumindest finden sie in den Akten des Reichskolonialamtes kaum Erwähnung. Die Gründe dafür mögen vielfältig sein. So war Kiautschou relativ klein und dicht besiedelt und unterstand zudem der Reichsmarineverwaltung; von der Naturausstattung bot es nichts Bemerkenswertes. In den Südseekolonien war eine reiche Natur vorhanden, die aber aufgrund der großen Entfernung vom Reich und des geringen Grades an Forschung und kolonialer Durchdringung während der kurzen deutschen Kolonialzeit noch nicht auf die Agenda des Naturschutzes gelangte[22]. Insgesamt würde die Einbeziehung der asiatisch-pazifischen Kolonien daher wohl derzeit keinen weiteren Erkenntnisgewinn bedeuten; sie werden deshalb in dieser Arbeit nicht berücksichtigt.

2.4 Begriffserklärungen

Zum Verständnis der folgenden Ausführungen ist es erforderlich, einige Begriffe näher zu erläutern.

Naturschutz wurde zu Beginn des 20. Jahrhunderts im Wesentlichen schon in dem Sinn verstanden, wie ihn das Reichsnaturschutzgesetz dann schließlich definierte. Er erstreckte sich danach auf den Schutz und die Pflege von „Pflanzen und nicht jagdbaren Tieren, Naturdenkmalen und ihrer Umgebung, Naturschutzgebieten und sonstigen Landschaftsteilen in der freien Natur, deren Erhaltung wegen ihrer Seltenheit, Schönheit, Eigenart oder wegen ihrer wissenschaftlichen, heimatlichen, forst- oder jagdlichen Bedeutung im allgemeinen Interesse liegt“[23]. Der Naturschutz zielte damit nicht „auf die Lösung moderner Umweltprobleme. Es ging statt dessen um die Rettung des Vorgefundenen und seine Transformation in den Gemeinbesitz moderner Gesellschaften“[24]. Naturschutz hatte damit einen vorwiegend konservatorischen Charakter, auch wenn erste Ansätze von fördernden Naturschutzmaßnahmen sichtbar wurden[25]. Der Naturschutz umfasst den Schutz von Tieren und Pflanzen. Hinsichtlich Pflanzen liegen aus der deutschen Kolonialzeit keine Hinweise vor, dass es

---

[22] Erst 1913 wurden Regelungen zur Jagd auf Neuguinea diskutiert; LÜDERS 1913a: 258. Eine Ausnahme bieten allein die Bemühungen um den Schutz von Paradiesvögeln in Deutsch-Neuguinea, deren Federn in die europäische Hutmode Eingang gefunden hatten; siehe dazu PAASCHE 1914.

[23] Reichsnaturschutzgesetz vom 26.07.1935, § 1.

[24] SCHMOLL 2004: 14.

[25] WETEKAMP 1914: 211.

Schutzmaßnahmen gegeben hat; insoweit betreffen die folgenden Ausführungen allein die Maßnahmen zum Schutz von Tieren. Pflanzen spielen aber insoweit eine Rolle, als dass der Erhalt von Wald als Pflanzenformation ein Ziel des kolonialen Naturschutzes war. Maßnahmen zu dessen Schutz werden in historischen Betrachtungen zum Naturschutz oft nicht thematisiert, sondern im Bereich der Forstgeschichte behandelt. Dies ist insoweit nicht gerechtfertigt, als dass die ersten Maßnahmen des Naturschutzes im Sinne der obigen Definition und auch erste grundlegende wissenschaftliche Erkenntnisse des Naturschutzes gerade im Forstbereich stattfanden. Insbesondere das dort entdeckte Gesetz der Nachhaltigkeit[26] bildete eine grundlegende Theorie für das Verständnis ökologischer Prozesse und den Schutz von Lebensräumen in Form des Flächenschutzes. Es war früh erkannt worden, dass Wälder ökologische Funktionen wahrnehmen und Waldschutz positive Auswirkungen auf Wasserhaushalt, Tierwelt, Klima und Bodenerosion hat[27]. Schon das Preußische Schutzwaldgesetz von 1875 schloss die ökologischen Schutzfunktionen des Waldes ein[28]. Durch Naturschutzmaßnahmen auf staatlichen Flächen ab 1907 wurde die Verbindung zwischen Naturschutz und Forstwirtschaft noch enger. Auch da der Waldschutz in den Kolonien als Teil des Naturschutzes angesehen wurde, muss er in diese Arbeit einfließen. Wenn er allerdings nicht vertiefend thematisiert wird, ist dies dem Zwang geschuldet, das Thema nicht zu überfrachten. Auf der anderen Seite stellte der Waldschutz auch nie ein besonderes Konfliktfeld dar, sondern war im Gegenteil – als Forstwirtschaft ja auch der Ökonomie nahestehend - in Deutschland als auch in den Kolonien allgemein anerkannt. Insoweit ist er nicht typisch für die Konflikte zwischen Naturschutz und Naturnutzung in den Kolonien. Im Folgenden werden Aspekte des Waldschutzes daher der Vollständigkeit halber in den Kapiteln 6 und 7 angesprochen, aber nicht vertiefend ausgeführt.

Als Naturschützer werden in dieser Arbeit diejenigen Personen bezeichnet, die ohne ökonomische Absichten den Naturschutz propagierten oder umsetzten. Als Naturnutzer sollen die Personen verstanden werden, die die Natur mit Gewinnerzielungsabsicht wirtschaftlich nutzten oder zu nutzen beabsichtigten (etwa Landwirte, gewerbsmäßige Jäger, Händler von Naturprodukten).

Für die kolonialen Besitzungen Deutschlands werden in der Literatur sowohl die Bezeichnungen „Kolonie“ als auch „Schutzgebiet“ verwendet. Schutzgebiet ist zugleich ein Begriff aus dem Naturschutz (siehe 4.3), der dort einen abgegrenzten Bereich zur Erhaltung von Flora, Fauna oder Landschaftselementen meint. Um Verwechslungen vorzubeugen, werden im Folgenden daher die vier deutschen Gebiete in Afrika als „Kolonie“ bezeichnet; der Begriff „Schutzgebiet“ wird dagegen ausschließlich in seiner naturschutzfachlichen Bedeutung verwendet.

---

[26] Es besagt, dass aus einem Wald nicht mehr Holz entnommen werden darf, wie in gleicher Zeit nachwächst.

[27] Vgl. OTTO 1994: 155ff.

[28] ERZ 1987: 308. Forstordnungen gab es in Deutschland schon seit dem 16. Jhd., die jedoch hauptsächlich auf die Sicherung der Holzversorgung zielten, vgl. HASEL 1985: 169.

3. Naturschutz in Deutschland bis 1914

Die Naturschutzidee entstand in der technisch-sozialen Umbruchsphase der zweiten Hälfte des 19. Jahrhunderts. Auf der einen Seite wurde der industrielle und ökonomische Aufbruch begrüßt, der die Abhängigkeit des Menschen von der Natur durch Technik (Dampfmaschinen, Eisenbahnen, Kanäle etc.) und neue Landnutzungsformen (Düngung, Melioration etc.) zurückdrängte; Hungersnöte und Energiemangel, die bisher den menschlichen Aktivitäten Grenzen gesetzt hatten, wurden überwunden, und es kam der Gedanke auf, die Natur beherrschen zu können. Auf der anderen Seite zeigte sich aber bald die Begrenztheit natürlicher Ressourcen und die Zerstörbarkeit vertraut gewordener Landschaft und Naturelemente. Extreme Fälle von Luft- und Gewässerverschmutzung in den entstehenden Industrieregionen ließen erkennen, wie stark der Mensch in der Lage war, die Umwelt zu verändern[29]. Das Aussterben von Tierarten in großen Teilen Deutschlands (Wolf, Bär, Steinadler, Elch, Biber, Luchs, Bartgeier, Wisent etc.)[30] sowie Bestrebungen zur kommerziellen Nutzung lieb gewonnener Naturschönheiten erzeugten lokale Gegenbewegungen, und der Begriff der Heimat wurde zu einer Metapher für den Widerspruch gegen den Allmachtsanspruch von Industrie und Landwirtschaft[31]. Gerade die Erfahrung mit dem „Verlust einer bislang als vertraut erfahrenen ästhetischen Umwelt“[32] war entscheidend für die Entstehung des Naturschutzes. Frühes Beispiel ist die Auseinandersetzung zwischen Steinbruchbesitzern und Liebhabern der Rheinromantik um den Drachenfels bei Königswinter, der schließlich 1836 zum sogenannten ersten Naturschutzgebiet Deutschlands wurde[33]. Weitere Schutzgebiete folgten (Felspartien an der Donau 1840, Teufelsmauer im Harz 1852)[34]. Das emotionale Motiv der Verlustangst um Naturelemente sollte auch für den Naturschutz in den Kolonien erhebliche Bedeutung gewinnen.

Der erste Nachweis des Wortes „Naturschutz“ findet sich in einem Brief seines maßgeblichen Wegbereiters, Ernst Rudorff (1840-1916), aus dem Jahr 1888[35]. Die meisten Initiativen zum Schutz der Natur erfolgten nicht staatlicherseits, sondern gingen auf engagierte Personen und sich formierende Naturvereine zurück. Beispielhaft seien der Verein zur Erhaltung des Siebengebirges (1886), der Verein zum Schutze und Pflege der Alpenpflanzen (1900), der Verein Jordsand zur Begründung von Vogelfreistätten an den deutschen Küsten (1907) und der Verein Naturschutzpark (1909) genannt[36]. Diese Vereine initiierten biologische Kartierungen, Spendensammlungen und Flächenkäufe, um Naturdenkmale und Naturgebiete vor Zerstörung zu bewahren. Dem Naturschutz kam zugute, dass breite Teile des Bildungsbürgertums, vor allem Lehrer, aktive Mitglieder der Vereine waren, die die Naturschutzidee als Multiplikatoren verbreiteten[37].

1898 forderte der Abgeordnete Wilhelm Wetekamp[38] im Preußischen Abgeordnetenhaus staatliche Regelungen zur Errichtung von Naturschutzgebieten[39]. Dem wur-

[29] Vgl. BRÜGGEMEIER & ROMMELSPACHER 1992, BRÜGGEMEIER 1996.
[30] Arten nach ANT 1972: 126-132, PLACHTER 1991: 267.
[31] PIECHOCKI 2007c: 287.
[32] SCHMOLL 2004: 387.
[33] BLAB 2006: 8, CONWENTZ 1912: 4.
[34] ANT 1972: 127-128.
[35] PIECHOCKI 2007a: 111.
[36] BLAB 2006 : 8.
[37] WETTENGEL 1993: 371-372.
[38] *1859, † 1945.
[39] PIECHOCKI 2006: 46, BLAB 2006: 8, ANT 1972: 129f, FROHN & SCHMOLL 2006a : 3.

de zwar nicht entsprochen, doch richtete der preußische Staat 1906 die Staatliche Stelle für Naturdenkmalpflege mit ihrem Leiter Hugo Conwentz[40] ein, der eine Denkschrift zur Erhaltung der Naturdenkmäler verfasst hatte[41]. Gleichwohl blieb die Gesetzgebung lange hinter den Ansprüchen an einen wirksamen Naturschutz zurück. Trotz grundsätzlicher Befürwortung des Naturschutzes durch alle politischen Lager scheiterten Initiativen zur Verabschiedung eines entsprechenden Gesetzes in Preußen und eines Reichsnaturschutzgesetzes immer wieder[42]. Der Grund waren Bedenken, dass der Staat dadurch in die finanzielle Pflicht genommen würde, und man sah darin einen zu starken Eingriff in das private Eigentum[43]. Naturschutzaspekte wurden nur in Ansätzen in gesetzliche Bestimmungen übernommen, die zu anderen Zwecken erlassen worden waren, wie in Preußen in das Gesetz gegen die Verunstaltung landschaftlich hervorragender Gegenden[44], das Preußische Wassergesetz[45] oder das Denkmalschutzgesetz in Hessen[46]. In Bayern wurde 1909 erstmals die Möglichkeit eröffnet, die Flora eines beliebig großen Gebietes absolut zu schützen, woraufhin ein Pflanzenschutzgebiet in Berchtesgaden ausgewiesen wurde[47]; trotz dieses fortschrittlichen Beispiels dauerte es noch bis zum Jahr 1935, ehe das erste reichsweit geltende Naturschutzgesetz erlassen wurde[48].

Die Problematik für die Staatliche Stelle für Naturdenkmalpflege lag daher darin, dass sie mangels gesetzlicher Grundlage keine Vollzugkompetenzen besaß[49]. Sie musste sich darauf beschränken, aufzuklären und versuchen zu überzeugen. Es erfolgte eine Inventarisierung der Naturdenkmäler in allen preußischen Provinzen, und es wurde der Ankauf von Naturschutzgebieten organisiert sowie Erhaltungsempfehlungen gegeben[50]. Eine Umsetzung von Maßnahmen des Naturschutzes war nur möglich, wenn entsprechende Flächen durch den Staat oder Naturschutzvereine angekauft oder auf staatlichem Grund vorgenommen werden konnten. Letzteres war besonders in den großen staatlichen Forstgebieten möglich[51]. 1907 wurde durch Erlass zumindest die Ausgestaltung der Naturdenkmalpflege in Preußen geregelt und die Staatsforstverwaltungen angewiesen, Naturdenkmäler zu schützen und Naturschutzgebiete auf größeren Flächen anzulegen[52]. Gleichwohl waren die staatlichen Institutionen finanziell und personell minimal ausgestattet und bedurften der Unterstützung ehrenamtlicher regionaler Naturschutzvereine[53].

---

[40] *1855, †1922.
[41] Siehe CONWENTZ 1904.
[42] FROHN & SCHMOLL 2006a: 4.
[43] SCHMOLL 2004: 156.
[44] Vom 02.06.1902.
[45] Vom 07.04.1913.
[46] Vom 16.07.1902.
[47] CONWENTZ 1912: 12-13. Es handelt sich um Teile des heutigen Nationalparks Berchtesgaden.
[48] Vom 26.07.1935.
[49] OTT 1999: 32.
[50] CORNELIUS 1936: 17.
[51] CONWENTZ 1914: 112.
[52] CONWENTZ 1912: 6, 1913: 4-5, ANT 1972: 131.
[53] OTT 1999: 32, WETTENGEL 1993: 367, CONWENTZ 1913: 1-3, BRENDLE 2006: 39.

4. Naturschutzmaßnahmen

Zur Umsetzung des Naturschutzes wurden spezielle Maßnahmen entwickelt[54]. Als Maßnahmen des Naturschutzes werden hier die Instrumente verstanden, die zur Umsetzung des Naturschutzes angewandt wurden. Dabei hatten sich bis zur Jahrhundertwende insbesondere drei Maßnahmen herausgebildet, nämlich der Objekt-, der Arten- und des Flächenschutz. Da sie auch in den Kolonien Anwendung finden sollten, ist es wichtig, diese näher zu definieren und kurz auf ihre Umsetzung innerhalb des Reichsgebietes einzugehen.

4.1 Objektschutz

Einerseits richteten sich die Schutzbestrebungen auf einzelne Naturobjekte, die als Naturdenkmal erhalten bleiben sollten. Der Begriff des Naturdenkmals findet sich bereits im 18. Jahrhundert in geologischen Beschreibungen, doch in einen weiteren Sinn wurde er erst von Alexander von Humboldt gestellt, der in der Beschreibung seiner amerikanischen Reise den Zamang del Guayre, einen riesenhaften Mimosenbaum in Venezuela, als „Naturdenkmal" bezeichnete[55]. 1874 verwendete der Afrikaforscher Schweinfurth den Ausdruck für einen Felsblock in Innerafrika[56]; in der Folgezeit formte er „sich bald zu einem Inbegriff der gesamten Naturschutzbestrebungen"[57], und die Idee des Naturdenkmals entwickelte sich zum „wichtigsten Leitbild in den wilhelminischen Naturschutzbewegungen"[58]. Hinsichtlich der Frage, was denn ein Naturdenkmal sei, kam es allerdings zu verschiedensten Definitionen[59]. Die wohl am weitgehendsten akzeptierte, die auch für diese Arbeit zugrunde gelegt wird, findet sich in einem Brief des preußischen Ministers für geistliche und Unterrichtsangelegenheiten, Studt, an den Kaiser. Es geht dabei um „solche Erscheinungen der Erdoberfläche, der Pflanzen- und der Thierwelt..., welche in irgendeiner Beziehung, sei es wegen ihres seltenen Vorkommens, oder wegen ihrer eigenartigen Gestaltung oder wegen ihrer Zugehörigkeit zu früheren Entwicklungsperioden der Erde als sogenannte Naturdenkmäler besonders beachtenswerth erscheinen und angesichts ihrer mit dem Fortschreiten der Kultur ständig wachsenden Gefährdungen eines besonderen Schutzes zu ihrer Erhaltung bedürfen"[60]. In der Praxis handelte es sich um Naturerscheinungen wie Bäume, Findlinge, Felsen, Quellen und ähnliche punktuell in der Landschaft erhalten gebliebene Naturobjekte. Naturdenkmäler wurden als „Zeugnisse von Kultur und Geschichte eines Volkes verstanden, die es in gleichem Maße wie die historischen und künstlerischen Denkmäler zu schützen und zu bewahren galt"[61]. Da sie in das Denkmalschutzgesetz aufgenommen wurden[62], konnten auf lokaler Ebene Naturdenkmäler angekauft und als solche ausgewiesen werden. Am Ende des Kaiserreiches gab es schließlich mehrere Tausend geschützte Naturdenkmäler in Deutschland. Da die Naturobjekte meist vor ihrer Unterschutzstellung aufgekauft wurden, führte der Objektschutz zu keinem grundsätzlichen Konflikt mit Nutzungsinteressen.

---

[54] Die Begriffe Naturschutzmaßnahmen und Maßnahmen des Naturschutzes werden in dieser Arbeit synonym verwendet. Der Begriff der „Maßnahme" hat sich im Naturschutz allgemein durchgesetzt und, obwohl Begriffe wie „Methoden" oder „Mittel" eventuell treffender wären.

[55] HUMBOLDT 1991: 623.

[56] BOCK 1910: 4.

[57] CORNELIUS 1936: 3.

[58] SCHMOLL 2004: 97.

[59] PIECHOCKI 2007b: 158.

[60] Schreiben vom 21.10.1904, GStA PK, I. HA, Rep. 89H, Nr. 20785, Bl. 75.

[61] SCHMOLL 2004: 115, WETTENGEL 1993: 356.

[62] HÖNES 2006: 751.

4.2 Artenschutz

Objekte des Artenschutzes waren nicht einzelne Objekte oder Individuen, sondern Populationen bis hin zur Gesamtheit aller Populationen einer Tier- oder Pflanzenart, die vor dem Zugriff des Menschen geschützt werden sollten[63]. Damit grenzt er sich vom Tierschutz ab, der sich dem Wohlergehen einzelner Individuen widmet. Die Anfänge des Artenschutzes gehen zurück auf Maßnahmen zum Schutz von Vögeln. Bereits 1810 wurde in Bayern die Verordnung zum Schutz der Waldvögel erlassen[64], 1862 erfolgte eine Vogelschutzgesetzgebung im Fürstentum Lippe[65] und 1876 wurde ein vollkommener Schutz aller nicht jagdbaren Vögel im Königreich Sachsen verordnet. Vögel wurden dabei nicht um ihrer selbst willen, sondern wegen ihrer Nützlichkeit geschützt[66]; vordringlich war das Ziel, die Insekten fressenden Vögel für die Landwirtschaft zu sichern. Dies war auch der Grund, warum 1868 ausgerechnet die Generalversammlung der Land- und Forstwirte ein internationales Vogelschutzübereinkommen forderte[67]. Seit der Gründung des Deutschen Vereins zum Schutz der Vogelwelt 1875 nahmen sich auch immer mehr engagierte Bildungsbürger der Ornithologie an und forderten einen Schutz allein aus emotionalen und ethisch-moralischen Gründen. Artenschutz um seiner selbst willen wurde von einigen Abgeordneten gefordert[68], konnte 1888 im Reichsvogelschutzgesetz[69] jedoch noch nicht durchgesetzt werden; dies erfolgte aber bei dessen Neufassung 1908[70]. Auch im internationalen Naturschutz beteiligte sich Deutschland hinsichtlich des Vogelschutzes früh; 1895/1902 wurde die Internationale Konvention zum Schutz der in der Landwirtschaft nützlichen Vögel unterzeichnet[71]. Nach und nach wurde der Schutz auf weitere Tiere ausgedehnt und Regelungen zum Schutz von Pflanzen- und Tierarten in das Polizeistrafrecht aufgenommen[72]. Insoweit entwickelte sich auch der Artenschutz zu einer wirksamen Maßnahme des Naturschutzes. Aufgrund des allgemein geringen Wildbestandes in Deutschland, der sich im großen Stil nicht kommerziell nutzen ließ und der lange bestehenden anerkannten Jagdregelungen kam es hinsichtlich des Artenschutzes zu keinem größeren Konflikt zwischen Naturschützern und Naturnutzern.

4.3 Flächenschutz

Angeregt durch Vorbilder aus den USA, wo es zur Gründung großer Nationalparke gekommen war (1864/90 Yosemite-Nationalpark, 1872 Yellowstone), bildete sich in Deutschland früh die Forderung nach flächenhaften Schutzgebieten. Denn es war erkannt worden, dass allein die Unterschutzstellung eines Einzelobjektes oder einer Art nicht ausreichte, um diese dauerhaft zu bewahren. Entsprechend schrieb der Geologe Alfred Jentzsch[73]: „Eine aussterbende Art lässt sich im wilden Zustande nur dann möglicherweise erhalten, wenn man einen weiten Umkreis schützt und ihre ganze natürliche Pflanzen- und Tiergesellschaft vor Schädigung bewahrt“[74]. Flächenschutz wird seitdem definiert als die Sicherung ausgewählter, gewöhnlich be-

---

[63] PLACHTER 1991: 255, 288.
[64] ERZ 1987: 307.
[65] ERZ 1987: 307.
[66] SUKOPP et al. 2001: 18.
[67] ERZ 1987: 307.
[68] PIECHOCKI 2003: 208.
[69] Vom 22.03.1888.
[70] Vom 30.05.1908.
[71] Vom 19.03.1902.
[72] BRENDLE 2006: 39.
[73] *1850, †1925.
[74] JENZSCH 1900: VI.

sonders schutzbedürftiger Landschaftsausschnitte zum Ziel des ganzheitlichen Schutzes der Lebensräume einzelner Arten oder Lebensgemeinschaften der Flora und Fauna, bestimmter Landschaftstypen oder Landschaftsbilder, flächiger geologischer Bereiche oder natürlicher abiotischer Faktoren[75]. Für Gebiete solchen Flächenschutzes wurden verschiedene Bezeichnungen benutzt, wie Schutzgebiet, Naturschutzgebiet, Naturschutzpark und Reservat. Da für einen Flächenankauf kaum staatliche Mittel zur Verfügung standen, war eine Kooperation mit den Vereinen unerlässlich. Dadurch konnten eine Reihe bedeutender Areale erworben werden, wie etwa die Halligen Nordsand und Norderoog, der Ellenbogen bei Sylt, die Mellumplate, die Südhälfte von Hiddensee sowie Gebiete am Federsee; allein seitens der Vogelschutzvereine wurden bis 1913 sechs Naturschutzgebiete gekauft, sechs gepachtet, und die Betreuung von 14 Gebieten übernommen[76]. Der 1909 gegründete Verein Naturschutzpark kaufte Flächen in der Lüneburger Heide. Auf lokaler Ebene erfolgten weitere Gründungen von Naturschutzgebieten; dazu kamen eine große Zahl auf staatlichen Flächen. Trotz des Fehlens einer gesetzlichen Norm entwickelte sich der Flächenschutz bis zum Ersten Weltkrieg daher zu einer erfolgreichen Maßnahme des Naturschutzes.

Insgesamt lässt sich sagen, dass sich die Naturschutzidee bis zum Ersten Weltkrieg in Deutschland fest etabliert hatte. Das Fehlen eines Reichsnaturschutzgesetzes und die weitgehende Umsetzung von Naturschutzmaßnahmen auf staatlichen oder angekauften Flächen ließen dabei das immanent bestehende Spannungsverhältnis zwischen ökonomischen Ansprüchen und den Forderungen des Naturschutzes, von Einzelfällen abgesehen, nicht zu einem Konflikt zwischen den Lagern der Naturschützer und Naturnutzer eskalieren, da die Naturnutzer durch die Naturschutzmaßnahmen kaum eingeschränkt wurden. Insoweit konnte sich der Naturschutz im deutschen Kaiserreich nach und nach etablieren und nahm eine eher ruhige und evolutionäre Entwicklung ohne größere Spannungen und Auseinandersetzungen mit der Ökonomie[77]. Damit unterschied er sich wesentlich von den erfolgenden Naturschutzmaßnahmen in den deutschen Kolonien. Dort öffnete sich zur gleichen Zeit ein Konflikt mit heftigen Auseinandersetzungen zwischen Naturschutz und Naturnutzung, in dem beide Seiten ihren Einfluss vehement durchzusetzen versuchten.

5. Die deutschen Kolonien in Afrika

Zum Verständnis dieser zum Reich konträren Entwicklung ist es erforderlich, einen kurzen Blick auf die naturkundliche Ausstattung der Kolonien sowie ihre Erforschung und Nutzbarmachung zu richten.

5.1 Naturkundliche Ausstattung

Naturschutzideen hatten beim Erwerb der Kolonien keine Rolle gespielt. Im Jahr 1884 wurden vier Gebiete in Afrika mit einer Fläche, die mehr als dem fünffachen des Deutschen Reiches entsprach, mit bis dahin wenig bekannter naturkundlicher Ausstattung unter deutsche Oberhoheit gestellt.

---

[75] Vgl. PLACHTER 1991: 306, 310-312.
[76] SCHMOLL 2004: 278.
[77] Lokale Konflikte um einzelne Nutzungen gab es natürlich, die aber keine reichsweiten Konflikte zwischen Ökonomie und Naturschutz auslösten. Auch traten akute Probleme in den Industrieregionen traten auf; die hieraus entstehenden Konflikte wurden in Deutschland aber letztendlich erst in den 70er und 80er Jahren des 20. Jahrhunderts ausgetragen.

5.1.1 Togo

Die kleinste Kolonie Togo nahm einen etwa 50 Kilometer breiten Küstenstreifen an der Atlantikküste Westafrikas ein, erstreckte sich aber bis 600 Kilometer ins Landesinnere. Die Küste bedeckten lichte Trockenwälder, die plantagenmäßig genutzt wurden. Das Berg- und Hügelland im Inneren ging nach Norden in eine Busch- und Grassavanne über. Da sich im Gebiet die Wald- und Steppenfauna mischte, war die Artenzahl an Tieren hoch, doch wenig spektakulär. Zwar kamen im Norden auch Elefanten, Löwen, Antilopen und einige weitere Großtiere vor, meist handelte es sich jedoch um kleinere, wenig auffällige Arten (Nager, Affen, Vögel, Reptilien). Togo war verhältnismäßig dicht besiedelt und entsprechend intensiv durch die Bevölkerung genutzt, so dass die naturkundliche Ausstattung nicht solche Besonderheiten wie die der anderen deutschen Kolonien aufwies[78].

5.1.2 Kamerun

Kamerun zeigte dagegen eine ganz erstaunliche Naturvielfalt. Das Land stieg von der Küste bis zu den Hochländern auf ca. 3000 Meter an und war zum größten Teil mit tropischen Regenwäldern bedeckt, die eine Fülle von bis dahin unbekannten Tier- und Pflanzenarten aufwiesen; bemerkenswert waren hier Gorilla, Schimpanse und Waldelefant. Aufgrund der hohen Niederschläge gab es zahlreiche Flüsse mit Krokodilen und Flusspferden. Beeindruckend zeigte sich dem ankommenden Europäer auch das an der Küste hoch aufragende, 4070 Meter hohe Kamerunmassiv. Im Norden der Kolonie ging der Wald in eine Savannenzone über, die sich vom Hochland von Adamaua bis zum Tschadsee erstreckte. Hier lebte eine reiche Großtierwelt mit Elefanten, Giraffen, Antilopen, Gazellen, Flusspferden, Affen, Leoparden und Löwen[79].

5.1.3 Deutsch-Südwestafrika

Deutsch-Südwestafrika war die trockenste Kolonie. Entlang der Atlantikküste zog sich die Namibwüste. Dahinter lag ein Bergland mit Höhen bis zu 2573 Metern[80], das an seiner Ostseite in ein flaches Steppenhochland überging, welches nach Osten bis zu den Wüsten des Kalaharibeckens reichte. Dauernd fließende Flüsse gab es nur an den Grenzen des Landes, den Kunene im Norden, den Oranje im Süden sowie den Sambesi am nordöstlichen Ausläufer des Caprivi-Zipfels. Das Bergland wies zahlreiche Besonderheiten auf, wie den bis zu 550 Meter tiefen Fish River Canyon[81], die Etoschapfanne mit ihrer reichen Tierwelt, die Schluchten der Naukluft, Höhlen, riesige in der Wüste liegende Meteoriten[82] sowie Dinosaurierspuren am Waterberg[83]. Die extreme Trockenheit hat besonders in der Namib floristische Einmaligkeiten entstehen lassen, wie Köcherbäume und die immer wieder bewunderte *Welwitschia mirabilis* Hook., eine an Wüstenverhältnisse angepasste Nadelbaumverwandte. An Großtieren kamen Nashorn, Büffel, Löwe, Leopard, Giraffe, Zebra, Antilopen, Gazellen, Gnu, Oryx, Pavian und Strauß vor; an der Küste Wale, Delphine, Pinguine und

---

[78] Landesnatur und Fauna dieses Absatzes nach SEIDEL 2004: 206-209, GRAUDENZ & SCHINDLER 1985: 323-336, TOUR 1957: 75-80, CONRADT 1895: 404-406. Eine Gesamtartenliste der Tierwelt findet sich bei REICHS-KOLONIALAMT 1913: 124-126.

[79] Landesnatur und Fauna dieses Absatzes nach SEIDEL 2004: 144-151, GRAUDENZ & SCHINDLER 1985: 388-401, CASTELL-RÜDENHAUSEN 1981: 24-25, TOUR 1957: 97-99, HUTTER 1899-1900: 552-569, WEIßENBORN 1888: 121-142. Eine Gesamtartenliste der Tierwelt findet sich bei REICHS-KOLONIALAMT 1913: 65-68.

[80] Höchste Erhebung des Brandberges.

[81] Nach dem Grand Canyon der zweitgrößte Canyon der Welt, vgl. KÜPPER & KÜPPER 2003: 467.

[82] Hoba-Meteorit mit einem Gewicht von 60 Tonnen sowie zahlreiche weitere.

[83] KÜPPER & KÜPPER 2003: 347.

Robben[84]. Lediglich Elefanten waren schon vor der deutschen Inbesitznahme ausgerottet worden[85].

5.1.4 Deutsch-Ostafrika

Bot Deutsch-Südwestafrika eine bemerkenswerte Naturausstattung, übertrumpfte Deutsch-Ostafrika diese noch einmal. Ostafrika ist hinsichtlich Flora und Fauna eine der reichsten Regionen der Erde[86]. Besucher waren von den Naturphänomenen begeistert, stellte die Kolonie doch eine reiche geologische und landschaftliche Vielfalt dar und war ein wahres Tierparadies. Mit seiner Größe von fast einer Millionen Quadratkilometern war sie nahezu doppelt so groß wie das Deutsche Reich und erstreckte sich von den Küsten des Indischen Ozeans bis zu den großen innerafrikanischen Seen (Victoriasee, Tanganjikasee, Njassasee). Hinter der tropischen Küste lag ein Zentralplateau, das an manchen Stellen bis in kühle Hochländer und Berge anstieg. Die größte Naturschönheit stellte für die Europäer der 5895 Meter hohe Kilimandscharo dar, ein sich aus der trockenen Ebene mit feuchten Regenwäldern und einem vergletscherten Gipfel erhebender Vulkankegel. Weitere Besonderheiten waren der große Zentralafrikanische Grabenbruch und die Caldera des Ngorongorokraters mit ihren großen Tierherden. Besonders der Norden der Kolonie mit der Ebene der Serengeti wies eine nach Arten- und Individuenzahl reiche Großtierwelt wie sonst nirgends in Afrika auf. Herden mit Tausenden Tieren zogen hier auf ihren jahreszeitlichen Wanderungen (Antilopen, Zebra, Gnu, Elefant, Nashorn, Büffel, Gazellen); außerdem gab es Löwe, Leopard, Hyäne, Strauß, Giraffe und eine Fülle weiterer Arten. In den nordwestlichen regenreichen Bergländern lebten Schimpanse und Gorilla[87].

5.2 Erforschung

Während des 19. Jahrhunderts waren immer wieder Forscher in Afrika tätig gewesen und hatten über die Naturbesonderheiten berichtet. Deutsche Afrikaforscher hatten Berühmtheit erlangt, wie Heinrich Barth, Gerhard Rohlfs, Friedrich Konrad Hornemann, Gustav Nachtigal, Georg Schweinfurth und Eduard Vogel[88]. Der württembergischen Missionar Johannes Rebmann entdeckte 1848 den schneebedeckten Kilimandscharo, der 1861 von Karl von der Decken bis in 4000 Meter Höhe erforscht wurde[89]. 1880-82 gelang die Durchquerung Afrikas von West nach Ost durch Hermann von Wissmann[90]. Die Erforschung des Inneren der neuen Kolonien war zwar weniger spektakulär, erbrachte jedoch umfangreiche geographische und naturwissenschaftliche Kenntnisse. Kurt von François erforschte 1888 das Hinterland von Togo; 1894 folgte die Togo-Expedition unter Hans Gruner, die den Niger erreichte. In Kamerun unternahmen Buchholz, Reichenow und Lüders botanische und zoologische Forschungen am Kamerunberg; 1888 durchquerte eine Expedition die Urwaldgebiete Kameruns, und Eugen Zintgraff untersuchte den Norden der Kolonie. Be-

---

[84] Landesnatur und Fauna dieses Absatzes nach GRAUDENZ & SCHINDLER 1985: 56-71, KÜPPER & KÜPPER 2003: 63-83, 497, SCHULTZE 1914: 154-175, TOUR 1957: 135-147. Eine Gesamtartenliste der Tierwelt findet sich bei REICHS-KOLONIALAMT 1913: 93-96.

[85] BAT 1982 : 11-12, SCHULTZE 1914: 169. Heute kommen Elefanten in der Etosha-Pfanne wieder vor.

[86] VOS 1969: 130.

[87] Fauna dieses Absatzes nach GABRIEL 2000: Sonderteil nach 120, GRAUDENZ & SCHINDLER 1985: 193-208; eine Gesamtartenliste der Tierwelt findet sich bei REICHS-KOLONIALAMT 1913: 2-7.

[88] GRAICHEN & GRÜNDER 2007: 41ff.

[89] GABRIEL 2000: 340, GRAUDENZ & SCHINDLER 1985: 235.

[90] SCHMIDT 1998: 136.

sonderes Interesse der Forschung weckte Deutsch-Ostafrika, das „Lieblingsgebiet der Forscher und Entdeckungsreisenden"[91]. Nachdem britische Expeditionen unter David Livingstone, Henry Morton Stanley, John H. Speke und Richard F. Burton die Lage der innerafrikanischen Seen auf der Suche nach den „Nilquellen" geklärt hatten, hatte eine Expedition der Hamburger Geographischen Gesellschaft unter G. A. Fischer 1882 umfangreiche geologische, botanische, zoologische und ethnographische Sammlungen und kartographische Aufnahmen mit nach Deutschland gebracht[92]. Nach einer Expedition unter Graf Pfeil in das südliche Rufidjiland 1885 begannen besonders nach der Niederschlagung des Araberaufstandes ab 1890 zahlreiche Expeditionen durch Forscher aller Disziplinen, die kaum sämtlich genannt werden können[93]. Bedeutung erlangten die Reisen von Franz Stuhlmann an den Victoriasee und in das Massailand (1890), von Graf von Götzen nach Ruanda (1893) sowie die Erforschung des ostafrikanischen Grabens unter dem Geographen Oskar Baumann. 1889 bestieg Hans Meyer den Gipfel des Kilimandscharo, den er als „höchsten Berg Deutschlands"[94] bezeichnete[95]. Ergebnis der Untersuchungen dieser und weiterer Forscher waren eine Reihe von Expeditionsberichten und wissenschaftlicher Veröffentlichungen sowie wachsende Sammlungen in den naturwissenschaftlichen und ethnologischen Museen[96]. 1891 wurde in Dahlem die Botanische Zentralstelle für die Kolonien eingerichtet[97], und 1902 erfolgte die Gründung des Biologisch-Landwirtschaftlichen Instituts in Amani (Deutsch-Ostafrika).

5.3 Besiedlung und Nutzbarmachung

Die koloniale Durchdringung der weiten Gebiete kam nicht über Ansätze hinaus. Die Zahl der in den Kolonien ansässigen Europäer war noch bei Ausbruch des Ersten Weltkrieges gering. In Kamerun waren es 1.781 und in Togo lediglich 368 Personen, meist Beamte, Firmenvertreter und wenige Pflanzer. Auch in Deutsch-Ostafrika lebten nur 5.336 Europäer auf der riesigen Fläche der Kolonie. Das einzige Gebiet, das beschränkt als Siedlungskolonie fungierte, war Deutsch-Südwestafrika, wo immerhin 14.830 Deutsche und Buren bei einer Bevölkerung von 78.810 Einheimischen lebten[98]; dazu kamen noch die Angehörigen der Schutztruppe[99]. Europäer konzentrierten sich in Togo, Kamerun und Deutsch-Ostafrika auf die küstennahen Gebiete und wenige Stationen im Landesinnern. Gebiete in Nordtogo, Nordkamerun und Ruanda-Urundi wurden gar nicht besiedelt. Lediglich in Deutsch-Südwestafrika gab es neben dem größeren Windhuk sowie den Häfen Swakopmund und Lüderitz eine im Land verteilte Ansiedlung von deutschen Farmern. Auch die Schaffung einer Infrastruktur kam über Anfänge nicht hinaus. Erst wenige Bahnlinien verbanden die Hafenorte mit dem Hinterland; Straßen waren nur in der Umgebung der Hauptorte vorhanden, wo es auch Elektrizität, öffentliche Wasserversorgung, Krankenhäuser, Schulen und öffentliche Einrichtungen gab. Industriebetriebe hatten sich kaum entwickelt. Auch wenn zahlreiche meist küstennahe Plantagen angelegt wurden, blieben die größten

[91] SCHMIDT 1998: 134.
[92] GRAUDENZ & SCHINDLER 1985: 236, GABRIEL 2000: 137.
[93] Siehe Auflistung bei MEYER 1909: 9-14.
[94] HONOLD 2004: 138.
[95] Angaben dieses Absatzes nach GRAUDENZ & SCHINDLER 1985 und KAUSCH 1903: 120-137.
[96] So stammen etwa die noch heute im Naturkundemuseum in Berlin aufgebauten großen Dinosaurierskeletten vom Tendaguruhügel bei Lindi (DOA), wo sie 1907 von Bernhard Sattler entdeckt worden waren, vgl. GABRIEL 2000: 506.
[97] LAAK 2005: 7.
[98] Angaben für 1913 nach WESTPHAL 1987: 350-351.
[99] In Togo war keine Schutztruppe stationiert.

Gebiete der Kolonien weitgehend unerschlossen[100].

6. Beeinträchtigungen der Natur

Insoweit spielten Faktoren wie Urbanisierung, Luft- und Wasserverschmutzung sowie Zerstörung von Landschaftsbildern durch Infrastrukturprojekte kaum eine Rolle. Gleichwohl kam es sehr schnell nach der Inbesitznahme zu einer Reihe von Beeinträchtigungen der Natur, sowohl hinsichtlich der Tierwelt als auch an den Wäldern. Diese Beeinträchtigungen und deren Auswirkungen waren so erheblich, dass sie Auslöser für Naturschutzmaßnahmen wurden.

6.1 Tierwelt

Am offensichtlichsten zeigten sich Beeinträchtigungen der Tierwelt in der Form der Einschleppung von Tierkrankheiten, der Jagd für die Eigenversorgung, der kommerziellen Jagd, des Tierfangs und der Sportjagd[101].

6.1.1 Einschleppung von Tierkrankheiten

Verheerend wirkte sich auf viele Tierarten die Rinderpest aus, eine tödliche Viruserkrankung, die 1880 durch eine italienische Expedition nach Äthiopien eingeschleppt wurde[102]. Bis 1897 zog sie als schwerste Tierepidemie in der jüngeren Geschichte Afrikas in verheerender Art durch den Kontinent. In Deutsch-Südwestafrika gingen 60% des Viehbestandes der Afrikaner ein, bei den europäischen Farmern waren es trotz Impfungen noch 30%[103]. Der Krankheit erlagen auch große Teile der Wildtierherden[104]. Betroffen waren Paarhufer wie Büffel, Antilopen, Kudus, Giraffen und Gazellen[105]. Andere Großsäuger wie Elefant, Nashorn und Flusspferd waren immun[106]; auch kann die Krankheit nicht auf den Menschen übertragen werden. In Ostafrika wurden um 1891 besonders die Bestände der Afrikanischen Wildbüffel dezimiert[107]. Für die Serengeti wird angenommen, dass dort vormals etwa zwei Millionen Gnus lebten, die durch die Rinderpest auf einen kleinen Rest zusammenschmolzen, und sich die Bestände erst in den 50er Jahren wieder auf 200.000 Tiere erholt hatten[108]. Die Rinderpest setzte sich aufgrund ihrer erheblichen Auswirkungen auf die ökonomische Grundlage der Farmer sowie den Wildrückgang tief im Bewusstsein der in den Kolonien lebenden Europäer fest.

6. 1.2 Jagd für die Eigenversorgung

Neben dieser unbeabsichtigten Beeinträchtigung nutzten Afrikaner und Europäer die Wildtiere auch bewusst für ihre eigene Versorgung.

6.1.2.1 Afrikaner

Der Großteil der Afrikaner lebte von der Landwirtschaft. Nur wenige Gruppen waren noch reine Jägergesellschaften und die Meinungen, inwieweit diese Einfluss auf die

---

[100] Angaben zur Infrastruktur nach GRAUDENZ & SCHINDLER 1985: 116-142, 265-288, 350-368, 435-450.
[101] MACKENZIE 1989: 42, LUDWIG 2007: 173.
[102] MLENGEYA 2006: 16.
[103] LICHTENFELD 1908, THAER 1912: 57, WÖLFEL 1913, KIENITZ 1941: 37.
[104] LUDWIG 2007: 173.
[105] CLOUDSLEY-THOMPSON 1967: 84.
[106] MACKENZIE 1989: 48.
[107] SCHILLINGS 1935: 151.
[108] MLENGEYA 2006: 16.

Tierwelt hatten, gingen auseinander[109]. Aber auch die Ackerbau treibenden Völker ergänzten ihre Ernährung durch Wildfleisch. Flußpferde etwa waren ein „gern gegessenes Wildbret“[110], und in Togo besaß jedes Dorf einen oder mehrere Jäger[111]. Gouverneur Zech berichtete: „Wild wird in Togo von den Eingeborenen fast ausschließlich des Fleisches wegen gejagt und zwar in ziemlich umfangreichen Maße“[112]. Lediglich in Deutsch-Südwestafrika trat die Jagd der Afrikaner in den Hintergrund[113]. Zur Frage, inwieweit die afrikanischen Bauern die Tierbestände beeinträchtigten, bestanden gegensätzliche Meinungen. Einerseits wurde vertreten, die Jagd mit traditionellen Waffen habe keinen entscheidenden Einfluss auf die Wildbestände und über Jahrtausende sei ein Gleichgewicht eingetreten, das das Wild nicht gefährde[114]. So schrieb der Künstler und Afrikareisende Fritz Behn[115]: „Der Neger selbst ist dem Wild nicht sehr gefährlich [...] der Wildstand hat unter ihrer primitiven Jagdart während der letzten Jahrhunderte wohl kaum abgenommen“[116]. Gouverneur Wissmann und die deutschen Kolonialbehörden teilten diese Meinung: „Der Schaden, den die Buschleute der Jagd zufügen, wird überschätzt; mit Pfeil und Boden lässt sich kein Massenmord betreiben, wie mit Repetiergewehren“[117]. Doch gerade die durch die Europäer eingeführten Feuerwaffen änderten die Situation. Der Jäger und Naturschützer Schillings stellte fest: „Die Tierwelt hat sich beim Jagdbetriebe der Eingeborenen bis in unsere Zeit in der Fülle erhalten, wie wir sie bei Uebernahme der Kolonieen angetroffen haben. In dem Augenblicke, wo der Eingeborene, oft durch direktes Zuthun der Gouvernements, mit Feuerwaffen ausgerüstet wird, greift er in ganz anderer Weise vernichtend in die Tierwelt ein. [...] In der Feuerwaffe ist ihm ein Vernichtungsmittel namentlich für die grösseren Tierarten in die Hand gegeben, dessen er sich mit intensivstem Erfolg bedient“[118]. Auch in anderen Teilen Afrikas war diese Entwicklung beobachtet worden: „In Südafrika ist es eine absolute Thatsache, dass die grosse, prächtige Tierwelt dort zunächst von den mit dem Feuergewehr bewaffneten Eingeborenen vernichtet worden ist und dann erst durch Europäer die letzten Reste der Fauna ausgerottet wurden“[119]. Auch in den britischen Kolonien hatte sich die Auffassung entwickelt, dass für die Ausrottung der Elefanten in erster Linie die Afrikaner verantwortlich seien[120]. Beklagt wurde zudem, dass durch die primitiven Jagdmethoden zahlreiches Wild nur verletzt wurde. Stuhlmann vertrat die Ansicht, es seien „gerade die Eingeborenen, welche durch Krankschiessen und rücksichtslose Ausübung der Jagd den Wildbestand schädigen“[121]. Ursache war, dass man den Afrikanern überwiegend veraltete Gewehre verkaufte, überwiegend die „Dänenflinte, ein langläufiger Vorderlader mit Steinschloß“[122]. Aus Angst vor

---

109 Bericht des Gouvernements von Deutsch-Ostafrika vom 31.12.1911, BArch, R 1001 7779, Bl. 6. Bericht der Regierungsstation Campo vom 01.09.1912, BArch, R 1001 7786, Bl. 97-98. REICHS-KOLONIALAMT 1913: 25.
110 PAULßEN 2004 : 397.
111 REICHS-KOLONIALAMT 1913: 133.
112 Gouverneur Zech im Schreiben vom 03.11.1912, BArch, R 1001 7772, Bl. 5.
113 REICHS-KOLONIALAMT 1913: 110.
114 THOMAS 1963: 190.
115 *1878, † 1970.
116 BEHN 1911b: 563.
117 Schreiben des Gouvernements von Deutsch-Südwestafrika vom 20.12.1912, BArch, R 1001 7772, Bl. 77. PARKER 1983: 123.
118 SCHILLINGS 1901: 5-6.
119 SCHILLINGS 1901: 7.
120 SHARPE 1900.
121 BArch, R 1001 7776, Bl. 153.
122 SCHOLZ & VORNHOLT 1987: 436.

Aufständen wollte man Hinterlader „Schwarzen jedoch nicht in die Hände geben"[123]. Zusammenfassend lässt sich sagen, dass durch die Einführung von Feuerwaffen das bis dahin zu vermutende Gleichgewicht zwischen Jägern und Wildtieren empfindlich gestört wurde und mehr Wildtiere als vorher durch die Afrikaner getötet wurden.

6.1.2.2 Europäer

Europäer nutzten die Wildtiere ebenso zur Eigenversorgung. In den ersten Jahren der kolonialen Erschließung war es nicht möglich, die Verpflegung für Expeditionen ins Hinterland mitzunehmen; die Jagd wurde daher als „a vital support system for the often exiguous survival of European pioneers" angesehen[124]. Beispielweise unternahm der Leiter einer Abteilung der Südkamerun-Grenzexpedition, Stabsarzt Boesemann, mit 60 Mann einen Marsch zum Djahfluss und sorgte dabei „durch Jagd auf die zahlreich vorhandenen Flußpferde für die Verpflegung"[125]. Auch der Naturkundler Fritz Jaeger schrieb über seine Forschungsreise am Ngorongorokrater: „Schon etliche Tage lebten unsere Leute nur noch von Patronen, wie Oehler sagte, d. h. von dem Wild, das er schoß [...], andere Nahrung als die Ergebnisse der Jagd war nicht zu erlangen"[126]. Selbst Naturschützer wie Schillings erkannten die Jagd der Karawanen als Notwendigkeit an[127], und das Gouvernement von Deutsch-Südwestafrika erklärte: „Der Farmer, der oft wochenlang zu dem nächsten Einkaufsplatz treckt, will mit Recht unterwegs nicht von Konserven leben, sondern sein Perlhuhn oder einen kleinen Bock zum Lebensunterhalt schiessen; der auf entlegener Polizeistation sitzende Polizeibeamte ist wegen frischen Fleisches auf die Jagd angewiesen, ebenso der Reiter auf Patrouillen in entlegenden Gegenden"[128]. In dieser Kolonie erfolgte die Fahrt ins Landesinnere vor dem Bau der Eisenbahn mittels Ochsenwagentrecks. „Da es nicht möglich ist, genügenden Fleischvorrath für weitere Touren im Wagen mitzuführen, ist das Jagen des unterwegs auftauchenden Wildes meist eine Notwendigkeit"[129]. Der Naturschützer Matschie bedauerte: „Die von regelmäßig besuchten Karawanenstraßen durchschnittenen Gebiete erleiden eine merkbare Einbuße in ihrem Wildbestande, zumal da, wo die Expeditionsführer so viele Antilopen abschießen lassen, daß mit dem Fleisch ein schwungvoller Tauschhandel zur Erlangung der für die Träger nötigen Vegetabilien getrieben werden kann"[130]. „Auch durch reisende Händler verschiedenster Nationalität, namentlich Griechen u. s. w. wird eine ausserordentlich intensive Wild vernichtung ausgeübt"[131]. Schon 1892 wird für Deutsch-Südwestafrika berichtet, dass das „wenige Wild, das noch vorhanden, von den befahrenen Hauptstraßen verscheucht ist"[132]. Zu einer deutlichen Verminderung des Wildes kam es auch durch die Versorgung der Arbeiter im Zuge des Eisenbahnbaus[133]. Auch die europäischen Farmer nutzten das Wild. „Ja manche Küche kommt als frisches Fleisch nur Wildbret"[134]. Das Bezirksamt Warmbad schätzte, dass dort

[123] WIESE 1910.
[124] MACKENZIE 1989: 46.
[125] BOESEMANN 1902: 314.
[126] JAEGER 1911: 8.
[127] SCHILLINGS 1901: 1.
[128] Schreiben des Gouvernements von Deutsch-Südwestafrika vom 20.12.1912, BArch, R 1001 7772, Bl. 75.
[129] ANONYMUS 1892b. Gegenteilige Meinung siehe ANONYMUS 1892c.
[130] MATSCHIE 1935: 382.
[131] SCHILLINGS 1901: 8.
[132] ANONYMUS 1892c.
[133] REICHS-KOLONIALAMT 1913: 14.
[134] BArch, R 1001 7782, Bl. 135.

jeder Europäer durchschnittlich 25 Oryxantilopen pro Jahr schoss[135]. Die Jagdausübung spielte dagegen bei den wenigen Europäern in Togo und Kamerun keine Rolle[136]. Neben der Versorgung mit Fleisch schossen Farmer aber auch Tiere zum Schutz vor Fraß- und Trittschäden auf ihren Agrarflächen[137]. Es soll seitens der Gouvernements Farmern auch gestattet worden sein „sich zum Abschuss der die Pflanzungen schädigenden Elefanten schwarze Jäger zu halten“[138]. Zusammenfassend bedienten sich somit sowohl Europäer wie Afrikaner der Jagd für die eigene Versorgung.

6.1.3 Kommerzielle Jagd

Hatte die Jagd zur Eigenversorgung Einfluss auf die Umgebung von Verkehrswegen und besiedelter Gebiete, sollte die kommerzielle Jagd weitreichendere Auswirkungen zeigen. Auch sie wurde zu einem Teil durch Ansiedler betrieben. So bemerkte das Bezirksamt Jaunde: „Gewerbsmässige Jagdausübung kommt [...] in den Gunuididistrikten insofern vor, als mehr Wild abgeschossen wird, als die Europäer für ihre Küche gebrauchen. Den Ueberschuss an Fleisch verhandeln sie dann gegen baar oder Gummi an die Eingeborenen“[139]. Der Afrikareisende Hans Paasche äußerte über einen Buren: „Sein Verlangen ging aber immer nach den Tieren, die am meisten Fett haben; denn aus dem Fett kocht die Gattin Seife zum Verkauf. Aus Flußpferden hatte er nach seiner Angabe im vorigen Jahre für 1500 M. Seife gewonnen“[140]. Auch der Verkauf von Schmuckfedern konnte die Einnahmen der Farmer deutlich erhöhen. Zwei am Rufiji ansässige Pflanzer sollen „in einem Jahr etwa 100 Marabus geschossen haben, und in einem anderen Fall wird von etwa 50 Stück gesprochen“[141]. Gegen übermäßige Jagd versuchten die Behörden einzuschreiten. Das Bezirksamt Gibeon teilte mit, es sei „der Polizeistation Mariental im September 1913 gelungen, einen mit 9 erlegten Gemsböcken und einem Hartebeest beladenen Ochsenwagen, welcher aus der Kalahari zurückkehrte, abzufassen. Diesen wagen hatten die Buren Maritz (Stampried), Kotzee (Witvley), beide ansässig im Bezirk Gibeon, und des letzteren Bruder (wohnhaft im Bezirk Rehobot) lediglich zu Jagdzwecken nach der Kalahari in Marsch gesetzt“[142]. Meist konnten die wenigen Polizeikräfte in den riesigen Gebieten aber nur wenig ausrichten.

Schlimmer als die Jagd der ansässigen Europäer sollten sich die kommerziellen Jagdexpeditionen auswirken. In Deutsch-Südwestafrika zogen „Jagdzüge, wie sie meist von Europäern mit reichlichen Mitteln ausgerüstet wurden“ durch das Land. „Einzelne dieser Jäger sind weithin bekannt, wie der Schwede Ericsen, der mit Jagdgefolge, Pferden, Ochsenwagen u. s. f. im Lande umherzog und unter dem reichen Wildbestande so aufräumte, daß manche Wildarten gegenwärtig garnicht mehr vorkommen“[143]. Auch hatte „ u. A. der Schwede Andersen [...] Jagdzüge nach dem Innern des Landes mit Dutzenden von europäischen Jägern und Hunderten von Eingeborenen veranstaltet. Auf den angestellten Treibjagden sind mitunter Tausende von Thieren getödtet worden und auf einem Jagdzug sollen gegen 80 000 größere Tiere ge-

[135] Bericht vom 05.03.1912, BArch, R 1001 7802/1, Bl. 32.
[136] REICHS-KOLONIALAMT 1913: 134.
[137] MUTWIRA 1989: 250.
[138] BArch, R 1001 7785, Bl. 159.
[139] Bericht vom 07.02.1912, BArch, R 1001 7802/1, Bl. 20.
[140] PAASCHE 1907: 2.
[141] REICHS-KOLONIALAMT 1913: 16.
[142] Bericht vom 05.02.1914, BArch, R 1001 7783, Bl. 85
[143] ANONYMUS 1892a, 1892c. Es hieß, dass er dazu einem Wagenzug mit bis zu 20 Gespannen, 100 Mann und 50 Pferden“ eingesetzt habe.

tödtet worden sein"[144]. Schillings erregte sich, „daß allein e i n e i n z i g e r Elefantenjäger [...] im Russissigraben im Laufe der Jahre Hekatomben hingeschlachtet habe"[145]. Es habe sich „eine Anzahl sog. Jäger im Gebiete von Shirati veranlasst gesehen, dortselbst die Nashörner und ganz besonders die weiblichen Nashörner abzuschlachten. Die Zahl der auf diese Weise getöteten wird allein auf über 50 angegeben"[146]. „Die Banden von Elefantenjägern terrorisieren vielfach die Eingeborenen und wissen auch die Stationen über ihre Thätigkeit unter Umständen zu täuschen. [...] Hunderte von Cadavern von getöten Rhinocerossen beispielsweise bezeichnen ihre Pfade"[147]. „Die Haut, als zu dick und zu schwer zum Transportieren, wurde kaum verwertet, lediglich die Hörner, denen die Chinesen gewisse Heilkräfte zuschreiben, wanderten in die Hände indischer Händler"[148].

Verantwortlich für die Ausrottung durch Jagdzüge wurden meist ausländische Jäger gemacht[149]. Besonders die Buren standen im Kreuzfeuer der Kritik. Schillings bemerkte: „Es ist nicht etwa nur ein offenes Geheimnis, nein, es ist himmelschreiend offenkundig und sozusagen mit Händen greifbar für jeden, der auch nur einigermaßen mit den Verhältnissen vertraut ist, daß die Buren zum größten Teil zwecks Wildvernichtung und aus dieser Wildvernichtung resultierenden Handel nach Deutsch-Ostafrika kamen"[150]. Bis in die 70er Jahre waren die Nordgebiete der Kapkolonie Hauptjagdgebiete der Buren gewesen. Nachdem die Bestände dort extrem zurückgegangen waren, wichen die Jäger nach Südwestafrika und Angola[151] aus. „Seit Generationen in Südafrika vertraut mit Land und Leuten geworden, ziehen sie auch in unserer deutsch-ostafrikanischen Kolonie herum und machen [...] mit rücksichtslosem Morden Geld. [...] Er wird sogar vom Neger verächtlich bezeichnenderweise Mshenzi uleya genannt, d. h. deutscher Buschneger"[152], bekräftigte Behn. Über den Ngorongorokrater heißt es: „Als ich dort hinkam, wurde mir gesagt, Elefanten gibt es hier nicht, die Buren sind da gewesen während dreier Monate. Etwa 60 Paar Stoßzähne wurden von ihnen mitgenommen, [...] eine Menge Kühe, halbwüchsige Tiere, deren Elfenbein das zur Ablieferung vorschriftsmäßige Gewicht noch nicht hatten, wurden mit getötet und blieben nutzlos liegen"[153]. Düttmann schrieb: „Ich traf im deutschen Gebiet, 4 Tage vom Kunene, Buren aus Angola (Jan Roberts und Genossen), die dort dreißig Elefanten geschossen hatten; ich muß dabei noch bemerken, daß gerade die Buren die größten Aasjäger sind, die ich kenne, sie schießen alles, was ihnen vor die Flinte kommt"[154]. Und man beklagte, dass „von dem Buren Pretorius innerhalb der letzten 6 Monate im Bezirk Mohoro/Rufiji-Gebiet/ 34 Elefanten erlegt wurden"[155]. „Die Buren im Kilimandscharogebiet bringen schon seit Jahren ganze Ochsenwagen voll Rhinozeroshäute zur Ausfuhr, und da die europäische Lederindustrie die dicken, festen Häute gut bezahlt, wird [...] bald das letzte Nashorn aus jenen Gegenden verschwunden sein"[156]. Diesen Meinungen schlossen sich die Kolonialbehörden an, wie etwa das Bezirksamt Gibeon: „Dass die Buren von der erteil-

---

144 ANONYMUS 1892b.
145 SCHILLINGS 1935: 73.
146 SCHILLINGS 1908: 101.
147 SCHILLINGS 1901: 8-9.
148 BArch, R 1001/7771 Bl. 122, SCHILLINGS 1901: 8.
149 ANONYMUS 1892b.
150 BArch, R 1001 7778, Bl. 40.
151 HESS 1905: 49.
152 BEHN 1911a: 802-803.
153 ANONYMUS 1911d.
154 DÜTTMANN 1900-1901: 613.
155 BArch, R 1001 7777, Bl. 141.
156 MEYER 1909: 386.

ten Erlaubnis übertriebenen Gebrauch gemacht haben, ist mit Rücksicht auf die unweidmännische Art und Weise, in welcher sie zu jagen lieben, wahrscheinlich"[157]. Kaum weniger scharf wurde über englische Jäger geurteilt. Über eine „englische Schießgesellschaft" heißt es: „Zwischen den beiden Jagdreservaten des Kissali- und Mahengebezirks, nämlich am Ruaha und Rufiji hatte sich diese Gesellschaft festgesetzt. [...] Die Reservate wurden natürlich auch nicht geschont"[158]. „Auch der bekannte englische Jäger Selous jagte den Elefanten gewerbsmäßig. [...] Selous tötete einmal zusammen mit drei Gehilfen [...] 22 Elefanten an einem Tage"[159]. „Ebenso passierte ein englischer Offizier von Sansibar vor einigen Tagen Kilwa in der Absicht, sich Geld durch Erlegen von Elefanten zu verschaffen. Hiesige Kaufleute und Händler /Jnder pp./ rüsten Eingeborene zur Jagd auf Elefanten aus und lassen sich das Elfenbein abliefern". Der Jäger Sutherland rühmte sich, durch Abschuss von 447 Elefantenbullen den Weltrekord aufgestellt zu haben[160].

Auch wenn Tierschlächtereien durch Ausländer womöglich intensiver thematisiert wurden, fehlen Berichte über deutsche Jäger nicht. „Erzählt wird, daß ein Bezirksamtmann bei der letzten Versteigerung des Elfenbeins der von ihm erlegten Elefanten 40 000 M erlöst habe"[161]. „Ein Deutscher (auch gewerbsmäßiger Elefantenjäger) hatte sechs Elefanten erlegt, die von einem Plantagenbesitzer absichtlich, aus Liebe zur Natur, durch lange Zeit geschont waren, obgleich sie seinen Feldern nicht gerade sehr zuträglich waren"[162]. Für das Jahr 1908 wird über den Caprivizipfel mitgeteilt, es habe ein „fortgesetzter Zuzug lichtscheuer, großenteils weißer Elemente dorthin stattgefunden, die namentlich die östliche Ecke des Caprivizipfels als Zufluchtsort benutzen und gleichzeitig durch Aasjägerei den dortigen Wildbestand aufs schwerste schädigen"[163]. Zur Erhaltung des Wildbestandes verbot Gouverneur von Schuckmann daher den Zutritt zum östlichen Caprivizipfel[164] und schickte in Zusammenarbeit mit den britischen Kolonialbehörden eine Abteilung Militär und Polizisten dorthin[165].

Die Nutzung der Wildbestände war keine auf die deutschen Kolonien beschränkte Singularität, sondern die Jäger suchten praktisch sämtliche lohnenden Gebiete in Ost-, Süd- und Zentralafrika auf[166]. „Mass slaughter of animals" wurden auch für Rhodesien und Südafrika beschrieben[167], wo es zur „Massenvernichtung Hunderttausender von Tieren"[168] kam. Besonders im schon lange und verhältnismäßig dicht von Europäern besiedelten Südafrika war die Tierwelt zu großen Teilen bereits im 19. Jahrhundert stark dezimiert worden. Arten wie Kaplöwe, Quagga, Burchell-Zebra und Blaubock wurden zum Aussterben gebracht[169]. „Von 1893-1899 hat in der englischen Kolonie der Goldküste eine Million Affen die Schönheit ihres schwarzen, seidenschillernden Pelzes mit ihrem Leben bezahlen müssen"[170]. Nach sechs Jahren

[157] Bericht vom 05.02.1914, BArch, R 1001 7783, Bl. 84.
[158] ANONYMUS 1909b.
[159] SCHILLINGS 1935: 89.
[160] SUTHERLAND 1912: x.
[161] BArch, R 1001 7777, Bl. 142.
[162] BEHN 1911a: 804.
[163] ANONYMUS 1908a: 1152.
[164] ANONYMUS 1908a: 152-1153.
[165] ANONYMUS 1908a: 1153.
[166] Siehe für Botswana, Zimbabwe und Südafrika: MUTWIRA 1989: 251-258.
[167] MUTWIRA 1989: 250.
[168] ERZ 1967: 12.
[169] ERZ 1967: 12.
[170] ANONYMUS 1901b.

waren die Affen nahezu ausgerottet[171].

„Die Hauptschuldigen an der Missachtung der natürlichen Schongesetze waren d i e j e n i g e n E u r o p ä e r, welche die Jagd als Erwerb betrieben“[172]. Schillings bedauerte als Ursache des Wildrückgangs besonders die „unwaidmännische Jagd“[173], und der Zoologe Paul Matschie[174] sah als Ursache der Wildvernichtung das „törichte Vorgehen schießwütiger [...] Unholde, die aus dem Verkauf von Elefantenzähnen, von Rhinozeroshörnern, von Gehörnen und Fellen ihren Beutel füllen und in unsinniger Mordlust ganze Herden edlen Wildes vernichten“ an[175]. Es basierte somit auf realistischen Hintergründen, wenn Joseph Conrad in „Herz der Finsternis“ seine Hauptperson, Charlie Marlow, sagen lässt: „Das Wort Elfenbein, geflüstert, geseufzt, hing in der Luft. Man hätte denken können, daß sie es anbeteten. Ein Anflug von schwachsinniger Raffgier durchzog alles wie der Pesthauch von einer Leiche. Bei Gott! Niemals in meinem Leben habe ich so etwas Unwirkliches gesehen“[176].

Die kommerzielle Jagd geschah nicht allein durch die Europäer. Auch „von Seiten der Eingeborenen denen die Einführung von gegen 50,000 Vorderladern allein in der letzten Zeit, Waffen genug in die Hand gibt, findet [...] eine ganz ausserordentliche Dezemierung der Tierwelt in übermässigem Masse und teils in direktem pekuniärem Interesse statt“[177], betonte Schillings. Auch „die den Eingeborenen auferlegte Hüttensteuer trieb sie dazu, der Tierwelt weit über den eigenen Bedarf nachzustellen, um durch Verkauf an Händler den Betrag der Steuer entrichten zu können“[178]. „Leider ist es Brauch bei den kaiserlichen Stationen, als Strafe oder Steuer Elfenbeinzähne von den Eingeborenen einzutreiben. [...] Auf indirektem Wege wird überhaupt ein thunlichster Zufluss von Elfenbein, Rhinoceroshörnern u. s. w. zur Küste behufs Erhebung der Steuer dortselbst veranlasst“[179]. „Namentlich der Eingeborene jagt nun nicht mehr ausschliesslich für die täglichen Bedürfnisse, sondern erfahrungsmässig wurde [...] in erschreckender Weise mit der Tierwelt aufgeräumt“[180]. Der stellvertretende Gouverneur von Deutsch-Ostafrika, Stuhlmann, stellte fest: „Schon jetzt kommt es vor, dass Nichteingeborene mit Eingeborenen ein Vertragsverhältnis eingehen und die letztern verpflichten, gegen geringen Entgeld für sie zu jagen und ihnen in erster Linie Felle, Hörner und Zähne zu verschaffen“[181]. Meist handelte es sich um afrikanische Jäger, „die im Auftrage indischer, griechischer oder anderer Händler Wild erlegen. Diese Händler machten, da sie den Eingeborenen für die Häute nur ein Geringes zahlten, ein sehr gutes Geschäft“[182]. „Viele Häuptlinge und vor allem die arabischen Händler, in deren Hand das erste Aufkaufen des Elfenbeins liegt, haben ihre eigenen Elefantenjäger. [...] Diese Männer durchstreifen unter der Leitung eines Fundi, d. h. Meisters, die Gebiete, in denen sich Elefanten aufhalten“[183]. „Die Hauptrolle in der Wildvernichtung in Ostafrika fällt den gewerbsmässigen schwarzen Elefantenjägern Nakuas genannt, zu, sie durchziehen in grossen

[171] SCHILLINGS 1908: 99.
[172] ANONYMUS 1892c.
[173] BECKER 1999: 66.
[174] *1861, † 1926.
[175] MATSCHIE 1935: 382.
[176] CONRAD 2006: 39.
[177] SCHILLINGS 1908: 98.
[178] SCHILLINGS 1935: 198.
[179] SCHILLINGS 1901: 12.
[180] SCHILLINGS 1908: 96.
[181] BArch, R 1001 7776, Bl.153.
[182] SCHILLINGS 1935: 39.
[183] HESS 1905: 60.

Banden, oftmals von der Regierung concessioniert, das Land und liegen der Elefantenjagd ob“[184]. Am Nyassasee „haben leider die Verfolgungen durch [...] Eingeborene, die von Karonga oder von den Arabern ausgeschickt wurden, eine sehr erhebliche Verminderung des edlen Wildes herbeigeführt. [...] Jetzt kommt der Elefant nur noch vereinzelt in der menschenleeren Wildnis am Nordostufer des Sees vor“[185]. „So wurde die Steppe nach allen Richtungen durchzogen und Ende des letzten Jahrhunderts von Elfenbein und Elefanten entblößt“[186]. Schillings bezeichnete solche Jagdzüge als „eine wahre Pest. So muß der ums Jahr 1893 bis 1900 im Kilimandscharo-Gebiet mit seinen Banden leider tätig gewesene Elefanten-Konzessionär und politische Agent Schundi, der frühe Sklave eines Kavirondo-Häuptlings, als der Hauptvernichter des einst so reichen Elefantenbestandes am Kilimandscharo gelten“[187]. Dem stimmte auch Schellendorf zu: „Der Schaden, der den Elefanten am Kilimadjaro durch die eingesessenen Wadschagga gethan wird, ist minimal; sie arbeiten nur mit Gruben. Aber Küstenleute, Araber, Maniamwesi, Waseguha und andere Stämme kommen in Trupps von 12-30 Mann, mit Vorderladern bewaffnet, und knallen Elefanten, Bullen, Kühe und Kälber nieder. [...] Zeitweise konnte ich am Kilimandjaro an 200 Gewehre feststellen, welche thätig waren, um Elefanten´Jagd` zu betreiben“[188]. Das Fleisch der Elefanten diente „als Tauschmittel gegen Tabak, Salz und Mehl. Aus dem Horn der Fußsohlen machte der Fundi Ringe und Elefantenamulette“[189]. Die Stoßzähne wurden ausgebrochen und an Araber und Inder verkauft[190].

Neben den Großtieren wurde die Vogeljagd zur Gewinnung von Federn kommerziell betrieben. Begehrt war der Edelreiher[191]. Da er die begehrten Federn nur während der Brutzeit trug, gingen bei der Bejagung auch Eier und Küken zugrunde[192]. Die Federn wurden in der Modeindustrie für Hüte verwendet. „Man hat errechnet, dass man für die Mode 2-300 Millionen Vögel im Jahre vernichtet, ein die Natur beleidigendes Riesenopfer an die Eitelkeit der europäischen Frau“[193], schrieb der schweizer Naturforscher Sarasin, und Schillings ergänzte: „Dem Menschen unserer Tage, dem Weibe, das gleiche Rechte mit dem Manne fordert, das um die politische Gleichberechtigung kämpft, steht wahrlich der Schmuck des Urmenschen nicht an. Manche der heutigen Damenhüte gleichen zum Verwechseln den Tanzmasken, die ich aus dem dunkelsten Afrika mitbrachte“[194]. „So veröden unsre Frauen die Natur – und die vornehmste Pflicht des Weibes sollte es doch sein, mit schützenden Händen alles zarte und schöne Leben zu beschirmen“[195]. Insgesamt betrachtet stellte die kommerzielle Jagd somit die erheblichste Beeinträchtigung der Wildtiere dar.

---

184 SCHILLINGS 1901: 8.
185 HESS 1905: 59.
186 SCHILLINGS 1935: 80.
187 SCHILLINGS 1935: 39.
188 SCHELLENDORF 1900: 9.
189 PAULßEN 2004: 396.
190 PAULßEN 2004 : 396.
191 REICHS-KOLONIALAMT 1913: 72.
192 REICHENOW 1935: 382.
193 SARASIN 1911a:18.
194 SCHILLINGS 1911a: 9.
195 SCHILLINGS 1911a: 8.

6.1.4 Wildfänge und wissenschaftliche Sammlungen

Nur geringe Beeinträchtigungen gingen dagegen von den Wildfängen aus. Schon nach den frühen Jagdverordnungen war der gewerbsmäßige Tierfang nur mit Konzession zulässig[196]. Wildfänge waren jedoch kaum organisiert[197], und das Einfangen wilder Tiere zur Ausfuhr nach Europa nahm selbst in Deutsch-Ostafrika nur einen geringen Umfang ein, da die Erfahrung zeigte, dass die meisten Arten auf dem Schiffstransport oder bald nach Erreichen Europas eingingen. So gelangten pro Jahr nur wenige Tiere in die deutschen Zoos, meist junge Nashörner, Zebras, Antilopen und Gnus[198]. Der Zoodirektor und Tierhändler Carl Hagenbeck[199] ließ lebende Tiere für den Hamburger Tierpark fangen[200], und die Österreich-Ungarische Botschaft fragte ebenfalls an, die Tierbestände der Menagerie in Schönbrunn mit Wildfängen aus Deutsch-Ostafrika erweitern zu dürfen[201].1903/04 wurde 109 lebende Tiere von dort ausgeführt[202]. Insoweit trugen Wildfänge für die Zoologischen Gärten ebenso wenig zur Wildvernichtung bei wie die Belieferung der Naturkundemuseen mit Tierpräparaten. Eine Ausnahme stellten die Menschenaffen dar, die durch die Nachfrage für Zoos und wissenschaftliche Sammlungen bedroht wurden (siehe 8.1.6).

6.1.5 Sportjagd

Als Sportjäger wurden aus Europa oder Nordamerika anreisende Jäger bezeichnet, die nicht aus kommerziellem Interesse die Jagd ausübten, sondern der Jagdleidenschaft als Freizeitunterhaltung nachgingen. Meist handelte es sich um reiche Adelige oder Geschäftsleute, die Erfahrungen aus ihrer Heimat mitbrachten und ihre Trophäensammlungen um Exemplare afrikanischer Tiere bereichern wollten. In die deutschen Kolonien reisten Sportjäger jedoch nur in kleiner Zahl, wofür der geringe infrastrukturmäßige Erschließungsgrad und die hohen Kosten für Jagdreisen ursächlich sein dürften. Viele Gebiete wurden gar nicht aufgesucht, wie Togo und Kamerun[203]; und selbst in Deutsch-Südwestafrika wurden jagdsportliche Expeditionen nur selten ausgeführt[204]. Die ab 1912 hohen Jagdscheingebühren dürften am Ende der deutschen Kolonialzeit Sportjäger abgehalten haben; in einem Spottgedicht heißt es: „Wer will heut in Kamerun jagen, braucht bloß reich an Geld zu sein: Kein Mpagazi könnt es tragen, was er berappt für des Jägers Schein. Drum willst du jagen in Kamerun, wirst du weise daran tun: Steck dir viel braune Lappen ein, denn teuer ist der grüne Schein!“[205]. Die geringe Zahl der Sportjäger wird nicht nur aus den Berichten der Kolonialverwaltungen deutlich, sondern auch daran, dass noch 1907 das „Weltreisebüro Thos. Cook & Son“ wegen der Vermittlung eines einzelnen Jagdreisenden um Informationen über Jagdmöglichkeiten in Ostafrika direkt beim Reichskolonialamt nachfragte[206]. Der berühmteste Sportjäger war wohl der amerikanische Präsident Roosevelt, der 1909 in Deutsch-Ostafrika jagte[207]. Die Jagd aus sportlicher Neigung wurde auch von Angehörigen der Schutztruppen ausgeübt. Über Deutsch-

---

[196] Ein entsprechendes Recht erhielt etwa die Kilimandjaro Handels- und Landwirtschaftsgesellschaft durch Verordnung vom 25.11.1903.

[197] SCHILLINGS 1901: 11.

[198] MEYER 1909: 385, LOTTNER 1900: 505.

[199] *1848, † 1913.

[200] Schreiben Hagenbecks an das Reichs-Kolonialamt vom 12.07.1912, BArch, R 1001 7779, Bl. 190.

[201] Verbalnote vom 17.12.1912, BArch, R 1001 7779, Bl. 221-222.

[202] HESS 1905: 75.

[203] Bericht der Regierungsstation Campo vom 01.09.1912, BArch, R 1001 7786, Bl. 98, Vgl. Bericht vom 07.02.1912, BArch, R 1001 7802/1, Bl. 20.

[204] REICHS-KOLONIALAMT 1913: 110.

[205] DEEG 1908.

[206] BArch, R 1001 7777, Bl. 52.

[207] BArch, R 1001 7777, Bl. 210-211.

Südwestafrika berichtete 1892 die Zeitung Export: „So weit uns bekannt, sind die Offiziere der Schutztruppe selbst wohl gegenwärtig die eifrigsten Jäger und somit grössten Feinde des Wildstandes“[208], und auch Schillings bestätigte, durch die Offiziere und Beamte sei ein „intensiverer Jagdbetrieb ausgeübt worden, als durch die häufig erwähnten Jagdreisenden“[209].

Seitens der Naturschützer wurde immer ein deutlicher Unterschied gemacht zwischen den Jägern, „die als kultivierte, erzogene Menschen, aus Liebe zur Natur die afrikanische Jagd pflegen, die in ritterlicher Art dem Waidwerk nachgehen“ oder als „wissenschaftlich legitimierter Sammler [...] unser Wissen, unsere Anschauungen bereichern“[210] auf der einen Seite und den kommerziellen „Schießern“ auf der anderen Seite. Mit diesem Begriff wurden gewerbsmäßige Jäger und Rekordschützen bezeichnet, „die es nur auf die Zahl, auf den Rekord absehen, auf den Geldwert besonders der Jagdbeute, die ohne Gefühl für die Heiligkeit der Natur roh und ungebildet sämtlichen Tieren vom Elefanten bis zum kleinsten Vogel den Krieg erklärt haben und ausrotten, was ihnen vor die Büchse kommt“[211]. Im Unterschied zu diesen Schießern sahen selbst die Vertreter des Tierschutzes in den Jagdreisenden keine Gefahr. Schillings schrieb: „In der Presse und im Publikum hört man vielfach von Jagdreisenden sprechen und ein abfälliges Urteil über deren Wirksamkeit fällen. Es kann nicht genug betont werden, dass deren Thätigkeit in den deutschen Kolonien bis heute ein minimaler war. [...] Bis zum heutigen Tage ist [...] nur eine ganz geringe Anzahl von Tieren von sportlichen Reisenden erlegt worden. [...] Es kann im Allgemeinen ausdrücklich gesagt werden, dass das schädigende Treiben von Jagdreisenden vielfach nur in der Phantasie besteht“[212]. Auch Behn empfand Sportjäger, die auf ihren Reisen einige Tiere erlegten, nicht als Bedrohung[213]. Zusammenfassend lässt sich also feststellen, dass Jagdreisende und Schutztruppen einen gewissen Anteil hatten, jedoch überwiegend die kommerzielle Jagd und die Jagd zur Eigenversorgung entscheidend für die Beeinträchtigung der Tierwelt waren.

6.2 Wälder

Neben den Beeinträchtigungen der Tierwelt stellten forstkundige Besucher Beeinträchtigungen der Wälder aufgrund von drei Formen der Waldnutzung durch die Afrikaner fest[214]. Einerseits war es üblich, Nutzholz zu entnehmen, ohne freigeschlagene Flächen wieder aufzuforsten oder Nachhaltigkeitsgesichtspunkte zu beachten. Der afrikanische Holzhandel wurde daher als Raubbau betrachtet[215]. Auf Bedenken stieß zweitens das in Afrika übliche Legen von Bränden zur Vernichtung der verfilzten trockenen Pflanzenteile in den Baumsavannen. Dadurch wurden sowohl Schädlinge vernichtet (Zecken, Tsetsefliegen etc.) als auch der Boden gedüngt und damit der Austrieb frischen Grases während der Regenzeit gefördert, was das Wild für die Jagd anlockte[216]. Hierdurch konnte Baumwuchs nicht mehr aufkommen, und die

---

208 ANONYMUS 1892b.
209 SCHILLINGS 1901: 7.
210 BEHN 1911a: 802.
211 BEHN 1911a: 802.
212 SCHILLINGS 1901: 9.
213 BEHN 1911a: 802.
214 METZGER 1908a: 24.
215 GRAUDENZ & SCHINDLER 1985: 442, BRUCHHAUSEN 1898: 430. In Deutsch-Südwestafrika litten die wenigen Bäume auch unter der Brennholzbeschaffung für Ochsentrecks, vgl. LINDEQUIST 1895: 273.
216 LEUTWEIN 1906: 339.

Forstwirte sahen darin einen enormen Schaden[217]. Die dritte Form der Waldnutzung war der Wanderfeldbau, bei dem afrikanische Bauern Waldflächen rodeten, um dort einige Jahre Acker- oder Gartenbau zu betreiben. Sobald der Boden ausgelaugt war, wurde auf eine neue Rodungsfläche ausgewichen[218]. Im Forstbezirk Wilhelmstal waren früher die Hanggebiete bewaldet gewesen, „doch um Weideflächen zu schaffen, haben die Eingeborenen hier mit Feuer verwüstet“[219]. Die Beeinträchtigungen der Wälder waren nicht so spektakulär wie bei der Tierwelt; es handelte sich eher um einen langfristigen, schleichenden Prozess.

Insgesamt waren die Beeinträchtigungen der Natur also sehr umfangreich. Dabei war in erster Linie der ökonomische Faktor entscheidend. Jagd, der Verkauf von Schusswaffen an Afrikaner, Tierfang und Waldrodungen geschahen aus dem Gewinnstreben der dort aktiven Menschen, die sich dabei kaum Gedanken über die Auswirkungen machten.

6.3 Auswirkungen

Die Auswirkungen auf die Natur durch diese Beeinträchtigungen waren nun aber erheblich.

6.3.1 Auswirkungen der Beeinträchtigungen der Tierwelt

Wesentliche Auswirkung auf die Tierwelt war ein massiver Rückgang der Individuenzahl, was am deutlichsten am Beispiel des Elefanten gezeigt werden kann. 1879-1883 betrug die Elfenbeinausfuhr aus Gesamtafrika 848 Tonnen[220]; für die Zeit um 1905 wurde errechnet, dass jährlich ca. 65.000 afrikanische Elefanten getötet wurden[221], und es wird geschätzt, dass zwischen 1880 und 1910 in Afrika ca. 2 Millionen Elefanten abgeschossen wurden[222]. Die Sansibarküste nahm „unter allen Elfenbein ausführenden Ländern den ersten Rang“ ein; 1890 kamen drei Viertel des Elfenbeins für den weltweiten Handel von dort[223]. Die höchsten Zahlen liegen aus dem Zeitraum 1879-1883 vor, mit durchschnittlich 196 Tonnen ausgeführtem Elfenbein pro Jahr aus Sansibar, was ca. 12.000 Elefanten entsprach[224]; 1891 waren es sogar 208 Tonnen[225]. In den Jahren 1889 bis 1895 wurden aus Deutsch-Ostafrika jährlich zwischen 86 und 148 Tonnen Elfenbein allein nach England ausgeführt[226]. Um die Jahrhundertwende entfiel auf Elfenbein und Kautschuk fast die Hälfte der gesamten Ausfuhr Deutsch-Ostafrikas[227]. Der Rückgang der Elefantenbestände zeigte sich bereits ab 1900 darin, „daß die Stärke der Zähne [...] von Jahr zu Jahr nachlässt“[228]. Das heißt, es wurden zunehmend auch jüngere Tiere geschossen, und die Bestände alter Tiere waren bereits am Zusammenbrechen. Seitdem liegen aus verschiedenen Gebieten Ostafrikas Berichte über dramatische Rückgänge der Elefanten vor. Hatten anfangs Reisende große Herden beschrieben, mussten viele Regionen zu Anfang

---

[217] ECKERT 1939: 404, HAUG 1910: 958.
[218] METZGER 1937: 650, BRUCHHAUSEN 1898: 696.
[219] SCHÖPFFER 1908: 749.
[220] HESS 1905: 51.
[221] HESS 1905: 52.
[222] CLOUDSLEY-THOMPSON 1967: 87.
[223] HESS 1905: 51, MEREDITH 2003: 98.
[224] RODGERS & LOBO 1982: 25.
[225] MEYER 1909: 385.
[226] MEYER 1895: 26, 1896: 18, 1897: 11.
[227] TETZLAFF 1970: 71, HESS 1905: 65.
[228] Jahresbericht 1908: 37.

des 20. Jahrhunderts als elefantenfrei bezeichnet werden[229]. Um 1909 war der Elefant in küstennahen Gebieten Deutsch-Ostafrikas „äußerst selten geworden“[230]. „Der frühere Kommandant eines Forts am Kilimandscharo hat [...] während eines siebenjährigen Aufenthalts und trotz der vielfachen Expeditionen an diesem Berge niemals einen Elefanten zu Gesicht bekommen“[231]. Schellendorf hatte noch geschrieben, das Kilimandjaro-Gebiet sei „ein Eldorado für Elefanten, wie es kaum seinesgleichen in Afrika haben dürfte“[232], und Hans Meier hatte bei seiner Besteigung des Berges von „einem großen Elefantenreichtum“ berichtet[233]. Selber schrieb dieser, dass in „vielen Landstrichen, wo es vor 20 Jahren noch von Wild wimmelte, eine tote Öde geschaffen“ wurde[234]. Hinsichtlich Elefanten hieß es schon 1905, „muß in gar nicht allzu langer Zeit ein Abnehmen und schließlich gar ein Versiegen dieser Einnahmequelle eintreten, wenn es der deutschen Regierung durch geeignete Maßregeln nicht gelingt, der drohenden Vernichtung des wertvollen Tieres Einhalt zu tun“[235]. In Britisch-Ostafrika war die Lage nicht anders: „There is ample evidence that the game of this country is going the way of that in America [...] it would show a lamentable lack of wisdom if measures were not shortly instituted with a view to game preservation, and to ending the foolish and heedless slaughter at present going on”[236]. Auch in Kamerun hatte 1907/08 die Ausfuhr von Elfenbein die Grenze von einer Million Mark überschritten, und die Elefantenbestände nahmen immer stärker ab[237]. Es wurde daher keine Zukunft für den Elefanten gesehen, wie Passarge betrauerte: „Das Aussterben der Elefanten ist jedenfalls gewiß und eine Kontrolle der Jagd gar nicht durchführbar. Höchstens wird man später für die letzten Reste Reservate schaffen können“[238]. Elfenbein wurde für eine Reihe von Luxusgegenständen verarbeitet wie Messerhefte, Kämme, Klaviaturen und Billardbälle[239]. Schillings beklagte dementsprechend: „An einer belanglosen Tatsache, daß wir beim Billardspielen elfenbeinerne Kugel benützen, geht der afrikanische Elefant zugrunde“[240].

Neben dem Elefanten verringerten sich die Bestände des Flusspferdes erheblich. Dieses lebte ursprünglich in Deutsch-Ostafrika „in allen Flüssen und Seen zwischen der Küste und dem Tanganjika“[241]. Als Ersatz für Elfenbein kamen Zähne des Flusspferdes in den Handel, die bis zu 50 Zentimeter lang und vier Kilogramm schwer sein können[242]. Um die Jahrhundertwende wurden jährlich um die 14 Tonnen Flusspferdzähne aus Deutsch-Ostafrika exportiert[243]. Nicht anders erging es dem Nashorn. 1900 wurden 19 Tonnen Rhinozeroshorn aus Deutsch-Ostafrika ausgeführt[244], und 1903 registrierte allein die Station Tabora 1812 Nashörner zum Export[245]. „Noch

---

[229] HESS 1905: 53-59.
[230] MEYER 1909: 385.
[231] SCHILLINGS 1935: 79.
[232] SCHELLENDORF 1900: 7.
[233] SCHILLINGS 1935: 79.
[234] MEYER 1909: 65.
[235] HESS 1905: 60.
[236] ANONYMUS 1895c.
[237] GRAUDENZ & SCHINDLER 1985: 441.
[238] PASSARGE 1909: 521.
[239] HESS 1905: 52.
[240] SCHILLINGS 1935: 373.
[241] HESS 1905: 68.
[242] HESS 1905: 67.
[243] ANONYMUS 1899b: 396-397, 1901: 820-821. 1899 waren es sogar 17 Tonnen mit einem Wert von 41.946 Mark, vgl. HESS 1905: 69.
[244] HESS 1905: 73; unklar ist, ob Hess hierbei auch Gehörne anderer Tiere mit einbezieht.
[245] Jahresbericht 1908: 38.

Schillings sah 1896/97, aber auch in späteren Jahren und sogar noch 1903, an manchen Tagen acht bis zehn Nashörner, ein mir bekannter Offizier noch vor drei oder vier Jahren fünf Nashörner auf einem Marsche. Ich persönlich suchte im letzten Jahre viel abgelegene Gegenden auf, die nach meinen Erkundigungen besonders reich an Nashörnern sein mussten – und begegnete während eines Marsches von fünf Monaten nur fünf Nashörnern! Ueberall hatte die Vernichtung eingesetzt"[246].

Weitere Arten waren betroffen; allein 1902 wurden 258 Tonnen Häute und Felle von Wildtieren aus Deutsch-Ostafrika exportiert[247], und in Deutsch-Südwestafrika hatte man die Jagd auf Robben intensiviert; 1911 wurde von einem Fang in der Lüderitzbucht berichtet, bei der 10.000 Robben von deutschen Gesellschaften auf Erlaubnisschein getötet wurden; mehrere Tausend Tiere wurden dazu noch von britischen Kuttern erlegt[248]. Die Naturschutzvertreter beklagten das verschwenderische Wirtschaften mit den Reichtümern der Kolonie[249]. „Südwestafrika galt bis vor wenigen Jahren für ein sehr wildreiches Land. Der Wildbestand ist [...] stark zurückgegangen"[250]. „Der frühere Wildreichtum [...] hat [...] einen derartigen Rückgang erfahren, daß von den gewaltigen Herden von Antilopen und den zahllosen Rudeln sonstigen Großwildes sich nur noch Reste erhalten haben. Gut bewaffnete Eingeborene, umherziehende Händler, wandernde Buren, enragierte und gewerbsmäßige Jäger haben bekanntlich im wesentlichen dazu beigetragen, den Wildbestand jener weiten Steppengebiete bedenklich zu lichten"[251]. Die „Schießer mehren sich von Jahr zu Jahr. [...] Nun werden Tausende von Stücken Wild und mehr abgeschossen, unbarmherzig im wilden Morden"[252]. Um 1900 waren viele Fachleute überzeugt, dass die Ausrottung des Wildes nicht mehr lange dauern würde[253]. Der Wildrückgang in Deutsch-Südwestafrika ließ sogar die Idee aufkommen, den europäischen Hasen dort anzusiedeln, um eine sich rasch vermehrende Jagdbeute zu bekommen[254]. Die Tierwelt schien den gleichen Weg zu nehmen wie die Südafrikas, wo sie bis zum Ende des 19. Jahrhunderts weitgehend vernichtet war[255].

6.3.2 Auswirkungen der Beeinträchtigungen die Wälder

Auch in den Wäldern der Kolonien zeigten sich deutliche Auswirkungen. Es wurde erkannt, dass die Bedeutung des Schutzwaldes in den Tropen außerordentlich groß ist[256]. Die Folge der Beeinträchtigungen der Wälder war, dass deren Fläche immer weiter zurückging[257]. Durch die Entwaldungen wurde die Humusschicht zerstört[258] und konnte austrocknen[259] und bei Regengüssen abgeschwemmt werden[260]. Die erodierten Böden verfestigten sich zu einer harten Decke, die keine neue Vegetation

[246] ANONYMUS 1911f: 379.
[247] HESS 1905: 74.
[248] ANONYMUS 1911a.
[249] SARASIN 1914: 19.
[250] DITTMER 1902-1903: 309.
[251] ENDLICH 1899/1900: 439.
[252] BEHN 1911b: 567-568, 1911c: 2.
[253] BALDUS 2000: 498, 2004: 1.
[254] ENDLICH 1899/1900: 439-441.
[255] ADAMS 1992: 17, ERZ 1967: 12. Zur Ausrottung in Südafrika siehe MEREDITH 2003: 74.
[256] JENTSCH 1928: 245.
[257] METZGER 1937: 650.
[258] METZGER 1939: 208, BUSSE 1908: 120, KRÜGER 1894: 623.
[259] BUSSE 1908: 120, KRÜGER 1894: 623.
[260] STUHLMANN 1910: 503, METZGER 1939: 208, PASSARGE 1914: 38, JENTSCH 1914: 74, FELLMER 1902-1903: 379.

mehr aufkommen ließ[261]. Niederschlagswasser konnte nicht mehr einsickern, was ihre Retentionswirkung und damit die Grundwasserneubildungsrate verminderte[262], so dass sich Auswirkungen auf den Wasserhaushalt zeigten[263], etwa durch ein Versiegen von Quellen[264]. Stuhlmann zeigte auf, bei einer Zerstörung des Waldes „tritt außer dem Mangel an Werk- und Brennholz ein zu rasches Abfließen des Regens, ein Abschwemmen des Bodens und ein Versiegen der ständig fließenden Bäche ein, alles Schädigungen für den Wohlstand des Landes“[265]. Der Botaniker Kurt Dinter forderte den Schutz des Waldes in Deutsch-Südwestafrika als Uferschutz[266], und ebenso kamen als Schutzwälder in Togo besonders „Wälder an Hängen und in Schluchten sowie an den Flüssen und in deren Quellgebiet in Frage, da man dadurch die Dauer der Wasserführung derselben zu verlängern hoffte“[267] und man erkannt hatte, dass sich an steilen Hängen von allein kein Wald wieder bilden wollte“[268]. Entwaldungen hatten Einfluss auf das Klima, und es wurde festgestellt, dass das Fehlen von Bäumen als Windschutz die Austrocknung beschleunigte[269].

Insgesamt erkannte man also, dass die anthropogenen Beeinträchtigungen erhebliche Auswirkungen auf die Größe der Tierbestände sowie Bewaldung, Klima und Wasserhaushalt hatten. Um die Jahrhundertwende war offensichtlich geworden, dass die Auswirkungen auf die Natur bereits erheblich waren und bei einem Nichteinschreiten durch die Behörden damit zu rechnen war, dass die Tierwelt bald ausgerottet und die Waldfläche weiter erheblich reduziert würde.

7. Naturschutzmaßnahmen als Reaktion auf die Beeinträchtigungen

Die überwältigenden Naturbesonderheiten der Kolonien und die offensichtlich werdenden Auswirkungen besonders auf die Tierwelt durch unkontrollierte Beeinträchtigungen durch die Naturnutzer ließen bei den regierungsseitig Verantwortlichen die Motive für einen Naturerhalt (8.) so offensichtlich werden, dass ein vergleichbares gesetzgeberisches Nichthandeln wie in Deutschland nicht in Frage kam. Die Auswirkungen auf die Natur wollte man daher seitens der Behörden schon früh durch Verordnungen eingrenzen.

7.1 Verwaltung und Verordnungsgewalt

Da Verordnungen zum Naturschutz von den Gouvernementsverwaltungen der Kolonien erlassen wurden und sie die Umsetzung vor Ort leiteten, ist es erforderlich, auf den Aufbau der Verwaltungen und die Verordnungsgewalt einzugehen. Schon in Artikel 4 der Verfassung von 1871 war dem Deutschen Reich die Gesetzgebung bezüglich Kolonisation und Auswanderung übertragen worden, so dass hierauf der Erlass des Schutzgebietsgesetzes[270] gestützt werden konnte[271]. Nach § 1 dieses Gesetzes übte der Kaiser die Schutzgewalt[272] in den Kolonien im Namen des Reichs

---

261 PASSARGE 1914: 38, BRUCHHAUSEN 1897:569.
262 JENTSCH 1914: 74.
263 SCHABEL 1990: 138.
264 BUSSE 1908: 120, KRÜGER 1894: 623.
265 STUHLMANN 1910: 503.
266 ERKKILÄ & SIISKONEN 1992: 66.
267 SCHUPPIUS 1924: 505, 1939: 83.
268 STUHLMANN 1910: 504.
269 JENTSCH 1914: 74, KNOLL 1978: 91, 93, KRÜGER 1894: 625, METZGER 1908b: 1104, 1939: 208.
270 Vom 16.04.1886, zuletzt in der Fassung vom 10.09.1900, RGBl. 1900: 813.
271 ZACHE 2004: 99.
272 Gleichbedeutend mit „Staatsgewalt“, vgl. BAUERFELD 1917: 30.

aus, der die Verwaltung durch den Reichskanzler ausführen ließ[273]. Dieser bediente sich hinsichtlich der afrikanischen Kolonien des Reichskolonialamtes, das 1907 aus der Kolonialabteilung des Auswärtigen Amtes hervorgegangen war[274]. Für die Europäer in den Kolonien galten materiell die Reichsgesetze und preußischen Gesetze; desweiteren konnte der Reichskanzler Verwaltungsverordnungen erlassen. Beim Reichskolonialamt bestand ein Kolonialrat, der beratend tätig war[275]. Der Reichstag konnte über die Bewilligung von Finanzmitteln Einfluss auf die Kolonien nehmen, hatte aber keine Rechte hinsichtlich der dortigen Gesetzgebung.

Die Verwaltung in den Kolonien selbst wurde durch Behörden ausgeübt, die im Wesentlichen gleichmäßig organisiert waren[276]. An der Spitze stand ein Gouverneur[277], der befugt war, polizeiliche und sonstige Vorschriften zu erlassen. Dem Gouverneur stand ein Gouvernementsrat[278] zur Seite, dem der Oberrichter, der Kommandeur der Schutztruppe und in der Kolonie ansässige deutsche Privatleute angehörten. Für einzelne Bereiche der Gouvernementsverwaltung waren Referenten angestellt. Aufgaben die den Naturschutz betrafen, fielen in das Forstreferat, dem Forstämter mit höheren Forstbeamten, Förster und afrikanische Waldwärter angehörten. Hauptaufgaben des Forstreferates waren Waldschutz, Waldbrandverhütung, Aufforstungen, Wildschutz und die Einhaltung der Jagdschutzbestimmungen[279]. Als lokale Verwaltungsbehörden bestanden Bezirksämter, die von einem Bezirksamtmann verwaltet wurden. Einige Bezirksämter verfügten über Nebenstellen (Stationen, Distrikte). Im Zwischenseengebiet Deutsch-Ostafrikas (Bukoba-Ruanda-Urundi), Nordkamerun und Nordtogo beschränkte man sich auf eine indirekte Herrschaft, indem lokalen Häuptlingen deutsche Residenturen beigestellt wurden[280]. Aufgrund der mit den Naturschutzmaßnahmen in Deutschland gemachten Erfolge wurde auf diese auch beim Erlass von Verordnungen in den Kolonien zurückgegriffen. Im Folgenden wird dargestellt, wie diese Maßnahmen qualitativ umgesetzt wurden und warum es im Vergleich zu Deutschland zu quantitativen Abweichungen kam.

7.2 Objektschutz

Anders als in Deutschland spielte der Objektschutz in den Kolonien kaum eine Rolle. Erst kurz vor dem Ende der deutschen Kolonialzeit wurde er thematisiert. 1912 berichtete Gouverneur Schnee an das Reichskolonialamt, dass „die Erhaltung einzelner Naturdenkmäler, wie z. B. mächtiger Bäume, die zur Verschönerung des Landschaftsbildes [...] beitragen", mehr Beachtung verdienen würde[281]. Er schlug als Naturdenkmäler die Sigahöhlen bei Tanga, die Matumbihöhlen im Bezirk Kilwa, die heißen Quellen bei Utete im Bezirk Rufiyi sowie zahlreiche floristisch interessante Waldparzellen vor[282]. Letztere enthielten „oft die letzten Ueberbleibsel von Pflanzen- und Tierarten" und „geradezu botanische Seltenheiten"[283]. Das Bezirksamt Okahandja hielt 1912 den Schutz der „beiden einzigen Affenbrotbäume südlich des Omuram-

---

273 SEIDEL 1900-1901: 1; siehe dazu auch FISCHER 1906: 365.
274 SPEITKAMP 2006: 43.
275 SEIDEL 1900-1901: 2-3.
276 Auf einzelne Unterschiede und Veränderungen soll hier nicht weiter eingegangen werden; siehe bei ZACHE 2004: 99.
277 Zeitweise auch unter den Bezeichnungen Landeshauptmann, Oberkommissar, Reichskommissar.
278 Anfangs als Verwaltungsrat bezeichnet, vgl. AMENUMEY 1969: 626.
279 ZACHE 2004: 102.
280 ZACHE 2004: 105.
281 Bericht vom 02.10.1912, BArch, R 1001 6229/1, Bl. 23.
282 Bericht vom 02.10.1912, BArch, R 1001 6229/1, Bl. 23.
283 Bericht vom 02.10.1912, BArch, R 1001 6229/1, Bl. 23-24.

ba u. Ovambo“ für geboten, da diese als „Naturdokumente wert des Schutzes“ seien“[284]. Der Schutz der Quellen in Groß- und Klein-Windhuk diente eher der Sicherung der Wasserversorgung als ihrer Naturbesonderheit[285]. 1914 wurde auch die Ausfuhr von Meteoriten in Deutsch-Südwestafrika unter Genehmigungsvorbehalt gestellt[286]. Da der Schutz von Naturdenkmälern in Deutschland eine erhebliche Verbreitung gefunden hatte, erscheint es auf dem ersten Blick erstaunlich, dass dies nicht in gleicher Weise auf die Kolonien übertragen wurde. Hauptgrund war wohl, dass die reiche Tierwelt so überwältigend war, dass sie aufgrund dessen und zusätzlich durch ihre offensichtliche Gefährdung anfangs die Hauptbeachtung des Naturschutzes fand. Bei Naturdenkmälern handelt es sich um eher versteckt liegende Einzelobjekte, die nicht dermaßen gefährdet waren. Zudem war die Erforschung noch nicht soweit fortgeschritten, als dass sie überhaupt in einer mit Deutschland vergleichbaren Fülle bekannt gewesen wären. Auch das Wissen, wieweit sie als Denkmäler vergangene Zeiten repräsentierten, fehlte noch. Aus allem wird verständlich, dass sie erst Beachtung finden konnten, nachdem die Kenntnis über die Landesnatur der Kolonien einen gewissen Grad überschritten hatte und die Gefährdung der Wildtiere abgestellt war. Damit dürfte es kein Zufall sein, dass der Objektschutz erst nach den Konflikten um die Tierwelt (9.) ins Bewusstsein der Kolonialverwaltungen gelangte. Auch wenn ein „Was-wäre-wenn“ in der Geschichtswissenschaft müßig ist, kann aber wohl spekuliert werden, dass bei längerem deutschen Kolonialbesitz der Objektschutz einen ähnlichen Stellenwert wie in Deutschland bekommen hätte. Die deutsche Kolonialzeit war für seine Etablierung einfach zu kurz.

7.3 Artenschutz

Beim Artenschutz zeigte sich eine entgegengesetzte Entwicklung. Beschränkte sich dieser im wildarmen Deutschland auf Vögel und wenige selten gewordene Arten, sollte er in den Kolonien zur wichtigsten Naturschutzmaßnahme und zum Hauptkonfliktfeld werden. Die Fülle an Tierarten und ihre Individuenzahl war derart hoch und beeindruckend, dass er als Auslöser dafür angesehen werden kann, dass Naturschutzmaßnahmen überhaupt Einzug in die Kolonien hielten.

Tiere wurden als Denkmäler der Natur angesehen[287]. Schon 1891 erließ die deutsche Verwaltung von Deutsch-Ostafrika die ersten Schutzbestimmungen für Wild im Bezirk Moschi[288]. „Ein besonderes Interesse wandt Gouverneur Dr. von Wissmann der Erhaltung des Wildstandes in Ostafrika zu“ und erließ 1886 eine erste Jagdverordnung[289]. „Zur Schonung des Wildstandes in Deutsch-Ostafrika und zur Vermeidung des Aussterbens vieler Wildarten, welches unter den bisherigen Verhältnissen in nicht allzu langer Zeit mit ziemlicher Sicherheit vorauszusehen ist, habe ich mich veranlaßt gesehen [...] die [...] Verordnung [...] zu erlassen. [...] Ich erinnere [...] daran, daß wir die Pflicht haben, an die späteren Generationen zu denken und diesen die Möglichkeit zu erhalten, Anregungen und Erholung bei Ausübung der afrikanischen Jagd auch in zukünftigen Zeiten zu finden“ [290]. Die Verordnung wurde 1898 durch Gouverneur Liebert „aufgrund der praktischen Erfahrungen“[291] durch eine

---

284 Bericht vom 07.11.1912, BArch, R 1001 6229/1, Bl. 37.
285 Polizeiverordnung vom 17.06.1904.
286 Verordnung vom 04.04.1914.
287 SCHILLINGS 1908: 109.
288 BALDUS 2001: 2, 2004: 2.
289 Vom 07.05.1896, geändert durch Runderlass vom 04.02.1897, PERBANDT et al. 1906: 439.
290 PERBANDT 1906: 442-443.
291 Runderlass vom 17.01.1898.

neue Jagdverordnung ersetzt[292]. Diese sah einige Verschärfungen vor, wurde jedoch nicht umgesetzt. Stattdessen erfolgte unter Gouverneur von Götzen eine erneute Novellierung[293]. In Kamerun wurde eine Jagdschutzverordnung 1908 erlassen[294]. Lediglich in Togo gab es kaum Jagdbeschränkungen[295].

Da man erkannt hatte, dass sich der Artenschutz aufgrund der weiten Wanderungen der Tiere nicht in einzelnen Kolonien allein wirksam umsetzen ließ, hatte schon Doktor Kayser, der Leiter der Kolonialabteilung, Großbritannien gegenüber den Vorschlag gemacht, eine internationale Vereinbarungen zum Schutz der Wildtiere in Afrika zu treffen[296]. „For one power alone, or two or three, however, to pass such a Regulation as this would be useless unless all the others joined in it, as it would simply result in the ivory of small size no longer being exported through those particular territories where it was forbidden, but going by new channels to the territories which had no such Regulations"[297]. So schrieb Reichskanzler Hohenlohe an den Kaiser, es habe „sich herausgestellt, daß sich eine wirksame Regelung der Wildschutzfragen in Afrika sich nicht um lokal beschränkte Maßnahmen, sondern nur auf Grund eines gemeinsamen, auf internationaler Vereinbarung aller in Afrika interessierten Mächte beruhenden Vorgehens herbeiführen läßt"[298]. Der gleichen Meinung war man in den Kolonien. Gouverneur Götzen erklärte: „Einen nennenswerten Erfolg von irgendwelchen Schutzverordnungen kann ich mir nur versprechen, wenn auch in sämtlichen Grenz-Kolonien ähnliche Bestimmungen getroffen und durchgeführt werden"[299]. Die britische Regierung erklärte sich bereit „to do all in their power to check the indiscriminate slaughter of animals in Africa"[300]. Als Ergebnis von bilateralen deutsch-britischen Verhandlungen einigte man sich, 1900 eine International Conference for the protection of wild animals, birds and fishes in Africa in London abzuhalten[301], auf der Jagd- und Handelsbeschränkungen sowie Regelungen über Schutzgebiete vereinbart werden sollten[302]. An der Konferenz nahmen schließlich alle europäischen Staaten mit Kolonialbesitz in Afrika teil[303]. Vereinbart wurden Jagdverbote für einzelne Arten und weibliche Tiere mit Jungtieren sowie Jagdschutzgebiete, Schonzeiten, die Jagdscheinpflicht, Verbote verschiedener Jagdarten, die Überwachung der Abgabe von Feuerwaffen und Munition an Afrikaner, die Kontrolle der Exporte von Hörnern, Fellen und Federn wilder Tiere aus den Kolonien und Ausfuhrzölle auf Elefantenzähne mit geringem Gewicht[304]. Die Umsetzung der Vereinbarungen über die Jagdverordnungen sollte diktiert sein „von der Notwendigkeit, seltene oder wertvolle Tierarten der Schutzgebiete davor zu schützen, durch übermäßigen Abschuß gänzlich oder nahezu vernichtet zu werden"[305]. Damit wurde der Artenschutz in den Kolonien nicht aus Motiven des Nutzens, sondern um seiner Selbstwillen eingeführt. Hier ging man damit einen Schritt voraus, den man in Deutschland selber noch nicht gemacht hatte. Zur Umsetzung des Artenschutzes wurden verschiedene Beschränkun-

---

[292] Verordnung vom 17.01.1898.
[293] Verordnung vom 01.06.1903, Änderung durch Bekanntmachung vom 15.07.1905.
[294] Verordnung vom 04.03.1908, geändert mit Verordnung vom 24.12.1910.
[295] KNOLL 1978: 93.
[296] BArch, R 1001 7766, Bl. 14.
[297] ANONYMUS 1896b.
[298] Schreiben Reichskanzler Hohenlohes an den Kaiser vom 28.09.1899, BArch, R 1001 7766, Bl. 104.
[299] BArch, R 1001 7770, Bl. 7.
[300] BArch, R 1001 7766, Bl. 14.
[301] Schreiben vom 11.04.1899 an Staatssekretär von Bülow, BArch, R 1001 7766, Bl. 81-82.
[302] BArch, R 1001 7766, Bl. 83-85, 254.
[303] Vgl. HEDDEN-DUNKHORST & JELDEN 2006: 22.
[304] BArch, R 1001 7766, Bl. 255-262, PARKER 1983: 123-124.
[305] LÜDERS 1913b: 44.

gen erlassen, die im Folgenden dargestellt werden.

7.3.1 Jagdscheinerfordernis

Analog zu den Ländern des Deutschen Reiches existierte nur in Deutsch-Südwestafrika die Jagdberechtigung des Grundstückseigentümers[306]. In den anderen Kolonien galt der Grundsatz der völligen Jagdfreiheit für Europäer und Afrikaner [307]. Das Jagdrecht wurde durch das öffentliche Recht in Form der jeweiligen Jagdschutzverordnung eingeschränkt[308]. Über die Jagdscheinpflicht versuchten die Behörden die Jagd zu regulieren. Nach der Verordnung von Gouverneur Götzen war der Jagdschein für ein Kalenderjahr gültig, und jeder Jäger hatte eine Abschussliste zu führen, nach der sich zu zahlende Schussgelder für Elefanten und Nashörner berechneten[309]. Befreit von der Jagdscheinpflicht waren die Jagd „bei Nahrungsmangel auf dem Durchmarsche"[310] und auf „Wild, welches auf bebautes Land übergetreten ist"[311], damit Wildschäden verhütet werden konnten. Außerdem war die Jagd frei auf „Affen, alles Raubzeug, Wildschweine, sämmtliche Vögel mit Ausnahme der Strauße und Kranichgeier (Sekretäre), Kriechtiere"[312]. 1909 wurde angeordnet, dass die Jagd auf Elefanten nur aufgrund einer besonderen Erlaubnis gestattet sei[313]. Jagdscheinpflichten gab es auch in den Kolonien anderer Staaten[314]. Der Jagdscheinzwang sollte „nicht so sehr dem fiskalischen Interesse durch Erschließung einer Einnahmequelle, als vielmehr der Ausübung des Jagdschutzes dienen, indem der Jagdschein [...] unter bestimmten Umständen versagt [...] werden [...] kann, und andererseits als Ausweis über die Person des Jägers zur Durchführung einer wirksamen Kontrolle benutzt wird"[315]. Beispielsweise berichtete das Gouvernement Kamerun an die Kolonialabteilung: „Dem Häuptling Akwa kann die Erlaubnis zur Ausübung der Elefantenjagd – gar mit 6 Gewehren – schon deshalb nicht ertheilt werden, weil er eins der gemeingefährlichsten Subjekte des ganzen Duala-Stammes ist, den nur etwa noch sein leider in Deutschland katholisch getaufter Sohn Pundo Akwa übertrifft. Akwa verbüsst zur Zeit eine 2 monatliche Kettenstrafe wegen Unterschlagung und wird als Häuptling ernsthaft nicht mehr anerkannt"[316]. Abgesehen von der Jagdscheinpflicht enthielten die ersten Jagdverordnungen nur vereinzelt Vorschriften zur Verhinderung übermäßiger Nutzung der Wildbestände[317]. 1899 erließ Gouverneur Liebert einen Runderlass an alle Dienststellen, eine Erhebung über den Aufenthaltsort und die Zahl der vorhandenen Elefanten durchzuführen[318]. Auf den Rückgang des Großwildes reagierte man im britischen Gebiet mit einer Beschränkung des Abschusses von Großwild auf eine bestimmte Anzahl von Tieren pro Jagdschein[319], woraufhin diese auch für die deutschen Kolonien gefordert wurde.

---

[306] STAHL 1913: 80.
[307] STAHL 1913: 79, LÜDERS 1913b: 15.
[308] LÜDERS 1913b: 29-30, 61-63.
[309] Siehe dazu Runderlass vom 05.01.1904, Bekanntmachung vom 03.06.1904, Verordnung vom 23.09.1904.
[310] § 5 der Verordnung vom 07.05.1896.
[311] § 6 der Verordnung vom 07.05.1896.
[312] § 7 der Verordnung vom 07.05.1896.
[313] Ausführungsbestimmungen zur Waldschutzverordnung vom 10.06.1909, Art. IV.
[314] So in den britischen Protektoraten Betschuanaland und Central Africa, BArch, R 1001 7766, Bl. 16, Regulation von 1896.
[315] LÜDERS 1913b: 31-32, Runderlass vom 17.01.1898.
[316] BArch, R 1001 7785, Bl. 38.
[317] STAHL 1913: 79-80.
[318] BArch, R 1001 8541, Bl. 19.
[319] PAASCHE 1911.

7.3.2 Beschränkungen der Jagdarten

Verschiedene Arten der Jagd hatten die Nebenwirkung, dass ihr Tiere wahllos nach Art, Geschlecht und Alter zum Opfer fielen. Dazu gehörte insbesondere das Fangen mittels Gift, Schlingen, Netzen, mechanischen Tierfallen, Fallgruben, Feuer und Dynamit[320]. Aus der Serengeti wird berichtet, dass auf einer halben Stunde Weges über 200 Fallgruben vorhanden gewesen seien[321], und vom Nyassa-Tanganyikaplateau wird geschildert, die Afrikaner „build a high fence of brushwood and felled trees, sometimes 3 or 4 miles long, with various sorts of traps at intervals of about 30 yards. The whole village turns out, and drives the game towards these and at times they make very big bags"[322]. Die Jagdverordnungen sahen daher umfassende Verbote für diese Jagdarten vor[323].

7.3.3 Beschränkung der jagdbaren Tiere

Besonders die Einschränkung, bestimmte Arten gar nicht schießen zu dürfen, sollte deren Bestände vor einem Rückgang bewahren. Schillings hatte einen absoluten Schutz für verschiedene Vogelarten, Gorilla, Schimpanse, Bergzebra, Weissschwanzgnu, Elenantilope, Giraffe, Büffel und Erdferkel gefordert[324], und Doktor Kayser schlug 1897 die internationale Regelung zum Verbot der Jagd von Elefanten unter einem festzulegenden Mindestgewicht der Stoßzähne vor[325]. In Ostafrika wurde schon in der Jagschutzverordnung Gouverneur Wissmanns die Jagd sowohl auf einzelne Tierarten (Zebras im Bezirk Moschi, Elenantilopen, Giraffen, Büffel, Strauße, Kranichgeier) als auch auf Jungwild, Kälber, Fohlen, weibliches Wild sowie Elefanten mit Zahngewichten unter jeweils 3 Kilogramm verboten. Gouverneur Liebert bat dann alle Verwaltungsstellen zur Stellungnahme zu einer beabsichtigten Regelung mit dem Inhalt: „Eingeborenen werden Elefantenjagdscheine nicht mehr verabfolgt. [...] Die Station ermächtigt einen oder mehrere vertrauenswürdige Fundi zur alleinigen Ausübung der Elefantenjagd im Bezirk"[326]. Begründet wurde dies damit, dass das eigene Interesse diese privilegierten Jäger veranlassen werde „jedes unrechtmäßige Strecken eines Elefanten zur Anzeige zu bringen; vor allen Dingen werden sie angelernt werden können, waidgerecht zu jagen"[327]. Eine Umsetzung geschah allerdings nicht. In der Verordnung Gouverneur von Götzens wurden die Jagdregelungen wieder verschärft. So erfolgte erneut ein Verbot der Jagd auf einzelne Tierarten (Giraffen, Zebras, Elenantilopen, Schimpansen, Strauße, Geier, Eulen, Reiher) bzw. konnte in einzelnen Bezirken ein Jagdverbot erklärt werden (Elefanten)[328]. Zu vermeiden war die Jagd auf Jungwild und weibliche Tiere, und auch das Verbot der Jagd auf Elefanten mit geringen Zahngewichten wurde wieder aufgenommen, jetzt jedoch mit einem Mindestgewicht von sogar 5 Kilogramm. Unterstützend erließ der kaiserliche Konsul von Sansibar, Freiherr von Ostmann, 1904 zwei Verordnungen[329], wonach die Einfuhr von Elefantenzähnen nach Sansibar und Pemba unter elf englischen Pfund Gewicht sowie von Elfenbein weiblicher Tiere für deutsche Reichsangehörige verboten war.

---

320 WEULE 1908: 37-40, 86-91.
321 KJEKSHUS 1977: 71.
322 KJEKSHUS 1977: 71.
323 Verordnungen vom 07.05.1896, 15.02.1900, 01.09.1902 und 08.11.1905.
324 SCHILLINGS 1901: 4.
325 BArch, R 1001 7766, Bl. 30.
326 Runderlass vom 17.01.1898.
327 Runderlass vom 17.01.1898.
328 Vom 05.11.1908, § 2.
329 Beide vom 20.09.1904.

Auch in den anderen Kolonien gab es entsprechende Verbote. In Kamerun wurde 1908 die Jagd auf weibliches und junges Wild sowie auf Elefanten mit Zahngewichten unter 2 Kilogramm untersagt[330]; später wurden Jagdverbote auch für einige Vögel, Seekühe, Reiher und Flusspferde ausgesprochen[331]. In Deutsch-Südwestafrika schützte man Elefant, Flusspferd, Nashorn, Giraffe, Zebra, Büffel, Strauß und weitere Vögel[332]; verboten war auch die Jagd auf weibliche Kudus sowie Antilopen und Gazellen, bei denen das Gehörn noch nicht zum Durchbruch gekommen war[333]. Die Deutsche Kolonialgesellschaft bat das Reichs-Kolonialamt um den Schutz der Robben an der Küste von Südwestafrika[334]. Die Jagd dort war ursprünglich nur von Briten betrieben worden; ab 1906 beteiligten sich aber auch deutsche Kutter aus Lüderitzbucht an der Jagd[335]. Insgesamt wurden die Robben stärker bejagt als im Interesse der Nachhaltigkeit geboten war[336]. Daher stellte man auch die Robbenjagd unter Erlaubnisvorbehalt und verbot die Jagd auf Jungtiere[337]. Die Regelungen sollen wohlwollend aufgenommen worden sein: „Jeder, der weiß, wie schonungslos ohne Rücksicht auf Alter und Geschlecht die Jagd betrieben wurde, und wie gewisse Arten von Wild vollständig vernichtet sind, andere wie Kudu-Antilope (Strepsiceros capensis), Elan-Antilope (Bosolaphus Canna) und Quagga (Hippotigris Quagga), auf dem Aussterbeetat stehen, wird die Verordnung mit Dank begrüßen“[338]. „Mit den Schongesetzen für Elphantenkühe und Straußenhennen u. s. w. sind die eingeborenen Häuptlinge durchaus einverstanden“[339].

7.3.4 Schonzeiten

In den Jagdschutzverordnungen für Deutsch-Ostafrika[340] waren Schonzeiten noch nicht enthalten, denn „bei der Verschiedenartigkeit und bisher so geringen Kenntnis der Lebensbedingungen des Wildes in den einzelnen Gegenden des Schutzgebietes ist die Einführung einer allgemeinen Schonzeit nicht möglich“[341]. Gleiches galt auch für Kamerun. Schonzeiten gab es für verschiedene Arten in Deutsch-Südwestafrika[342]. Durch die Ausweitung der Schonzeit für Strauße wurde der Federhandel aus dieser Kolonie „beinahe lahmgelegt“[343], bis diese Vögel dann 1909 ganz geschützt wurden.

7.3.5 Beschränkungen für einzelne Gruppen

Von den Europäern in Deutsch-Ostafrika wurde es als „enorme Ungerechtigkeit“ angesehen, dass die Jagd mit Pfeil und Bogen durch Afrikaner von den Begrenzungen der Jagdverordnung ausgenommen blieben: „Und so sind wir denn [...] gezwungen, auf das Entschiedenste dagegen zu protestieren, dass man unser Wild dem schonungslosen, schwarzen Jäger [...] auf Gnade oder Ungnade ausliefert“[344]. „Ein Gesetz, das die Tiere vor der Ausrottung durch Europäer schützt, sie aber den Massen

[330] Verordnung vom 04.03.1908.
[331] Bekanntmachungen vom 18.11.1909, 09.01.1912, 28.05.1912, 06.09.1912.
[332] Verordnung vom 01.09.1902, 15.02.1909, 04.10.1910.
[333] Verordnung vom 01.09.1902.
[334] Schreiben vom 19.02.1912, BArch, R 1001 7771, Bl. 218.
[335] BArch, R 1001 7771, Bl. 233.
[336] REICHS-KOLONIALAMT 1913: 105.
[337] Verordnung vom 04.03.1909.
[338] ANONYMUS 1892c.
[339] ANONYMUS 1892c.
[340] Vom 07.05.1896, 17.01.1898, 01.06.1903.
[341] Runderlass vom 17.01.1898.
[342] Verordnungen vom 15.10.1896, 20.01.1903 und 04.03.1909.
[343] LINDEQUIST 1897: 3.
[344] ANONYMUS 1912e.

des Negers preisgibt, ist wirkungslos"[345]. Schon die Verordnung Gouverneur Lieberts hatte sich gegen die Jagd der Afrikaner gerichtet, und die folgenden Jagdverordnungen sahen zahlreiche „Sonderbestimmungen für Eingeborene" vor. Zwar wurde ihre Jagd mit Speer, Pfeil und Bogen freigegeben, dafür aber die Jagd mit Hinterladergewehren verboten und die Jagd auf Elefanten nur noch auf Antrag gestattet; beide Regelungen galten sogar für die Askaris der Polizei- und Schutztruppe. Von Götzen ordnete den Dienststellen gegenüber an, „die Eingeborenen wiederholt und eingehend zu belehren, besonders auch bezüglich der Schonung des weiblichen und jungen Wildes und der Arten, deren Jagd überhaupt verboten ist"[346]. Die Verbote hatten neben der Einschränkung der Jagd den Zweck, die Verfügbarkeit moderner Waffen für Afrikaner einzuschränken, da man besonders nach der Niederschlagung der Maji-Maji-Revolte und dem Hererokrieg Befürchtungen um die eigene Sicherheit hatte. Schon Gouverneur von Götzen machte darauf aufmerksam, dass die Abgabe von Hinterladergewehren an Afrikaner nicht zulässig sei und solche Gewehre konfisziert werden sollten[347]. In Kamerun erließ Gouverneur von Puttkamer 1905 sogar ein Verbot der Einfuhr von Vorderladern und Handelspulver[348].

Bereits der erste Kommandant der Schutztruppen in Deutsch-Südwestafrika, von François, legte seinen Soldaten strenge Jagdbeschränkungen auf. Nach der Jahrhundertwende waren dann auch die Schutztruppenangehörigen an die Jagdverordnungen gebunden. Unter Gouverneur von Götzen bestand ein sogar ein generelles Jagdverbot für die Schutztruppen[349].

7.3.6 Beschränkungen von Handel und Ausfuhr

Dass eine Beschränkung von Handel und Ausfuhr die wirksamste Maßnahme gegen den Rückgang der Tierwelt sein würde, wurde früh erkannt. Sarasin sah als Hauptgegenmaßregel die „Erschwerung des Exports dieser Artikel aus den Kolonien, wozu freilich auch die Erschwerung des Imports derselben in die Kulturstaaten kommen muss"[350]. „Nur wenn der Anreiz zum Niedermetzeln des Wildes durch Untersagung der Ausfuhr fortgefallen ist, darf man auf die Erhaltung des afrikanischen Wildes hoffen"[351]. Beschränkungen des Handels und der Ausfuhr von Wildtierprodukten hätten das Wild tatsächlich am effektivsten geschützt, wurden aufgrund der wirtschaftlichen Einbußen aber nur sehr zögerlich eingeführt. Erlassen wurde immerhin ein Verbot von „Kauf und Tausch, jede Veräußerung sowie das Feilhalten von Elefantenzähnen, die weniger als zwei Kilogramm wiegen" in Kamerun[352] sowie die Ausfuhr von Straußen und Straußeneiern aus Deutsch-Südwestafrika 1909[353]. Die Kommission für die landeskundliche Erforschung der Schutzgebiete forderte 1908 die „Ausfuhr aller lebenden und toten Menschenaffen mit Ausnahme derjenigen zu verbieten, die für wissenschaftliche Untersuchungen oder für deutsche Museen bestimmt sind"[354]. Handelsbeschränkungen erfolgten somit erst spät und unzureichend. Immerhin wurde die Firma Jantzen & Thormählen abgewiesen, als diese 1890 versuchte, ein Mo-

---

[345] PAASCHE 1911.
[346] Runderlass vom 01.06.1903.
[347] Runderlass vom 14.11.1903.
[348] Verordnung vom 14.04.1905.
[349] BRIESE 1984/85: 6.
[350] SARASIN 1911a: 19-20.
[351] BArch, R 1001 7777, Bl. 269.
[352] Verordnung vom 21.11.1907.
[353] Allerhöchste Verordnung vom 15.02.1909, Verordnung vom 21.06.1909; siehe allerdings Bekanntmachung vom 08.05.1910.
[354] BArch, R 1001 6220, Bl. 12.

nopol für den Elfenbeinhandel in Kamerun zu erwerben[355].

Kritik bestand besonders hinsichtlich des Federhandels. In den britischen Kolonien war die Schmuckfederausfuhr verboten, und die USA und Großbritannien hatten um 1911 Einfuhrverbote erlassen. Entsprechende Verbote wurden auch für Deutschland und seine Kolonien gefordert[356]. Schillings schrieb: „Nicht nur England, nein – auch wir Deutsche haben eine koloniale Vogelwelt zu schützen – und das kann nur durch sofortige Ausfuhrverbote für Vogelbälge und Vogelfedern [...] für unsere deutschen Kolonien und durch ein Federeinfuhrverbot n a c h Deutschland – durch ein einzubringendes R e i c h s g e s e t z geschehen“[357]. Zustimmung erhielt er sogar vom amerikanischen Präsident Theodore Roosevelt[358]. Die Naturschutzvertreter brachten durch persönliche Ansprache eine ganze Reihe weiterer Persönlichkeiten auf ihre Seite[359], doch ein Vorschlag Großbritanniens für ein internationales Übereinkommen zur Verhinderung der Einfuhr von Federn und Bälgen wilder Vögel wurde vom Reichskolonialamt nicht weiter aufgegriffen und sich der französischen Meinung angeschlossen[360], die Befürchtungen bezüglich des Aussterbens von Vogelarten seien übertrieben[361].

Zusammenfassend lässt sich sagen, dass der Artenschutz noch nicht in allen Punkten optimal war, dieser bei konsequenter Anwendung und Fortentwicklung der rechtlichen Bestimmungen aber auf einem guten Weg war, die koloniale Tierwelt erhalten zu können.

7.4 Flächenschutz

Ähnlich ging es beim Flächenschutz voran. Dieser war in Deutschland als wirksame Naturschutzmaßnahme erkannt worden, aufgrund des Fehlens eines Naturschutzgesetzes jedoch in seiner Umsetzung schwierig, da er auf staatliche oder privat finanzierte Flächen angewiesen war. In den Kolonien traten diese Probleme in den Hintergrund, da nicht genutzte Flächen zu Kronland erklärt worden waren, über das die Kolonialverwaltungen relativ frei entscheiden konnten. Im Vergleich zu Deutschland standen damit riesige Naturgebiete zur Verfügung, die formell frei von Individualbesitz waren. Die Entscheidung, welche Flächen ausgewiesen wurden, kann immer nur im Zusammenhang mit der Zeit und dem Ort und den jeweiligen politischen, sozialen und ökonomischen Bedingungen verstanden werden[362]. In den USA wurden als Nationalpark überwiegend „areas of scenic beauty“ ausgewiesen, in Australien hauptsächlich Gebiete mit einer „romanticisation of the Australian frontier experience“[363]. Für deutsche Flächenschutzgebiete in den Kolonien war vornehmlich die Ausstattung mit Wald oder Großtieren als „wesentliches Element“ entscheidend[364]. Ursächlich waren wohl die traditionelle enge Bindung der Deutschen an den Wald sowie der überwältigende Eindruck, den die afrikanische Tierwelt auf die Besucher der Kolonien gemacht hatte (siehe 8.). Dementsprechend wurden Wild- und Wald-

---

[355] RUDIN 1968: 256.
[356] SCHILLINGS 1911a: 14-15.
[357] SCHILLINGS 1911a: 16.
[358] Schreiben vom 05.09.1911, BArch, R 1001 7771, Bl. 117.
[359] BEHN 1911a: 806-807, SCHILLINGS 1911a: 12-13.
[360] BArch, R 1001 7771, Bl. 41-44.
[361] Schreiben der Deutschen Botschaft in Paris an Reichskanzler von Bethmann-Hollweg vom 05.08.1909, BArch, R 1001 7771, Bl. 40.
[362] Vgl. CARRUTHERS 1989: 188.
[363] CARRUTHERS 1989: 189.
[364] ERZ 1967: 63.

schutzgebiete eingerichtet.

7.4.1 Wildschutzgebiete

In Südafrika erfolgte die Gründung des Sabie Game Reserve (heute Krüger National Park) sowie von drei Jagdschutzgebieten in Natal 1897/98 als „counter-reaction" auf das „wholesale massacre of animals"[365]; in British East Africa wurde das erste Game-Reserve 1899 eingerichtet[366]. Diese werden in der Literatur häufig als die ersten Wildschutzgebiete Afrikas bezeichnet[367], was jedoch nicht korrekt ist. Die ersten Wildschutzgebiete wurden tatsächlich 1896 in Deutsch-Ostafrika nördlich des Rufiji (heute Selous Game Reserve) und westlich des Kilimandscharo gegründet[368]. Gouverneur Wissmann erklärte: „Meine Absicht ist es ferner, in besonders wildreichen Gegenden als Zufluchts- und Erholungsort des Wildes Jagdreservationen zu schaffen"[369]. Mit der neuen Jagdverordnung[370] von Gouverneur von Götzen wurde dann die Rechtsgrundlage für weitere Jagdreservate in Deutsch-Ostafrika geschaffen, in denen die Jagd vollständig verboten war[371]. Zugleich wurden 13 Jagdreservate ausgewiesen[372]; 1911 gab es 15 Schutzgebiete mit einer Fläche von 20.000 Quadratkilometern, was 5% der Kolonie entsprach[373].

Düttmann forderte 1900 die Einrichtung von Schonrevieren auch in Deutsch-Südwestafrika: „Es würde dadurch wenigstens dem vollständigen Aussterben einiger Arten vorgebeugt"[374]. „Die schnelle Abnahme des Wildbestandes infolge des lange zeit hindurch im allgemeinen nur ungenügend durchgeführten Wildschutzes hat es als notwendig erscheinen lasen, Gebiete zu schaffen, in denen sich das Wild ungestört von Jägern entwickeln kann"[375]. Das wichtigste Gebiet für die Tierwelt war die Etoschapfanne, deren Schutzausweisung auf einen Vorschlag des Bezirksamtmanns von Outjo zurückging, der durch ein Wildschutzgebiet eine Handhabe gegen die kommerziellen Jäger haben wollte[376]. Gouverneur von Lindequist griff den Vorschlag auf und erklärte im Jahre 1907 ein Gebiet von 99.000 km^2 um die Etoschapfanne zum Tierreservat"[377], das weit nach Westen bis an den Atlantik reichte[378]. Zwei weitere Gebiete wurden gleichzeitig ausgewiesen, nördlich von Grootfontein[379] sowie zwischen Swakop und Kuisebfluss (heute Namib-Wüstenpark)[380]. In Kamerun verbot man 1900 in einem Gebiet südlich des Sanaga die Jagd[381]. Die Wildschutzgebiete

[365] HARROY 1972: 14-15.
[366] Vom 05.09.1899.
[367] CURRY-LINDAHL 1972: 110.
[368] BALDUS 2001: 4, 2004: 2.
[369] PERBANDT 1906: 442-443.
[370] Vom 01.06.1903.
[371] Jagdverordnung vom 05.11.1908, § 13. Allerdings war es dort dauernd ansässigen Europäern und Afrikanern gestattet, zum Schutz ihres Eigentums Raubtiere, Affen, Wildschweine und Krokodile zu töten; Runderlass vom 15.11.1903.
[372] Vom 01.06.1903, 29.09.1903 und 05.11.1908.
[373] BALDUS 2001: 4, 2004: 2.
[374] DÜTTMANN 1899-1900: 497.
[375] LÜDERS 1913b: 49.
[376] DIECKMANN 2001: 128, WEBER & WIEBUS 2002: 134f.
[377] SCHOLZ & VORNHOLT 1987: 431.
[378] CHADWICK 1983: 356. Dieses Wildschutzgebiet 2 war größer als der heutige Etosha National Park und umfasste das Kaokoland zwischen den Flüssen Kunene und Hoarusib (93.240 km^2), BAT 1982: 12.
[379] 1958 aufgelöst.
[380] KÜPPER & KÜPPER 2003: 84.
[381] Verordnungen vom 12.02.1900, 11.01.1905, 20.11.1905.

wurden durch afrikanische Wildwärter überwacht[382]; in der Etoschapfanne setzte man Polizeipatrouillen und am Kilimandscharo und Meru deutsche Förster ein[383].

7.4.2 Waldschutzgebiete

Die Motive des Waldschutzes lagen in erster Linie beim Schutz der natürlichen Faktoren, erst in zweiter Linie im fiskalischen Bereich[384]. Für Deutsch-Südwestafrika stellte Dittmer fest: „Stets werden die Waldungen des Südens mehr Schutz- als Nutzwälder bleiben"[385]. Und Jentsch schrieb über Kamerun: "Die Aufgaben der Erschließung des Kameruner Waldes gehen [...] nach zwei Richtungen: Einmal, wie ist die Nutzung der jetzt vorhandenen nutzbaren Vorräte wirtschaftlich zu gestalten, und sodann, wie ist die Nutzung mit der Erhaltung des Waldes in Einklang zu bringen"[386]. Einer weiteren Verringerung der Waldfläche wollte man auf dreierlei Weise entgegenwirken. Neben allgemeinen Regelungen zum Umgang mit dem Wald und Aufforstungen sollten insbesondere Waldschutzgebiete ausgewiesen werden.

Regelungen zum Waldschutz erfolgten in einer Reihe von Einzelanordnungen bereits ab 1890. In Deutsch-Südwestafrika musste versucht werden, die wenigen Holzbestände überhaupt zu sichern. Gouverneur von Lindequist verordnete 1894, dass bestraft werde, „wer durch Inbrandsetzen von Bäumen, Busch- und Strauchwerk oder durch Anzünden von Gras und Rohr Wald- oder Feldbrände herbeiführt"[387]. Regelungen zum Waldschutz gab es auch in Togo, Kamerun und Deutsch-Ostafrika[388]. Für das Usambaragebirge wurde das Fällen von Bäumen auf den Bergkämmen und an steilen Hängen verboten, und in den Tallagen mussten Waldgürtel stehen gelassen werden, um Wind- und Wassererosion vorzubeugen[389]. Für den Holzeinschlag durch Afrikaner waren Erlaubnisscheine erforderlich[390]. Sofern die Böden noch nicht vollständig degradiert waren, zeigte es sich, dass Aufforstungen erfolgreich waren, wie Versuche im „Sachsenwald" bei Daressalam ergaben[391]. In Kamerun wurden „Personen, welche entgegen den bestehenden Vorschriften Holz gefällt haben, zur Wiederaufforstung der abgeholzten Fläche verpflichtet"[392]; gleiches galt auch in Deutsch-Südwestafrika[393]. In Togo mit nur 1,5% Waldfläche[394] wurde 1906 beschlossen, innerhalb von 25 Jahren 28 km² aufzuforsten, was bis 1914 auf 2,4 km² am Hahofluss sowie bei Mokamaa umgesetzt wurde[395]. Schon 1909 wurden in den Usambarabergen Ostafrikas über 50 km² durch deutsche Forstwirte verwaltet[396], wo umfangreiche Aufforstungen im Bereich des Bezirks Wilhelmstal und am Kiliman-

---

[382] DOFLEIN 1911: 820. Verordnung vom 28.03.1911; eine Flächenschutzgebiet wurde mit Verordnung vom 30.05.1911 aufgehoben JENTSCH 1914: 73. ARNING 1942: 312, STUHLMANN 1910: 504, WIECH 1928: 145, 207, ZACHE 2004: 102.

[383] BALDUS 2001: 4, REICHS-KOLONIALAMT 1913: 124.

[384] SCHABEL 1990: 133, BADERMANN 1915: 607.

[385] DITTMER 1902-1903: 309.

[386] JENTSCH 1911: 2.

[387] Verordnung vom 04.08.1894.

[388] Verordnungen vom 31.03.1890, 11.04.1893, 12.12.1893, 20.11.1897, 13.04.1898, 09.09.1904, 17.08.1908, 27.02.1909, Bekantmachung vom 01.04.1906, Bekanntmachung vom 28.03.1911, Ausführungsbestimmungen vom 10.06.1909, STUHLMANN 1910: 504, BUSSE 1908: 133.

[389] Verordnung vom 20.10.1895.

[390] GRAß 1904: 192.

[391] STUHLMANN 1910: 504.

[392] Verordnung vom 04.04.1900.

[393] Verordnung vom 01.04.1900.

[394] RADTKE & RADKE 1984: 101.

[395] KNOLL 1978: 92, GRAUDENZ & SCHINDLER 1985: 362, WIECH 1926: 206, SCHUPPIUS 1924: 506, 1939: 84.

[396] CONTE 1996: 109.

dscharo gemacht wurden[397]. Zum Schutz des Waldes wurden große Gebiete ganz von der privaten Nutzungsmöglichkeit ausgenommen. „Um der regellosen und besorgniserregenden Abholzung" entgegenzutreten, bildete man schon 1894 ein Forstschutzgebiet bei Windhuk mit einer Fläche von 60 km^2[398], weitere folgten bei Gobabis und Aais[399]. 1906 schloss man Flächen an Rivieren vom Verkauf als Farmland aus[400]. In Togo gründete man nach der Verordnung von 1912 Waldschutzgebiete[401]. Die meisten Waldschutzgebiete gab es in Deutsch-Ostafrika[402]. Bis 1906 wurden dort über 100.000 Hektar ausgewiesen[403]; 1913 bestanden 129 Waldreservate auf 742 km^2, was 0,8 % der Kolonie entsprach[404]. Eine Notwendigkeit sah man auch in der Erhaltung der Mangrovenwälder an der Küste, da sie ein Verschlammen der Flussmündungen verhinderten und Zerstörungen der Küste durch Springfluten verhinderten[405]. Die deutsche Forstwirtschaft in den Kolonien wurde allgemein gelobt[406]: „Wo deutsche Forstleute angestellt sind, kann man sicher sein, daß tadellos gearbeitet wird"[407].

7.5 Ergebnisse der Schutzmaßnahmen

Betrachtet man den Naturschutz in den Kolonien, so lässt sich für die Zeit bis 1906 das Fazit ziehen, dass dieser eine hoffnungsvolle Entwicklung genommen hatte. Nach einer ersten Phase, in der mangels entsprechender Regelungen und behördlicher Möglichkeiten von der Natur zum Zweck ökonomischer Nutzung regellos Gebrauch gemacht werden konnte, wurden in der zweiten Phase eine Reihe von Naturschutzmaßnahmen umgesetzt und eine Grenze zwischen Naturnutzung und Naturschutz festgelegt. Die Regelungen entsprachen noch nicht in allen Punkten dem Notwendigen, doch war zu erwarten, dass sie nach und nach optimiert werden konnten. Die Naturschutzmaßnahmen zeigten auch bald sichtbare Ergebnisse. So scheint die Errichtung von Flächenschutzgebieten erfolgreich gewesen zu sein. Aus Deutsch-Ostafrika hieß es: „Es scheint nach den Berichten der Lokalbehörden, daß es in einzelnen Bezirken [...] noch große Herden gibt, die sich, wo Jagdreservate vorhanden sind, mit kluger Vorliebe in ihnen aufhalten und dadurch ihre ungestörte Fortpflanzung in gewissem Umfang sichern"[408]. Nach der Einrichtung von Wildreservaten in Deutsch-Südwestafrika wird berichtet: „Das ganze Land begann sich wieder mit einem normalen Wildbestand zu bevölkern"[409]. In der Etoschapfanne vermehrte es sich nach Einrichtung des Wildreservates außerordentlich. „Herden von Hunderten von Zebras, Wildebeestern, Gemsböcken, Springböcken sind dort keine Seltenheit"[410]. Auch Stuhlmann urteilte: „Nach unserer augenscheinlichen Kenntnis scheint das System der Reservate [...] das beste Mittel zu sein, wie die Verwaltung den

---

397 TEICHMANN 1903: 50-57, ANONYMUS 1940: 379.
398 Verordnung vom 07.08.1894; ERKKILÄ & SIISKONEN 1992: 73-74.
399 Verordnung vom 28.10.1895.
400 JÄSCHKE 1996: 21.
401 Verordnung vom 05.08.1912, KNOLL 1978: 92, SCHUPPIUS 1924: 505, 1939: 83
402 Bekanntmachung vom 28.03.1911.
403 Jahresbericht 1906: 28, 1907: 27.
404 Verordnung vom 28.03.1911; eines wurde mit Verordnung vom 30.05.1911 aufgehoben JENTSCH 1914: 73. ARNING 1942: 312, STUHLMANN 1910: 504, WIECH 1928: 145, 207, ZACHE 2004: 102.
405 KRÜGER 1894: 627.
406 Selbst die spätere britische Mandatsverwaltung von Tanganyika stellte fest: „Forest protection was well established at the outbreak of war". SAYERS 1930: 227.
407 ANONYMUS 1912f.
408 ANONYMUS 1909a, Jahresbericht 1908: 37.
409 BRIESE 1984/85: 7.
410 REICHS-KOLONIALAMT 1913: 123.

Waldbestand schützen kann“[411].

Somit zeigten die Naturschutzverordnungen deutliche Erfolge. Ohne dass man es bemerkte, war der Naturschutz in den Kolonien damit zu einer Staatsaufgabe geworden, vor der man in Deutschland selber zurückgeschreckt war. In den Kolonien ging man somit einen Schritt voran und musste sich, ohne dass auf Erfahrungen zurückgegriffen werden konnte, daher auch schon viel früher mit den sich daraus ergebenden Problemen beschäftigen als in Deutschland.

8. Motive und Ziele von Naturnutzern und Naturschützern

Insoweit hatten sich die Maßnahmen des Naturschutzes in den Kolonien durchgesetzt. Zum Verständnis der weiteren Entwicklung und des Ausbruchs des Konfliktes zwischen Naturnutzern und Naturschützern ist es erforderlich zu untersuchen, worin deren Ziele bestanden und wo die Motive lagen, für oder gegen den Naturschutz Stellung zu beziehen.

8.1 Motive der Naturschützer

Die Gruppe der Naturschutzinitiatoren ist sehr schillernd, setzte sie sich doch aus den verschiedensten Kreisen des Bildungsbürgertums und Adels zusammen. Hierzu gehörten Naturforscher, Jäger, Künstler, Naturliebhaber, Besucher der Kolonien und Vertreter der Universitäten. Der Facettenreichtum wird am deutlichsten bei der Betrachtung der Motive, die für ihren Einsatz für die Natur ausschlaggebend waren. Schmoll stellte in seiner Untersuchung zum Naturschutz im Deutschen Kaiserreich sehr treffend fest: „Der Schutz der Natur als Appell zu einem verantwortungsvollen Umgang mit Natur – auch wenn er durch deren Eigenwertigkeit und Selbstzwecklichkeit begründet wird – folgte in der Geschichte immer menschlichen Interessen und Bedürfnissen“[412]. In Anlehnung hieran soll im Folgenden untersucht werden, welche Motive bei den Initiatoren des Naturschutzes in den Kolonien vorlagen. Dabei wird sich Schmoll auch insoweit angeschlossen, als dieser schreibt, dass im jeweiligen Einzelfall kaum eine klare Abgrenzung zwischen den Motiven deutlich wird. „Kennzeichnend ist vielmehr eine diffuse Gemengelage utilitarischer, ästhetischer, ethischer, sozialpolitischer, emotionaler, zivilisationskritischer, ökologischer oder naturwissenschaftlicher Motive“[413]. Dies muss hier ebenfalls für die Kolonien festgestellt werden. Insoweit müssen im Einzelfall die folgenden Motive – auch wenn sie zur Klarheit hier getrennt dargestellt werden – als miteinander verwoben und sich gegenseitig beeinflussend verstanden werden.

8.1.1 Emotionale Motive

Emotionale Motive begründen sich in den subjektiven Aspekten menschlichen Empfindens. Wie am Beispiel des Drachenfels deutlich wurde, erzeugte besonders der Verlust von Vertrautem und von positiv besetzten Erinnerungen und Bildern Bewegungen gegen die Zerstörung der Natur. Dies spielte auch in Afrika eine entscheidende Rolle. Die ersten Reisenden fühlten sich in den Kolonien in eine magische Welt versetzt, deren Natur sie emotional überwältigte. Viele gerieten trotz des Versuchs sachlicher Berichterstattung ins Schwärmen. Zur Bucht von Viktoria hieß es etwa: „Ein herrliches Landschaftsbild bot sich unseren erstaunten Blicken dar. Diese Gegend kann sich wirklich mit den schönsten der Erde messen!“[414]. Immer wieder

---

411 STUHLMANN 1910: 504.
412 SCHMOLL 2006: 30.
413 SCHMOLL 2006: 30.
414 KIRCHHOFF & KRÜGER 2001: 275.

findet man in Reiseberichten Begriffe wie „Schönheit“ und „wildromantischer Anblick“[415]. „Auch wurden wir entschädigt durch ein prächtiges Landschaftsbild, das sich im Süden vor unseren Blicken entrollte“[416], schreibt Schlobach[417]. Andere Naturforscher gaben ihre emotionale Bewegung offener wieder; Jaeger entglitt beim Betrachten des Ngorongorokraters der Ausspruch: „Donnerwetter, was für ein Krater, das war mein erster Gedanke bei dem überraschenden Anblick“[418]. Der Erstbesteiger des Kilimandscharo, Hans Meyer, schwärmte vom Gipfel schauend: „Welche gewaltige Symphonie der Formen und Farben, von Luft und Licht, von Wolken und Regenschleiern, von Urwald und Kulturland; welch edler Rhythmus im räumlichen Nebeneinander und zeitlichen Nacheinander der Erscheinungen; sie alle innerlich geeint und äußerlich zu einem großen harmonischen Ganzen gestaltet durch das Zusammenspiel der physikalischen Kräfte! Man meint, das leise Klingen der Sphärenharmonie zu vernehmen... eine Naturschöpfung von wahrhaft überirdischer Größe und Schönheit“[419]. Ähnlich überwältigt ist Graf von Goetzen beim Blick in den Kirungakrater: „Im ersten Augenblick ist die ganze Arena mit Wolken und Dampf angefüllt, gleich als befürchte die Natur, daß Sinn und Augen der ersten Menschen, denen es vergönnt war, eines ihrer großartigsten Geheimnisse zu schauen, nicht auf einmal den ganzen mächtigen Eindruck zu fassen vermöchten“[420]. Nicht weniger mystisch wird der Urwald beschrieben: „Die phantastischen Pflanzenformen, die Fülle und der Reichtum der Gestalten verwirren unseren Sinn, sobald wir in das dunkle Waldhaus eingetreten sind, [...] dämonische Gewalten“[421]. Und Schillings bekannte: „Ob es der majestätische, schweigende Urwald, ob es die mit schweren Wolken verhangenen finsteren Berge, oder aber die im heißen Sonnenbrande schlafende Steppe, die nackten Felsgrate oder nicht endenwollende Sümpfe und Moräste sind, in denen der Fuß des Wanderers seine Spuren gräbt: immer wieder wirken in Verbindung mit dem gigantischen ursprünglichen Tierleben Einflüsse und Eindrücke von stets neuer und unvergeßlicher Eigenart auf uns ein, und aus alle dem resultiert jene große Sehnsucht, die die verschiedenartigst veranlagten Menschen immer und immer wieder mit geheimnisvollem Zauber und magischer Gewalt hinauszieht in diese Urwelt“[422]. Zum Panorama am Nakurosee erzählte er: „Die heiße Steppenluft duftete nach tierischem Leben, der Boden der Steppe war durchfurcht von Fährten und Wechseln des Wildes, und wo auch der Blick sind hinwandte, flutete eine große, warme, ursprüngliche Welle tierischen Lebens. Ich befand mich im tertiären Tierparadies“[423]. Immer wieder erscheint dabei auch das Bild Afrikas als ein “refuge from the technological society”[424]. Zu den kargen mit dem Eleléschostrauch bedeckten Ebenen Ostafrikas bemerkte Schillings, dass diese von den Afrikanern nur als öde Steppengegend angesehen würden. „Anders aber wirkte die Region des Eleléscho auf mein Gemüt. Ist mir doch dieser Strauch in der Erinnerung symbolisch verknüpft mit dem Untertauchen in menschenleeren Einöden, mit dem Sichloslösen vom Getriebe der Zivilisation, der modernen Menschheit und all ihrem Hasten und Drängen“[425]. Behn stellte fest: „In den Zeiten... der nivellierenden Großstädte, der Tech-

[415] KLOSE 2004: 215 über das Kamegebirge in Togo.
[416] SCHLOBACH 1910: 567.
[417] SCHLOBACH 1910: 568.
[418] JAEGER 1911: 8.
[419] MEYER 2004: 358.
[420] GOETZEN 2004: 33.
[421] WAIBEL 1934: 50, 54.
[422] SCHILLINGS 1935: 55.
[423] SCHILLINGS 1935: 20.
[424] ANDERSON & GROVE 1989: 5.
[425] SCHILLINGS 1935: 21.

nik des Raffinements, überall hallt es jetzt plötzlich wider: Zurück zur Natur!"[426]. Afrika ist dabei der Widerpart, „ein Land von unberührter Urwüchsigkeit"[427].

Besonders die Tierwelt führte zum Erstaunen. Schillings nannte Ost-Afrika ein „Wildland par excellence"[428], und der Afrikareisende Herzog Adolf von Mecklenburg berichtet über seine Reise zum Kiwusee, das Land sei „außerordentlich wildreich" mit einem „Reichtum an Löwen, der wohl schwerlich seinesgleichen finden dürfte"[429]. Gouverneur Schnee schreibt: „Eine Hauptschönheit des Landes ist die Tierwelt. Große Scharen von Antilopen verschiedener Art, Zebras, Gazellen beleben die Steppe; in manchen Teilen sind [...] Elefanten, Rhinozerosse, Büffel, Giraffen häufig; Löwen, Leoparden und andere Raubtiere gibt es fast überall. Auf den großen Flüssen sind ungezählte Mengen von Gänsen, Enten, Flamingos, Reihern und sonstigen Vögeln vorhanden; Marabus sind in manchen Gegenden häufig; auch sonst ist die Vogelwelt in vielen Arten vertreten"[430]. Jaeger bewundert die Steppen: „Mit einem Rundblick vermag man hier mit bewaffneten Auge leicht tausend Stück Wild zu überschauen. Alles Herdenwild ist in großen Mengen vorhanden"[431]. Waibel schwärmt für die Zebras: „Es sind herrliche Tiere; in der Natur, in Freiheit sie zu beobachten, ist ein großer Genuß"[432]. Reinhard hob über den Tanganjikasee hervor: „Der flache Strand ist der Tummelplatz unzähliger Wasservögel, Reiher, Störche, Nimmersatts, Ibisse, Mygtheria senegalensis, Enten in fünf bis sechs Arten, Strandläufer, Flamingos und Pelikane"[433]. Auch aus Deutsch-Südwestafrika liegen entsprechende Beschreibungen vor, etwa von Jodtka: „Der Wildreichtum ist am ganzen Okavango entlang ein erstaunlicher. [...] Eine große Zahl von Antilopen [...] kommt hier vor [...] Kudu und Bastardgemsbock, geben der dortigen Thierwelt ihr Gepräge. Sie ziehen wieder eine große Zahl Raubwild nach sich. Löwen begleiteten uns während der ganzen Tour am Okavango. [...] Ebenfalls sehr zahlreich waren Leoparden, gefleckte Hyänen zwei Arten Schakale. Prächtig ist die Vogelwelt. [..] Die Zahl der meist grünen Papageien, Finken u. ist unermeßlich"[434].

Forscher, die die Kolonien vor 1900 so kennengelernt hatten, mussten, kehrten sie nach Jahren in diese zurück, traumatische Erfahrungen verarbeiten, wenn sie ihr Paradies von einst nicht mehr vorfanden und nur noch Reste der Tierwelt vorhanden waren. „Deutsch-Ostafrika war früher das wundervollste Jagdgebiet, welches man sich vorstellen kann. Die weiten Steppen waren derart mit Wild bevölkert, daß man sich davon kaum eine Vorstellung zu machen imstande ist; auf ihnen gab es in den 90er Jahren, selbst in der Küstennähe, z. B. südlich von Kissaki, noch Rudel, zusammengesetzt aus Zebra und Gnu, die nach vielen Tausenden zählten"[435]. „Zahlreich war der Elefant; in der Küstennähe im Hinterlande von Lindi wurden noch 1905 Herden von 100 und mehr Tieren beobachtet. Die Giraffe war in der Steppe massenhaft vertreten. [...] Wer in den 90er Jahren im Einbaum die Flüsse im Innern, etwa den Kirombero des Ulangatals, hinabfuhr, konnte an einem Tage Hunderte von Flußpferden beobachten, und an den hohen Ufern lag alle Augenblicke ein Krokodil

---

[426] BEHN 1911a: 801.
[427] HENNING 1934: 86.
[428] SCHILLINGS 1908: 95.
[429] MECKLENBURG 1908: 113.
[430] SCHNEE 1964: 124.
[431] JAEGER 1913: 108.
[432] WAIBEL 1934: 25.
[433] REICHARD 1934: 74, 76.
[434] JODTKA 1902: 547, 591.
[435] ARNING 1942: 63.

in der Sonne"[436]. Doch, so betrauerte Schillings, „der Zauber des Eleléscho ist vergangen am einst so weltfernen Nakurosee. Der See ist nicht mehr weltfern. Ein eiserner Schienenweg verbindet ihn mit dem Wasser des Indischen Ozeans. Vergangen ist dort heute der Zauber, [...] vorbei die Poesie der Elefantenherden, [...] verschwunden vieles, was ich dort sah"[437]. Die Natur „deren Eigenart täglich mehr verschwindet, täglich in steigendem Maße vernichtet wird, ist rettungslos dem Neuen, dem Kommenden, dem nicht Aufzuhaltenden preisgegeben, das man moderne Technik, moderne Kultur nennt"[438], schreibt Sarasin zivilisationskritisch, und Schillings schließt sich an: „Der geographischen Entdeckung der Erde [...] folgte mit Riesenschritten die Ausbeutung ihrer Reichtümer und ihrer bisher in Verborgenheit harmonisch dahinlebenden und eben dadurch in ihrer freudigen Existenz geschützten Geschöpfe; überall griff eine rücksichtslose industrielle Ausbeutung zerstörend in die Lebensgenossenschaften des Erdballs und brachte vorübergehenden Nutzen oder der Eitelkeit des weissen Menschen die Zierde unserer Mutter Erde zum Opfer"[439]. „Ist es denn wirklich notwendig, daß die europäische Zivilisation, wo sie hindringt, wie ein Pesthauch vor sich her alles vernichtet, was ursprünglich und natürlich war?"[440].

Die gleichen Erfahrungen hatten früher schon Reisende in Südafrika gemacht[441]. Nun kamen ähnlich die Enttäuschung und Deprimierung ausdrückende Berichte aus vielen Teilen Afrikas. Einige dieser Reisenden beließen es nicht dabei, sondern versuchten sich für den Erhalt von Teilen der Naturwunder stark zu machen. Es liegt nicht fern, eine Verbindung von emotionaler Selbsttherapie und intellektuellem Sinnerkennen des Naturerhalts zu unterstellen und Anderson & Grove zuzustimmen: „Much of the emotional [...] investment, which Europe made in Africa has manifested itself in a wish to protect the natural environment as a special kind of Eden, for the purposes of the European psyche"[442]. Schillings Forderung lautete denn auch: „Tunlichster Schutz den Naturdenkmälern, Schutz dem auf diesem Gebiete Althergebrachten, Liebgewordenen und mit der Volksseele Verwachsenen!"[443]. Und Paasche hielt in einer Tagebuchnotiz fest: „Mit jeder Tierart, die uns von Urzeit bis hierher begleitet hat, die unsrer Phantasie oft Nahrung war und uns in trüber Zeit wohl selbst zur Nahrung werden musste, verschwindet ein Stück unserer selbst"[444]. Eine Entwicklung vom Jäger zum enthusiastischen Naturschützer war unter solchen Erfahrungen zu Anfang des 20. Jahrhunderts kein Einzelfall. Der amerikanische Präsident „Theodore Roosevelt perhaps personifies this best. An avid hunter and collector of trophies, he was by the early years of this century entering enthusiastically into the debate [...] about conservation"[445]. Carl Georg Schillings war es, der diesen Typ des frühen Naturschützers in Deutschland am besten repräsentierte und die emotionale Betroffenheit über die Naturverluste in Afrika auf eine breitere gesellschaftliche Grundlage stellte. Als Sportjäger nach Ostafrika gekommen, entwickelte er sich zum Naturforscher und wohl engagiertesten Vertreter des kolonialen Naturschutzes.

---

[436] ARNING 1942: 64.
[437] SCHILLINGS 1935: 22.
[438] SCHILLINGS 1935: 22.
[439] SARASIN 1911a: 1-2.
[440] DOFLEIN 1911: 817.
[441] ANONYMUS 1901b.
[442] ANDERSON & GROVE 1989: 4.
[443] SCHILLINGS 1935: 379.
[444] PAASCHE 1993: 108.
[445] ADAMS 1992: 18.

Die afrikanische Tierwelt war um die Jahrhundertwende in Europa noch weitgehend unbekannt, und die Zahl der Deutschen, die selbst einmal die Kolonien gesehen hatten, außerordentlich gering. Fotos von afrikanischen Wildtieren waren extrem selten und zumeist von ausgestopften Exemplaren angefertigt[446]. Schillings[447] war der erste, der sein Gewehr durch eine Kamera austauschte. Er pirschte sich in Jägermanier auf freier Wildbahn an die Tiere heran und brachte einzigartige Fotos nach Europa. Seine Aufnahmen von Tieren in der afrikanischen Landschaft gehörten bald zu bewunderten Raritäten[448]. „In Afrika vollzieht sich heute ein wunderbares Schauspiel. Eine ganze gigantische Tierwelt geht zugrunde. [...] Die Erhaltung der großen lebenden Naturdenkmäler, wenigstens im photographischen Abbilde [...] ist wahrlich eine der dringendsten Forderungen unserer Zeit. [...] Eile tut not, allzulang ist die Spanne Zeit nicht mehr, die für dieses Werk gegeben ist“[449]. Ludwig Heck, der Direktor des Zoologischen Gartens in Berlin, bezeichnete die Fotos gar als „Natur-Urkunden“[450]. Mit seinen Fotos konnte Schillings breite Kreise in Europa für die afrikanische Wildnis begeistern und ihnen deren Schutznotwendigkeit plastisch vor Augen führen; besonders seine Vorträge mit Lichtbildschauen zogen die Menschen an[451]. Schillings Buch „Mit Blitzlicht und Büchse“ wurde 1905 ein Bestseller. Roosevelt, der selbst in Deutsch-Ostafrika gejagt hatte, hielt es für das „hervorstechendste unter den vielen guten Büchern, die von wissenschaftlich beobachtenden Jägern geschrieben worden sind“[452]. Es wird später mit dem Buch „Der Zauber des Elelescho“ zu einer „Volksausgabe für die Jugend“ zusammengefasst, in mehrere Sprachen übersetzt und bis 1960 immer wieder aufgelegt[453]. Auch der ehemalige Jagdreisende Hans Schomburgk, der als Berufsjäger 800 Stück Großwild erlegt haben soll, vertauschte bald seine Büchse mit Fotoapparat und Filmkamera. Noch nach dem Ersten Weltkrieg verzeichnete sein Afrikafilm „Mensch und Tier im Urwald“ in Hunderten von Vorstellungen „ungeheuren Erfolg“[454].

Durch die neuen Medien Foto und Film sowie koloniale Reiseberichte gelangte die Faszination der afrikanischen Tierwelt in weite Teile der deutschen Bevölkerung. Auch Besuche der Zoologischen Gärten erfreuten sich zunehmender Beliebtheit. Den frühen Naturschützern gelang es damit, ihre Bestürzung über den Rückgang der afrikanischen Tierwelt auf Menschen in Deutschland zu übertragen, so dass sie von dort Unterstützung erhielten. Beispielsweise protestierten Besucher gegen einen „Kinematographen“ in Berlin: „Man sieht dort im Film das widerlichste, absichtliche Schlachten dieser Naturdenkmäler für geschäftliche kinematogr. Zwecke und zwar in derart roher Weis dargestellt, dass unser Gewährsmann mit lautem Protest den Saal verliess“[455]. Gegen einen Jäger, der mit dem Abschuss eines Schimpansen prahlte, wurde sogar das Reichskolonialamt zum Einschreiten aufgefordert[456]. Insgesamt dürfte die breite emotionale Betroffenheit über den Verlust des Wildes wohl das Hauptmotiv für den Schutz der Tierwelt in Afrika gewesen sein.

---

[446] KÖPPEL 1999: 8.
[447] *1865, †1921.
[448] BECKER 1999: 64.
[449] SCHILLINGS 1935: 5.
[450] BECKER 1999: 65.
[451] BECKER 1999: 65.
[452] BECKER 1999: 66
[453] BECKER 1999: 65.
[454] BALDUS 1997: 59.
[455] BArch, R 1001 7779, Bl. 246.
[456] BAUCKE 1913: 212.

8.1.2 Ethische Motive

Eng verwoben mit der emotionalen Betroffenheit und der Verlustangst standen ethische Motive, die sowohl auf christliche Gebote der Wahrung der Schöpfung als auch auf naturphilosophische Grundlagen gestützt wurden. Die Südwestafrikanerin Margarete von Eckenbrecher etwa schrieb: „Die Namib bot einen großartigen Anblick, ganz in blauem Dunst gehüllt, über dem rosig im Glanz der Sonne die gewaltige Masse des Brandberges lagert. Es ist mit das Schönste, was ich je in meinem Leben erblickt habe, so großartig erhaben. [...] Ich hätte die Hände falten und sagen mögen: Lieber Gott, ich danke Dir, daß Du mir gewährtest, Deine Schönheit zu schauen [...], die Wunder deiner Schöpferkraft genießen"[457]. Diese göttlichen Wunder durch den Menschen zerstören zu lassen, wurde ethisch nicht gebilligt. „Nicht nur den Kulturmenschen, der den Schöpfer im Geschöpf ehrt, müssen diese Eingriffe in die heiligste, unberührte Natur empören, auch den ethisch fühlenden Menschen die Gefühlsroheit der Schießer [...], wie den Künstler die Zerstörung der herrlichen Naturformen"[458], hob der Künstler und Naturforscher Fritz Behn hervor, und Schillings fügte an: „Deutsch-Ostafrika ist wohl mit das wildreichste Land der Erde: diese tierischen Schätze rücksichtsloser Verfolgung und Ausbeutung preiszugeben, wäre sowohl vom ethischen Gesichtspunkte aus wie vom volkswirtschaftlichen zweifellos sehr kurzsichtig gehandelt"[459].

8.1.3 Historische und nationalkulturelle Motive

Analog zur Kunst- und Kulturdenkmalpflege galten Teile der Natur als Relikte vergangener Zeiten, die als museale Objekte bewahrt werden sollten. Natur war somit ein Aspekt der eigenen Geschichte und wurde als Faktor bei der Ausbildung der nationalen Identität gesehen. Besonders der Anspruch, zu den führenden Kulturnationen zu gehören, und das damit in Zusammenhang stehende Sendungsbewusstsein, ließ sich mit der Vernichtung der Natur nicht vereinbaren. „Es gibt auf dieser Erde Völker, die berufen sind, Kultur zu verbreiten. [...] Das deutsche Volk hat schwer errungene sittliche Güter, hat Eigenschaften, [...] eine Kultur, die es besonders geeignet macht, unerschlossene Länder mit seinem Wesen und Willen zu durchdringen. [...] Deutsch-Ostafrika ist von der Natur mit wertvollen Tieren reich bedacht worden [...] und wird [...] in einer Weise, die den Anschauungen eines Kulturvolkes Hohn spricht, ausgeplündert und verödet"[460]. „Wir Deutschen rühmen uns, ein ideal fühlendes Volk zu sein, und werfen oft den Engländern krämerhaftes Handeln vor. In den Kolonien jedoch, das muß man ehrlich bekennen, ist es gerade umgekehrt und hohe Zeit, daß wir uns auf uns selbst besinnen"[461]. Schellendorf entrüstete sich, es habe „etwas Unwürdiges, daß intelligente Nationen nicht einmal energisch Schluß machen und einen vernünftigen Schutz einführen, um zu retten, was noch zu retten ist"[462].

8.1.4 Soziale Motive

Entstammten die beschriebenen Motive der menschlichen Psyche, basierten ökologische, naturwissenschaftliche und utilitaristische Motive eher auf rationaler Grundlage. Als Mischung von Psyche und Ratio können die sozialen Motive angesehen werden. Diese sehen die Natur als Allgemeingut an, an dem alle Menschen das

---

[457] CROWHURST-BOND 1991: 101.
[458] BEHN 1911b: 568, 1911c: 2, ANONYMUS 1911d.
[459] SCHILLINGS 1908: 110.
[460] ANONYMUS 1912c.
[461] ANONYMUS 1912f: 194.
[462] SCHELLENDORF 1900: 7.

Recht auf Teilhabe haben und wenden sich gegen ein individuelles Eigentumsrecht an Natur: „Die eingeborene Tierwelt [...] darf nicht dem Jäger und seinen oft einseitigen Interessen zur Vernichtung überlassen werden, sie gehört der Gesamtheit“[463]. Weiterhin wurde schon im sehr modernen Sinn argumentiert, dass man eine soziale Verantwortung für zukünftige Generationen habe. Paasche schreibt dazu: „1000 Rupien für einen Elefanten! [...] Die Nachwelt wird diesen Preis gering finden. Ueberhaupt die Nachwelt! Höhnen wird sie über den Hochmut, die Amtsmiene, mit der wir die lebendigen Denkmäler aus uralter Zeit zerstören im Glauben an unser besseres können!“[464]. Ähnlich sah es Schillings: „Wir dürfen nicht allein, wo es sich um dies hoch aktuelle Thema des Naturschutzes handelt, auf unmittelbar faßbare Gewinne an materiellen Gütern Wert legen, sondern es gilt hier mit kühnem Blick von hoher Warte Gesichtspunkte ins Auge zu fassen, deren schnelle energische Berücksichtigung uns noch nach Jahrhunderten den Dank und die Wertschätzung der kommenden Generationen bringen werden“[465].

8.1.5 Ökologische Motive

Die ökologischen Motive basieren auf rationaler Erkenntnis und sehen eine Begrenztheit der Natur mit einer Fülle von Wechselwirkungen, so dass ein Eingreifen in die Naturzusammenhänge zu Schäden an der Natur und für den Menschen führt. Kenntnisse der Ökologie standen Anfang des 20. Jahrhunderts noch in den Kinderschuhen, so dass nicht erwartet werden kann, dass diese wesentlich für die Naturschutzbewegung waren. Gleichwohl sind Ansätze bei Professor Fritz Behn erkennbar, der konstatierte, dass der Mensch verloren sei, wenn er in der Natur „kurzsichtige Eingriffe in ihre geheimen Kreisläufe zu tun“ wage, denn „aus bester Absicht heraus, zu ordnen, kultivieren, die Erde uns untertan zu machen, machen wir diese Eingriffe, oft ohne uns klar zu sein, daß jede Aktion eine Reaktion ausübt, die wir dann wieder korrigieren müssen und so fort, ein fortlaufender circulus vitiosus“[466]. In diese Richtung gingen auch Bestrebungen nach einem internationalen Vogelschutz, indem erkannt wurde, dass heimische Zugvögel wie der Storch nur geschützt werden konnten, wenn sie in ihren Winterquartieren in Afrika vor Nachstellungen durch Jäger sicher waren[467]. Geradezu modellhaft wurden ökologische Motive bereits im Forstwesen umgesetzt. Die Erkenntnisse der Wirkzusammenhänge zwischen Wald, Wasserhaushalt, Bodenfruchtbarkeit und Klima (6.3.2) waren in hoher Komplexität erkannt worden, und die koloniale Forstwirtschaft legte damit entscheidende Grundlagen für spätere tropenökologische Forschungen.

8.1.6 Naturwissenschaftliche Motive

Aus Sicht der Naturwissenschaften war die Natur logischerweise zu schützen, weil sie Forschungs- und Anschauungsobjekt war. Ihre Forderungen gingen in zwei Richtungen. Auf der einen Seite bedurften die Wissenschaftler der Exponate von Tieren, Pflanzen und Gesteinen für ihre Untersuchungen. Schillings beklagte immer wieder, dass Präparate von afrikanischen Tieren kaum in deutschen Museen vorhanden seien und wünschte, „alles dies wertvolle Material in ausreichender Menge wenigstens für die Wissenschaft zu retten, anstatt es in seiner Gesamtheit den Interessen des Handels und den rücksichtslosen neuen Besiedlern des Landes preiszugeben“[468].

[463] ANONYMUS 1911c.
[464] PAASCHE 1907: 2.
[465] SCHILLINGS 1911: 362.
[466] BEHN 1911a: 801.
[467] ECKARDT 1910: 93-95.
[468] SCHILLINGS 1935: 368.

Neben dem Naturkundemuseum und dem Königlich Botanischen Museum in Berlin, die zahlreiche Exponate erhielten[469], begann man daher mit dem Aufbau eines Deutschen Kolonialmuseums[470]. Auf der anderen Seite wurde der Schutz von Pflanzen und Tieren in den Kolonien selber seitens der Wissenschaft gefordert, um die Tiere „möglichst unter natürlichen Bedingungen in ihrer Heimat" studieren zu können[471]. Dazu sollten wissenschaftliche Stationen eingerichtet werden[472].

Die Bestrebungen nach Exponaten und dem Schutz der Tiere vor Ort kollidierten allerdings manchmal. Bestes Beispiel stellen die Bemühungen um die Menschenaffen dar. Sarasin stellte fest, „die Verfolgung der geistig begabtesten Tiere des Erdballs, nämlich der *menschenähnlichen Affen*, des Schimpanse und Gorilla"[473] sei ein „trauriges Vergnügen", da die „für die Wissenschaft äußerst interessanten Tiere" [474] „geradezu wissenschaftliche Kleinode darstellen"[475]. „Welche Vorteile für die Kenntnis der menschlichen Natur ließen sich durch das genaue Studium der Gorillas und Orang-Utans gewinnen!"[476]. „Denn an die Untersuchung der so hoch entwickelten, unzweifelhaft dem Menschen am nächsten stehenden Anthropoiden erscheinen für die Erkenntnis des Menschen hochbedeutsame und anderweitig nicht zu beschaffende Aufklärungen geknüpft"[477]. Der Direktor des Königlich Zoologischen Museums, Brauer, erklärte: „Meiner Ueberzeugung nach müsste es eine Ehrenpflicht für uns Deutsche sein, die Menschenaffen, diese wertvollsten und interessantesten Tierformen, die unsere Kolonien besitzen, auf jede mögliche Weise zu schützen und zu erforschen und alles zutun, um ihre durch nichts zu entschuldigende, unverantwortliche Verfolgung und Vernichtung zu verhindern"[478]. Die Königlich Preußische Akademie der Wissenschaften forderte daher immer wieder den Schutz von Gorilla und Schimpanse, sowie dass „mehrere hinreichend große Reservatgebiete für die Anthropoiden regierungsseitig gesichert werden möchten"[479]. Auf ihr Drängen wurde in Kamerun schließlich durch Gouverneur Seitz eine Verordnung erlassen, die die Jagd auf Gorillas, nicht jedoch deren Ausfuhr verbot und daher von Schillings „als lückenhaft bezeichnet" wurde[480]. Seitz führte an, es würde als „eine große Härte erscheinen, wenn ich unvermittelt die Ausfuhr aller toten oder lebenden Menschenaffen verbieten würde, die doch zum größten Teil nur mit Aufwand vieler Mühen, Kosten und Gefahren erbeutet sind". Er wolle vor weiteren Maßnahmen daher erst prüfen lassen, wie viel Weiße in Besitz von Menschenaffenfellen seien[481]; zumal Gorillas und Schimpansen in einzelnen Landesteilen „geradezu eine Landplage" seien und „den Kulturpflanzungen der Eingeborenen Schaden" zufügen würden[482]. Die Bezirksämter hatten die Befugnis, dort, wo der „Gorilla durch sein Auftreten eine Ge-

---

469 ANONYMUS 1897a: 450, 1897c: 570, 634, BECKER 1999: 65.
470 ANONYMUS 1899a: 776-778, 1900a: 645-648, 1900b: 934.
471 STROMER 1909.
472 DOFLEIN 1911: 819-820.
473 SARASIN 1914: 34.
474 BArch, R 1001 6220, Bl. 31.
475 ANONYMUS 1912f.
476 DOFLEIN 1911: 818.
477 Schreiben vom 09.01.1908, BArch, R 1001 6220, Bl. 8.
478 BArch, R 1001 6220, Bl. 11.
479 Schreiben vom 02.08.1909, BArch, R 1001 6220, Bl. 54-56.
480 Verordnung vom 06.05.1908, TOUR 1957: 114. Erst durch Verordnungen vom 14.07.1913 und 03.10.1913 wurde der Abschuss von Gorillas in Deutsch-Ostafrika verboten. BArch, R 1001 6220, Bl. 27-28.
481 BArch, R 1001 6220, Bl. 30.
482 Schreiben vom 29.12.1908 an das Reichskolonialamt, BArch, R 1001 6220, Bl. 42-43, SARASIN 1914: 34.

fahr für die öffentliche Sicherheit bildet“, diesen „soweit die Umstände dies erfordern, abschießen zu lassen“[483]. Der Wissenschaft kam er entgegen, als dass Skelette für die wissenschaftliche Verwertung zu präparieren seien, wozu eine Anleitung durch Dr. Reichenow erstellt wurde[484].

Abgesehen von einzelnen Abschüssen zum Schutz der Pflanzungen und aus Gründen der Sicherheit trug die Wissenschaft durch den Wunsch nach Präparaten zum Abschuss der Menschenaffen bei. So heißt es in einem Bericht: „Seit einigen Jahren wird der Gorilla, [...] infolge des hohen Preises, den auswärtige Museen und Private für große Exemplare bezahlt haben, auf das heftigste verfolgt“[485]. „In Kamerun sind Europäer im directen oder indirecten Auftrage zoologischer (Hamburger) Firmen thätig und betreiben die Jagd auf Gorillas in ganzem Umfang“[486]. „In den weitaus meisten Fällen sind die Jäger und Verkäufer Offiziere und Beamte in Kamerun“[487]. „Bei einem bekannten Naturalienhändler in Hamburg [...] liegen zeitweilig Dutzende von Gorilla- und Schimpansenschädeln. Desgleichen bekommt er zahlreiche Bälge“[488]. Die Wissenschaft war daher selber an der Ausrottung dessen beteiligt, was sie eigentlich schützen wollte. Immerhin sollten die naturwissenschaftlichen Motive aber dazu beitragen, dass mehr Wissen über die Tiere der Kolonien gesammelt werden konnte, was als Grundlage für deren Schutz unentbehrlich war.

8.1.7 Utilitarische Motive

Das utilitarische Motiv geht rein zweckrational davon aus, dass Natur geschützt werden muss, weil sie menschlichen Interessen nützlich ist. „Unser afrikanisches Wild ist ebenso wie unser einheimisches ein lebendes Kapital“[489]. „Nationalökonomisch betrachtet, sind die paradiesischen Schätze der wilden eingeborenen Tierwelt vielleicht mit der beste Teil unseres ostafrikanischen Kolonialreichtums“[490]. Die Kritik richtete sich dagegen, dass dieses Vermögen durch Abschuss einmalig verbraucht würde[491]. „Unser einheimisches Wild bringt dem Reich bei der bestehenden Regelung des Abschusses und Wildschutzes jährlich Millionen; das afrikanische wird vergeudet. [...] In einigen Jahren ist das Kapital, soweit es wertvolle Tiere betrifft, die uns Elfenbein, Felle, Pelze, Gehörn liefern, aufgebraucht“[492]. Vorgeschlagen wurde daher, die Wildbestände analog zum Wald so nach dem Nachhaltigkeitsgesetz zu bewirtschaften, dass sie langfristig eine Rendite abwarfen. Dazu wurde die Jagd aufgrund der Gebühren für Jagdscheine sowie Ausfuhrzölle als dauerhafte Einnahmequelle für den Staat angesehen[493] und Einnahmen durch “kapitalkräftige Jäger” erwartet[494]. „Wenn man diese Summe als jährliche Rente nimmt, so würde das dazugehörige Kapital ein Vermögen von vielen Millionen bedeuten, das wir in unserm Wildbestand besitzen“[495]. Ebenso sollten wie in Deutschland (4.2) die Vögel als die „treuesten Bundesgenossen im Kampf gegen die Schädlinge“ erhalten werden, um damit die

483 Vom 27.12.1913.
484 REICHENOW 1914: 17.
485 BArch, R 1001 6220, Bl. 15.
486 BArch, R 1001 6220.
487 BArch, R 1001 6220, Bl. 13.
488 BArch, R 1001 6220, Bl. 13.
489 ANONYMUS 1911d, vgl. auch ANONYMUS 1912b, 1912f.
490 SCHILLING 1911: 362.
491 HESS 1905: 65.
492 ANONYMUS 1911f: 378.
493 ANONYMUS 1912f.
494 SCHILLINGS 1908: 90-91.
495 BArch, R 1001 7782, Bl. 136, DIECKMANN 2001: 129, 144.

Landwirtschaft zu fördern[496].

Insgesamt bestanden seitens der Naturschützer somit eine Reihe von Motiven, die sowohl auf rationaler als auch psychologischer Grundlage basierten. Die emotionalen Motive stellten dabei wohl den entscheidenden Faktor dar, dass der Naturschutz für die Kolonien so vehement gefordert wurde. Die ursprüngliche Natur war in Deutschland schon seit Jahrhunderten zerstört oder durch die Kultur überprägt worden; die Tierwelt war stark dezimiert und zahlreiche Arten bereits ausgestorben. Der Naturschutz in Deutschland konnte somit nur versuchen, Reste der einstigen Natur als Denkmäler vergangener Zeiten zu bewahren. In den Kolonien waren die Naturwunder aber weit beeindruckender, und man sah in ihnen nicht nur eine gegenwärtige Natur, sondern ging davon aus, dass sich dort auch ein Zustand aus vergangenen Zeit bewahrt hatte. Man fand also etwas, das mit dem in Deutschland schon Verlorenen vergleichbar schien. Dieses Paradies nun ebenfalls vernichtet zu sehen, löste eine tiefe traumatische Erfahrung aus. Gerade diese dürfte ursächlich dafür gewesen sein, dass die Naturschützer breite Unterstützung erhielten und die im Folgenden zu schildernden Auseinandersetzungen mit den Naturnutzern eine derartige Heftigkeit entfalteten.

8.2 Ziele der Naturschützer

Die Ziele der Naturschützer lagen somit bei einem weitgehenden Erhalt des natürlicherseits Vorhandenen. Das Jagdrecht sollte stärker reglementierend eingreifen und zahlreiche Tierarten vollständig schützen. Zudem sollten so viel Flächen wie möglich als Schutzgebiete ausgewiesen werden, in denen jede Form der Nutzung ausgeschlossen sei.

8.3 Motive der Naturnutzer

Die Motive der Naturnutzer sind wesentlich klarer zu fassen, da sie offensichtlich – und das auch nicht leugnend – mit dem Streben nach persönlichen Vorteilen verbunden waren und sich auf ökonomische Motive und Sicherheitsmotive beschränkten.

8.3.1 Kommerzielle Motive

Dass die Jagd für verschiedene Kreise ökonomische Vorteile brachte, wurde ausführlich dargestellt (6.1.2-6.1.4). Zudem wurde das Wild durch koloniale Beamte, Farmer und Wirtschaft oft nur als „Hemmnis auf dem Weg zu einer ertragreichen Kolonialwirtschaft“ angesehen[497], und Siedler sahen in den wilden Tiere eine Gefahr für ihr Nutzvieh; einerseits durch Raubtiere, andererseits durch die Übertragung von Krankheitserregern[498]. Ihrer Auffassung nach vermehrte sich das Wild in Deutsch-Ostafrika „in einer ans Unwirtschaftliche grenzenden Weise“[499], und die Windhuker Zeitung berichtete 1913 in diesem Sinne, dass das Wild im Kaokofeld zur Plage würde: „Kürzlich hatten Elefanten eine Wasserstelle mit Beschlag belegt, die ein Farmer unbedingt für sich und seine Tiere benutzen musste. Die riesigen Dickhäuter, die durch die Jagdverordnung geschützt sind [...] zertrampelten einen der biederen Zugochsen zu Brei. Wer bezahlt den Schaden ?“[500]. In einem anderen Artikel hieß es: „Eine Farm im Kaokofelde musste von ihrem Besitzer verlassen werden. Wa-

[496] ECKARDT 1910: 719.
[497] KÖPPEL 1999: 10.
[498] MACKENZIE 1988: 227.
[499] ZACHE 2004: 102.
[500] ANONYMUS 1913a.

rum? Weil viele Tausende von Zebras das 30 000 ha große Besitztum völlig zertrampelt und abgeweidet hatten, so daß die Tiere des Farmers kein Futter mehr hatten"[501]. „Buschkühe, Wildschweine, Elefanten und Flußpferde richten teilweise argen Schaden" an[502]. „Die ganze Wahrheit [...] begreift derjenige, der [...] die Wühlarbeit und den Schaden einer einzigen Nacht sehen muß"[503]. Der Farmer Siedentopf wurde oft bei den Behörden vorstellig, dass das Wild des Ngorongoro-Kraters die Viehwirtschaft behindere, und Gouverneur Schnee berichtete, dass dieser seine Viehweiden „wie er selbst zugibt, nur durch rücksichtsloses Wegknallen jedes in die Nähe kommenden Wildes schützen kann"[504]. Die Pflanzungsgesellschaft Bibundi beschuldigte Elefanten für Verwüstungen in Kakaopflanzungen in Kamerun[505]. Die Verminderung der Wildbestände war daher nach Meinung der Farmer unverzichtbar: „Daß überall dort, wo die Interessen der Landeskultur die Ausrottung des großen Wildes verlangen, die Kulturinteressen vorgehen müssen, kann doch wohl im Ernste nicht bestritten werden"[506]. „Auch die Tierschutzbewegung muss ihre Grenzen haben, wo die Vorrechte menschlicher Interessen in Frage stehen, [...] schließlich wollen wir nicht vergessen, dass wir die Kolonien haben z u m N u t z e n für die Europäer und nicht lediglich als zoologische Museen, in die kein Europäer seinen Fuss setzen darf, um nur ja nicht die Wildidylle zu stören"[507]. Schillings hörte „die traurige Ansicht äußern, Ostafrika könne erst dann sich wirtschaftlich heben, wenn alles Wild vernichtet sei"[508]. Ebenso bestand bei einem „grossen Teil der im Schutzgebiet ansässigen Europäer, namentlich den Farmern" eine „grosse Abneigung weitergehenden Wildschutzmassnahmen gegenüber"[509]. Zum Wildreservat Meru las man in der Usambara-Post, die sich im Untertitel als „Organ für die wirtschaftlichen Interessen von Deutschostafrika" bezeichnete: „Das längst gefürchtete Wildreservat im Norden der Siedlungsgebiete ist [...] Tatsache geworden und über dem Farmer schwebt Ruin. Denn was hilft alle Mühe, was die teuren Zuchttierimporte, was das kostspielige Einzäunen der Farmen, wenn immer das Vieh durch Ansteckung seitens des Wildes bedroht ist!? Antikolonisation, anders kann man eine solche Tätigkeit nicht nennen!"[510]. Es wurde die Meinung vertreten, Ostafrika müsse „von den den Ansiedlern feindlichen Wildmengen entblößt werden", um Raum für ausgedehnte Siedlungsgebiete für Europäer zu schaffen[511]. „Die Serengetisteppe, die wir auf 500 000 ha schätzten, ist nach Ansicht des Farmers Siedentopf in Ngorongoro geeignet für extensive Rindviehzucht. [...] Dieses ganze Gebiet kann von Weißen bewohnt werden"[512].

Anders als die Europäer, die überwiegend Viehzucht oder küstennahe Großplantagen betrieben, besaßen die Afrikaner meist kleine, auf Subsistenz angelegte Bauernstellen inmitten der von Wildtieren bewohnten Gebiete. Die Klagen über Wildschäden bei den Afrikanern sind so alt, wie es Aufzeichnungen gibt. Schon der Dominikanermissionar João dos Santos schrieb für den Sambesi um 1586: „Die Anzahl der Elefanten in diesem Land ist erstaunlich, es sind in der Tat so viele, dass die Ein-

---

[501] ANONYMUS 1913a.
[502] Bericht der Regierungsstation Campo vom 01.09.1912, BArch, R 1001 7786, Bl. 98, REICHSKOLONIALAMT 1913: 31.
[503] BArch, R 1001 7779, Bl. 250-251.
[504] ARNING 1942: 64, Bericht vom 02.10.1912, BArch, R 1001 6229/1, Bl. 22
[505] Schreiben an die Kolonialabteilung vom 03.11.1904; BArch, R 1001 7785, Bl. 49.
[506] ANONYMUS 1911b.
[507] ANONYMUS 1912d.
[508] SCHILLINGS 1935: 84.
[509] Bericht des Gouvernements von Deutsch-Ostafrika vom 05.02.1913, BArch, R 1001 7779, Bl. 245.
[510] AGRICOLA 1913: 2.
[511] BArch, R 1001 7778, Bl. 38.
[512] JAEGER 1913: 109.

wohner gezwungen sind, sie zu jagen, um zu verhindern, dass sie die Ländereien verwüsten[513]". Verschiedene Anbaupflanzen waren von Elefanten begehrt, wie Mais, Hirse, Mango, Bananen und Zitrusfrüchte[514]; Büffel, Flusspferde, Affen und Papageien suchten gern Kulturen von Mais, Reis, Sorghum, Bohnen und Erdnüssen auf[515]. Die Afrikaner beschwerten sich immer wieder[516]. Am zahlreichsten waren die Klagen über Schäden durch Wildschweine. Neben dem Fraß und dem Niedertreten der Agrarpflanzen „sind diese Tiere der Eingeborenenproduktion außerordentlich schädlich, indem sie den Leuten keine große Ausdehnung ihrer Felder gestatten"[517]. In Ostafrika wurde oft gar von einer Wildschweinplage gesprochen[518]. Für afrikanische Bauern war es schwer möglich, ihre Kulturen wirksam durch Zäune oder Hecken vor Tieren zu schützen, selbst Dornverhaue boten nur einen beschränkten Schutz. Schutzbestimmungen für Wildtiere stießen daher immer wieder auf Widerstand. Der Stamm der Duala in Kamerun etwa protestierte gegen die Einschränkungen der Elefantenjagd; dadurch würden die Elefanten zunehmen und ihre Kakaopflanzungen schädigen[519]. Das Überhandnehmen der Schweine hänge mit deren Schutz in den Wald- und Wildreservaten zusammen[520]. Proteste gab es gegen Einschränkungen der Jagd auch insoweit, als diese mehr oder weniger zum Lebensunterhalt beitrug. Für Togo befürchtete Gouverneur Zech Unruhen: „Die Jagd bildet eine, bereits so tief im Volksleben eingewurzelte Gewohnheit, daß ein wirksames Eingreifen Mißstimmungen hervorrufen muß"[521]. „Den Leuten diese Fleischquelle zu verschliessen, würde, wie ich glaube, ohne starke Beunruhigung der Eingeborenen-Bevölkerung, vielleicht ohne Aufstand nicht möglich sein"[522]. Anders als in Deutschland bot die Jagd in den Kolonien eine gute Einnahmequelle, und zugleich schränkte das Wild die ökonomischen Gewinne anderweitiger Landnutzung ein.

8.3.2 Sicherheitsmotive

Auch Bedürfnisse nach Sicherheit für Mensch und Tier spielten eine starke Rolle bei der Einstellung gegen Naturschutzmaßnahmen, wobei für den Schutz der Haustiere natürlich deren ökonomische Bedeutung im Vordergrund stand. Insoweit überschneiden sich auch hier die Motive. Besonders seitens der Afrikaner erfolgten Klagen über Bedrohungen durch Wildtiere; so heißt es über die Jahre 1906/07 in Deutsch-Ostafrika: „Aus einzelnen Bezirken wurde sehr über das Überhandnehmen der Löwenplage geklagt. In einigen aufständischen Gebieten (Donde, Mahenge) sollen diese Raubtiere zahlreiche Menschen geschlagen haben"[523]. „Im Jahr 1902 war die Löwenplage im Bezirke Dar-es-Salaam recht groß. Nach den Feststellungen des Bezirksamtes fielen nicht weniger als 51 Menschen den gefährlichen Raubtieren zum Opfer"[524]. Im Bezirk Bagamojo wurden 1911 fünf Menschen durch Raubtiere gerissen, und für den Jabassi-Bezirk wird im selben Jahr von einer Leopardenplage berichtet, durch die 30 Menschen getötet wurden[525]; besonders Kinder waren durch

---

513 MEREDITH 2003: 62.
514 RODGERS & LOBO 1982: 26.
515 Bericht der Regierungsstation Campo vom 01.09.1912, BArch, R 1001 7786, Bl. 98, REICHS-KOLONIALAMT 1913: 13.
516 ILIFFE 1979: 163.
517 Jahresbericht 1908: 7.
518 BARTH 1910: 63.
519 RUDIN 1968: 258.
520 Jahresbericht 1908: 7.
521 Gouvernement von Togo im Bericht vom 18.02.1913, BArch, R 1001 7787, Bl. 60.
522 Gouverneur Zech im Schreiben vom 03.11.1912, BArch, R 1001 7772, Bl. 5.
523 Jahresbericht 1908: 7.
524 HESS 1905: 75.
525 REICHS-KOLONIALAMT 1913: 14, 79.

Leoparden bedroht[526]. Im Bezirk Rufiji wurden jährlich etwa 200 Afrikaner durch Löwen geschlagen, und 80 bis 100 starben durch Krokodile; ähnlich lagen die Zahlen in den Bezirken Kilwa und Ssongea[527]. Krokodile wurden „den Leuten beim Wasserschöpfen öfters zum Verderben"[528]. Neben den Raubtieren konnten aber auch andere Wildtiere gefährlich werden. Zum Kaokofeld schrieb die Windhuker Zeitung 1913: „Das Rhinozeros ist dort oben bekanntlich auch noch vorhanden. Unlängst begegneten drei eingeborene Frauen einem solchen mürrischen Gesellen im Felde. Zwei der schwarzen Damen kletterten wie die Eichhörnchen auf Bäume, die dritte aber erreichte die schützende Höhe nicht mehr und wurde von dem Nashorn übel zugerichtet; der eine Arm war ihr aufgeschlitzt und einige Rippen waren zerbrochen"[529]. Bei Akonolinga in Kamerun wurden „in den Farmen arbeitende Weiber von Gorillas angefallen und getötet. [...] Schimpansen belästigen auch manchmal Weiber mit Angriffen"[530]. Zur Abwehr der Gefahren setzte man Prämien „für Vertilgung von Raubzeug" aus, etwa für Löwe, Leopard, Gepard, Zibetkatze, Hyäne, Hyänenhund, Krokodil und zwei Schlangenarten[531]. 1901 wurden in Deutsch-Ostafrika Schussprämien für 168 Löwen, 1172 Leoparden und 3 Panther gezahlt[532]; 1906/07 waren es 739 Löwen und 1918 Leoparden[533].

Für die gut bewaffneten Europäer war die Bedrohung durch Wild gering. „Solche bestehen fast ausnahmslos lediglich in der Phantasie des Erzählers [...]. Angriffsweise geht es gegen uns nur vor – ganz vereinzelte Fälle ausgenommen – wenn es überrascht, in die Enge getrieben oder angeschossen wird"[534]. „Gerade die als die wildesten verschrieenen, fliehen, [...] vor dem Menschen und verbergen sich"[535]. Gleichwohl spielte das Sicherheitsmotiv auch für die Europäer eine besondere Rolle. Denn „Vieh fällt häufiger dem Raubzeug zum Opfer"[536]. Beispielsweise wurden im Bezirk Bagamojo 1911 118 Rinder, 301 Ziegen und 102 Schafe durch Raubtiere gerissen[537]. Insoweit setzten europäische Farmer alles dran, das „Raubzeug" abzuschießen[538], und es wurde sogar eine „Deutsche Vereinigung zur Ausrottung der Raubtiere in Deutschen Kolonien" gegründet[539]. Die Naturschützer hatten eine differenziertere Meinung zu den Wildtieren: „Dort wo Schamben und Anpflanzungen sich befinden muss deren Besitzern das Recht der Abwehr mit der Waffe gegeben werden. Daraus folgt aber nicht ein sinn- und planloses Abschiessen dieser Tiere in weit abgelegenen menschenleeren Oertlichkeiten wie dies leider in grossen Massstabe ausgeübt wird"[540]. Die Motive der Naturnutzer waren somit überwiegend ökonomisch motiviert.

---

[526] REICHSKOLONIALAMT 1913: 11.
[527] REICHS-KOLONIALAMT 1913: 17-19.
[528] REICHS-KOLONIALAMT 1913: 11.
[529] ANONYMUS 1913a.
[530] REICHS-KOLONIALAMT 1913: 79.
[531] Verordnung vom 28.05.1913, Ausführungsbestimmungen zur Jagdverordnung vom 5. November 1908, Art. 4; BARTH 1910: 60.
[532] HESS 1905: 75-76; unklar ist, welche Großkatzenart mit Panther gemeint ist.
[533] Jahresbericht 1908: 57, BARTH 1910: 60.
[534] HUTTER 1908.
[535] HUTTER 1899-1900: 552.
[536] REICHS-KOLONIALAMT 1913: 23.
[537] REICHS-KOLONIALAMT 1913: 14.
[538] Schreiben an das Reichskolonialamt vom 11.05.1911, BArch, R 1001 7771, Bl. 72.
[539] BArch, R 1001 7782, Bl. 129.
[540] SCHILLINGS 1908: 95.

8.4 Ziele der Naturnutzer

Die Naturnutzer mussten in den Kolonien erst einmal die Grundlagen für ihre ökonomische Existenz schaffen. Dabei gehörte die Nutzung jeder sich bietenden Einnahmequelle. Da die Jagd zusätzliche Gewinne versprach, lag das Ziel der Naturnutzer darin, die Jagd möglichst ohne Einschränkungen betreiben zu können. Dies Ziel war auch insoweit in ihrem Interesse, da das Wild die Gewinne aus der Landnutzung durch Schäden an landwirtschaftlichen Flächen schmälerte und Raubtiere Einbußen bei der Zucht von Nutzvieh bewirkten. Ein freies Jagdrecht und eine erhebliche Reduzierung von den Tieren, die ökonomische Nachteile bewirkten, waren daher die Hauptziele der Naturnutzer. Seitens der Afrikaner kann zudem das Ziel der Reduzierung der Raubtiere angenommen werden, deren Opfer sie wurden.

8.5 Kolonialer Naturschutz im Widerstreit der Motive und Ziele

Motive und Ziele von Naturschützern und Naturnutzern lagen somit extrem auseinander. Wollten letztere eine weitgehende Verringerung des Wildbestandes und eine Nutzung des Landes für ökonomische Zwecke, forderten die Naturschützer einen Schutz der Tiere und große von Landnutzung freie Schutzgebiete. Anders als in Deutschland, wo Naturschutz und Ökonomie nebeneinander agierten, standen sich damit im kolonialen Naturschutz beide Gruppen konträr gegenüber. Auf der einen Seite die Naturnutzer mit überwiegend ökonomischen Motiven und dem Ziel der wirtschaftlichen Erschließung und Ausbeutung der Kolonien und auf der anderen Seite die Initiatoren des Naturschutzes mit überwiegend emotionalen, aber auch ethischen, sozialen und naturwissenschaftlichen Motiven und dem Ziel eines weitmöglichen Erhalts und Schutzes der Natur, insbesondere der Tierwelt. Culwick bezeichnete den sich daraus ergebenden Konflikt schon 1943 als „problem of controlling the environment and exploiting it in such a way that not only this but succeeding generations may be able to attain their full potentialities"[541]. Die Entwicklung des kolonialen Naturschutzes erfolgte in einem Widerstreit dieser beiden Gruppen. Schon 1904 wurde festgestellt: „Während von der einen Seite schon fast jedes Naturgebilde geschützt werden will, begegnet man auf der anderen Seite verächtlichem Achselzucken"[542]. Die Naturschützer werteten: „Ein Feind aber ist der mächtigste..., der Erwerbssinn"[543]. „Der Handel hat nicht die sittliche Kraft, weise Beschränkung zu üben; er benutzt den Vorrat an natürlichen Schätzen, an Gummi, Elfenbein, Federn bis zur Vernichtung der Lebewesen, die diese Werte erzeugen"[544]. Dagegen sahen die Naturnutzer darin „ungerechtfertigte Vorwürfe seitens der Wildschutzapostel"[545].

Eine Annäherung zwischen Naturnutzern und -schützern erfolgte nicht. Vielmehr lässt sich erkennen, dass der Konflikt zwischen beiden Gruppen im kolonialen Naturschutz in mehreren Phasen ablief, in denen jeweils eine Gruppe mit ihren Vorstellungen dominierte, um dann von der anderen abgelöst zu werden. Nach der vorkolonialen Phase des Zusammenlebens von Mensch und Natur[546] setzte in den ersten Jahren nach dem Kolonialerwerb eine Phase intensiver Dominanz der Naturnutzer ein (6.1), die zu den beschriebenen Schäden führte (6.3). Vail schrieb dazu: „The dual impact of expanding capitalism and colonial administration resulted in a major

---

[541] CULWICK 1943: 1.
[542] EIGNER 1904: 3.
[543] BEHN 1911a: 802.
[544] PAASCHE 1911.
[545] AGRICOLA 1913: 2.
[546] Informationen über diese Zeit liegen nur unzureichend vor, und es würde den Rahmen dieser Untersuchung sprengen, der Frage nachzugehen, ob die Afrikaner im Einklang mit der Natur lebten oder diese bereits stark veränderten.

ecological catastrophe. The finely balanced relationship between man and his environment that had existed in the area prior to the mid-nineteenth century was undermined"[547]. In der folgenden Phase gewannen die Naturschützer die Oberhand und setzten mit den dargestellten Maßnahmen (7.) elementare Weichenstellungen zum Naturerhalt durch. Es sollte sich aber zeigen, dass der Konflikt damit nicht am Ende war. Anfang 1907 fiel das Pendel wieder in die andere Richtung und die Naturnutzer setzten sich wieder durch, bis sie 1911 ihre Dominanz erneut verloren. Diese beiden Phasenwechsel der Jahre 1907 und 1911 sollen im Folgenden am Beispiel Deutsch-Ostafrikas näher untersucht werden, da in dieser Kolonie die beiden Seiten am heftigsten aufeinander trafen. Hierbei wird auch sichtbar werden, warum es zu einem solchen Hin-und-Her-Pendeln kam.

9. Gegenreaktion in Deutsch-Ostafrika unter Gouverneur Rechenberg

Ausgangspunkt war 1907 die Berufung von Dr. Bernhard Dernburg[548] zum Kolonialstaatssekretär. Dernburg hatte nach kaufmännischer Tätigkeit eine Karriere in der Finanzwelt gemacht. Nach leitenden Stellungen in New York und bei der Deutschen Bank wurde er Direktor der Treuhand-Gesellschaft und übernahm 1901 die Leitung der Bank für Handel und Industrie[549]. Seine Wirtschaftsstudien hatten ihn mit englischen Kolonialmethoden bekannt gemacht[550], und als „progressive businessman"[551] stand er den Liberalen nahe[552]. Dernburg nahm sein Amt sehr ernst und bereiste sogar 1907/08 in Begleitung von Wirtschaftsvertretern wie Dr. Walter Rathenau Deutsch-Ostafrika und Deutsch-Südwestafrika[553].

9.1 Wirtschaftskonzept

Dernburg vertrat für die Kolonien ein spezielles Programm: „Kolonisation [...] heißt die Nutzbarmachung des Bodens, seiner Schätze [...] und vor allem der Menschen zugunsten der Wirtschaft der kolonisierenden Nation"[554]. Dabei ging er ausdrücklich auf die Auswirkungen auf die Natur ein: „Angewandt meint dieser Satz aber, daß das ganze Bild eines solchen in Kolonisation genommenen Landes sich von Grund auf ändert. Es ändert sich zunächst und von dem Gesichtspunkte des Naturhistorikers auch leider die ganze Fauna. Es verschwinden die wilden und gefährlichen Tiere: in den meisten Fällen setzt der Europäer Prämien auf deren Erlegung. Es verschwinden die nicht zähmbaren Nutztiere, die ihres Elfenbeins, ihres Felles usw. wegen erlegt werden [...] ebenso ändert sich die Flora, teils wird sie [...] raubbaumäßig ausgebeutet [...] teils fällt sie der wirtschaftlichen Kultur mit besseren Methoden zum Opfer. Der Urwald wird teils ausgerodet, teils forstmäßig verwaltet. [...] Aus Gründen der Schiffahrt und der Hygiene werden Wasserläufe korrigiert"[555]. Dernburg erkannte die Natur der Kolonien zwar an, doch „es liegt in dem Wesen der Kolonisation, daß sie diesen Dingen nicht freundlich ist, daß sie zu einer gewissen Zerstörung und Zurückdrängung hinneigt und aus materiellen Interessen in das Antlitz Gottes freier Natur hineinzukorrigieren sucht"[556]. Als Ausgleich sah Dernburg Reservate, wo nicht

[547] VAIL 1977, zitiert nach MCCRACKEN 1989: 63.
[548] *1865, † 1937.
[549] JÖHLINGER 1910: 41-43.
[550] CORNEVIN 1974: 49.
[551] GANN & DUIGNAN 1977: 178.
[552] CORNEVIN 1974: 49.
[553] Schreiben Dernburgs an Reichskanzler von Bülow vom 12.06.1907 sowie Antwort von Bülows vom gleichen Tag, BArch, R 1001 301, Bl. 15, 40-41; JACOB 1938: 198.
[554] DERNBURG 1907: 5.
[555] DERNBURG 1907: 5-6
[556] DERNBURG 1907: 13.

gejagt werden dürfe, um das Wild vor dem Aussterben zu bewahren. „Wo allerdings Wildarten der fortschreitenden Kultur ein Hindernis bilden, da geht das wirtschaftliche Interesse [...] vor“[557].

Dernburg stand mit seinen Auffassungen nicht allein. Schon seit der Jahrhundertwende wandten sich besonders die Sozialdemokraten und das Zentrum gegen die Kolonialpolitik. Eines der Themen war, dass sich die Kolonien „nicht als Aktivum, sondern als Belastung der Wirtschaft“ erwiesen[558]. August Bebel drückte dies mit dem Satz aus: „Die Herstellung eines Glases Milch auf einer afrikanischen Farm kommt dem deutschen Arbeiter teurer zu stehen als ein Glas Champagner“[559]. Und Walter Rathenau bekannte: „Das wirtschaftliche Ziel der europäischen Kolonisation ist die Eingliederung des Landes in die Weltwirtschaft, der es möglichst viele und wertvolle Produkt liefern soll, daher möglichst intensive Ausnutzung des Landes. [...] Die kulturelle Entwicklung [...] wird [...] dazu führen, daß die Wildnis mit Ausnahme der geringen, auch für die Europäer völlig unkultivierbaren Flächen verschwindet und auch Ost-Afrika ein zusammenhängendes kultiviertes Land wird“[560]. 1908 lehnte die Hauptversammlung der Deutschen Kolonialgesellschaft einen Antrag auf Schutz und Erhaltung der Fauna mit der Begründung ab, Wild und „gefährliche Tiere“ wie Nashorn, Flusspferd und Krokodil sollten abgeschossen werden, wenn sie der Kolonisierung im Wege stünden[561]. Legationsrat Dr. Helfferich hatte schon beim Deutschen Kolonialkongress 1905 erklärt: „Wir b r a u c h e n leistungsfähige Kolonien, und wenn unsere Kolonien heute noch nicht leistungsfähig sind, dann ist es Pflicht unserer nationalen Selbsterhaltung, sie leistungsfähig zu machen“[562]. Als erstem Kolonialsekretär kam Bernhard Dernburg daher die Aufgabe zu, die ökonomische Inwertsetzung der Kolonien durch ein Wirtschaftsprogramm zu steigern[563]. Anzustrebendes Ziel war, dass die Kolonien „ihr Budget aus eigener Kraft [...] balancieren“ konnten; sie sollten damit „zu einem selbständigen wirtschaftlichen Organismus“ heranreifen[564]. Dieses Konzept sollte in allen Kolonien Anwendung finden; seine aktivste Umsetzung erfuhr es dabei in Deutsch-Ostafrika unter dem 1906 eingesetzten Gouverneur Albrecht Freiherr von Rechenberg[565].

Rechenberg war 1859 in Madrid geboren und nach einem juristischen Studium[566] Gerichtsassessor am Auswärtigen Amt. 1893 wurde er Bezirksrichter in Deutsch-Ostafrika, danach Konsul in Sansibar und ab 1900 Konsul in Warschau. Der Name Rechenberg ist untrennbar verbunden mit den Konzepten Dernburgs. Die persönliche Konstellation zwischen beiden „war der Rahmen, innerhalb dessen die Richtung für reformerische Aktivitäten festgelegt wurde“[567]. Rechenberg orientierte seine Politik an der Überlegung, welche Maßnahmen für einen gesamtwirtschaftlichen Aufschwung der Kolonie erforderlich waren[568]. Unter Gouverneur Götzen waren die deutschen Siedler privilegiert worden[569]; um die Wirtschaft anzukurbeln, setzte Re-

---

[557] BONGARD 1908: 19.
[558] TOWNSEND 1931: 195.
[559] TOWNSEND 1931: 195.
[560] JÄGER 1910:133.
[561] ANT 1972: 131.
[562] HELFFERICH 1906: 572.
[563] BECK 1975: 15.
[564] RATHENAU 1908 : 195.
[565] SCHNEE 1920: 133.
[566] BALD 1971: 243.
[567] BALD 1971: 243.
[568] BALD 1971: 257.
[569] BALD 1970: 35-37.

chenberg dagegen auf eine Beteiligung aller ethnischen Gruppen an landwirtschaftlicher Produktion und Handel[570]. Besonders für die im Handel schon erfolgreiche indische Minderheit betrieb er einen Abbau von Handelschwierigkeiten; auch sollten Inder das Wahlrecht für die Bezirksräte erhalten[571], was auf Widerstand der Europäer stieß[572]. „Seinem praktischen Geschäftssinn und seinem aristokratischen Liberalismus behagte der persönliche Verkehr mit den Grossherren des Handels. Sie waren auch in Daressalam sein liebster Umgang“[573], bemerkte Hans Zache, und durch konservative Kreise wurde Rechenberg daher der Vorwurf gemacht, Ostafrika zu einer Handelskolonie gemacht zu haben[574]. Und in gewissem Umfang scheint der Handel tatsächlich unter ihm profitiert zu haben; betrachtet man etwa die Zolleinnahmen, so lag die Steigerung nach 50% im Jahrzehnt vor 1905 unter Rechenberg bei 100%[575]. Schon bald nach seinem Amtsantritt tat Rechenberg in einem Erlass an alle Verwaltungsstationen kund, er habe den Eindruck gewonnen, „daß den Interessen des Handels nicht immer diejenige Aufmerksamkeit geschenkt wird, welche denselben mit Rücksicht auf die Wichtigkeit seines Gedeihens zweifellos zukommt“[576]. Damit wurden die nachgeordneten Instanzen auf die neue Linie gebracht. Auf die Frage, „was er denn für den Wildschutz tun werde“, soll er geantwortet haben: „Nun entweder haben wir eine Kolonie oder einen zoologischen Garten“[577]. Damit war auch in dieser Hinsicht der Rahmen abgesteckt und Rechenberg zeigte von Beginn an, wie gering seine Sympathien für den Naturschutz sein würden[578].

9.2 Wildschutzpolitik Rechenbergs

Besonders hinsichtlich der Tierwelt ergriff Rechenberg bald einschneidende Maßnahmen.

9.2.1 Änderung der Jagdverordnung

Bereits 1908 veranlasste Rechenberg eine Neufassung der Jagdverordnung[579], die die Verordnung von Götzens in fast allen Punkten erheblich abschwächte und zahlreiche Regelungen zum Schutz der Wildbestände gänzlich aufhob. Die neue Verordnung stellte einen enormen Rückschritt für den Wildschutz dar und fiel noch hinter die Bestimmungen der Jagdverordnung von Wissmanns zurück. Sie ließ die Jagd auf Giraffen, Zebras, Elenantilopen und Reiher wieder zu. Die Verbote der Elefantenjagd in den Bezirken Moschi, Mpapua und Usumbura[580] wurden aufgehoben und das Verbot des Abschusses von Elefanten unter fünf Kilogramm Zahngewicht gestrichen[581]. Gleichzeitig verringerte Rechenberg die Zahl der Wildreservate auf neun, und für sie galt nun eine Regelung, wonach der Gouverneur befugt war, „bei Überhandnehmen einzelner Tierarten“ das Fangen und Töten „zwecks Herabminderung des Wildstandes“ zu gestatten[582]. Weiterhin wurden die Abschusslisten abgeschafft und Schussgelder nur noch für Elefanten erhoben. Die Verbote der Jagd mit Dynamit

[570] BALD 1971: 257.
[571] BALD 1971: 257.
[572] BALD 1971: 254.
[573] ZACHE 1912a.
[574] BALD 1971: 242.
[575] BALD 1971: 252.
[576] BALD 1971: 246.
[577] ANONYUS 1912c.
[578] KOPONEN 1994: 537.
[579] Verordnung vom 05.11.1908, Änderung durch Verordnung vom 24.07.1911, Ausführungsbestimmungen vom 05.11.1908.
[580] Festgesetzt durch Verordnungen vom 27.05.1903, 02.03.1907 und 08.02.1908.
[581] Allerdings konnten die Behörden solche Zähne einziehen.
[582] § 14 der Verordnung vom 05.11.1908.

und Gift wurden nicht wieder aufgenommen und die Jagd mit Netzen und Schlingen unter Erlaubnisvorbehalt gestattet. Rechenberg erklärte dazu: „Einem weitergehenden Wildschutz standen erhebliche Bedenken wirtschaftlicher Art entgegen“[583]. Auch die Anwendung von Netzen und Fallen sei „nicht zu entbehren“[584]. Rechenberg verkannte nicht, dass die Regelungen „zur Ausrottung einer interessanten Tiergattung führen könnte; ich halte dies jedoch für ein kleineres Übel“[585]. Die Änderungen stießen bei den Farmern in der Kolonie auf Zustimmung[586].

Es dauerte nicht lange, bis die neuen Regelungen Auswirkungen zeigten und es wieder zu einem erheblichen Anstieg der Abschusszahlen kam. „In Ruaha hatten im Jahre 1909 Europäer an einer Stelle, wo meilenweit keine Pflanzungen liegen, ein Blutbad unter den Nilpferden angerichtet, dass der ganze Ruaha stank, die Ausbeute waren Kisten voller Zähne, während man die Kadaver im Flusse verludern liess“[587]. „Ein einziger vermögensloser Elefantenjäger hatte nach kaum Jahresfrist im Süden Deutsch-Ostafrikas unter dem Gouverneur von Rechenberg ein Guthaben von etwa 30000 Rupien (rund 40 000 Mark)“[588]. „Ein einziger Raubjäger soll jetzt am Rowúmafluß über 500 Stück Marabus erbeutet haben und die Federn an die Hutfederhändler in Deutschland verschachert haben. Eine Feder wird – leider – mit mehreren Mark bezahlt“[589]. Der Bezirksamtmann von Muansa, Theodor Munzert, berichtete, dass sogar die Schutztruppe wieder der Jagd nachging und in seinem Bezirk 30 Löwen geschossen habe[590]. Schillings meinte, dass „die strengen englischen Bestimmungen allerhand zweifelhafte Elemente veranlassen, das deutsche Gebiet mit seinen viel milderen Jagdgesetzen aufzusuchen“[591]. „Ein farbiger Unternehmer liess in den letzten Jahren durch seine Gehilfen weit über 100 Elefanten in einem Jahre vernichten, ein Europäer (Deutscher) tötete 30 in einem Jahr, gewisse Buren-Schützen noch weit mehr. So kam es, dass in kaum sieben Jahren beispielsweise Elefant und Nashorn in den meisten Gegenden Deutsch-Ostafrikas im Vergleiche zu den früher vorhandenen Mengen nahezu a u s g e r o t t e t worden sind“[592]. Die Kommission zur Besserung des Wildschutzes beklagte 1910: „Von der Elefantenheerde zwischen dem Kilimanscharo und der Küste bestehen infolgedessen nur noch wenige Stücke und auch diesen droht der Untergang. [...] Auch das Flusspferd geht der völligen Ausrottung entgegen“[593]. Im Bezirk Muansa waren die Elefanten bis auf die Insel Ukerewe und die Sümpfe des Mara ausgerottet[594]. Protest erfolgte „gegen die Erlaubnis, die allen möglichen Elementen unter dem Herrn Gouverneur von Rechenberg in den letzten Jahren gegeben wurde“[595]. Schillings ergänzte dazu: „Es ist ein Skandal, wie die Buren und andere gewerbsmäßige Wildschlächter es in den letzten

---

[583] Schreiben Rechenbergs an das Reichskolonialamt vom 14.11.1908, BArch, R 1001 7777, Bl. 172.

[584] Schreiben Rechenbergs an das Reichskolonialamt vom 14.11.1908, BArch, R 1001 7777, Bl. 173. NUHN (1998: 62) vermutet, dass in den vorherigen Verordnungen zum Schutz des Wildbestandes eine der Ursachen des Maji-Maji-Aufstandes zu finden sei, da viele Elefantenjäger als Führer in der Aufstandsbewegung in Erscheinung traten. Vielleicht wollte Rechenberg mit der Änderung der Jagdverordnung insoweit auch zur Beruhigung der Afrikaner beitragen.

[585] BArch, R 1001 7777, Bl. 21-22.

[586] ANONYMUS 1907a.

[587] SARASIN 1914: 34.

[588] BEHN 1911a: 805.

[589] BEHN 1911a: 806.

[590] GUNZERT 1966: 174.

[591] SCHILLINGS 1908: 101.

[592] Schreiben Carl Hagenbecks an den Kaiser vom 29.09.1911, BArch, R 1001 7771, Bl. 107.

[593] BArch, R 1001 7777, Bl. 267.

[594] REICHS-KOLONIALAMT 1913: 29.

[595] BArch, R 1001 7778, Bl. 40.

Jahren in Deutsch-Ostafrika treiben durften"[596]. „Das Gouvernement aber nimmt diese Gefahr nicht ernst genug. Die größten, wertvollen Arten unserer ostafrikanischen Tiere sind schon jetzt fast ausgerottet; Elefanten, Nashörner gehen dem sicheren, raschen Untergang entgegen"[597]. Auch bei den Beamten wurde die Jagd auf das Wild vielfach kritisch gesehen; so schrieb Rechnungsrat Lamp: „Eine Verschärfung der Jagdordnung für das Schutzgebiet dürfte nach der Ansicht vieler erforderlich sein"[598]. Doch musste Behn beklagen: „Unsere Regierung läßt trotz aller Warnungen dies alles zu!!"[599]. Warner wurden abgewiesen, vertröstet oder gar nicht angehört, egal welchen Standes sie waren[600].

Im Einzelnen ist es sehr schwierig, Angaben über die tatsächliche Höhe der Abschüsse unter Rechenberg zu machen. Dies beklagten schon die Zeitgenossen, weil Abschusszahlen „sehr häufig streng vertraulich gemacht werden und die betreffenden, namentlich beamteten Herren, nicht gern mit ihrem Namen in die Oeffentlichkeit treten"[601]. Sofern Angaben über Tierprodukte, etwa über Häute und Felle, vorliegen, differenzieren diese auch nicht nach der Herkunft von Wild oder Zuchtvieh[602]. Wenn überhaupt Angaben gemacht wurden, betreffen diese Elefanten. So soll die Ausfuhr von Elfenbein aus Deutsch-Ostafrika ab 1898 eine stetige Abnahme erfahren haben, die dann wieder in eine Steigerung überging[603]. Im Rahmen dieser Arbeit wurde versucht, eine Erhebung über die Abschusszahlen von Elefanten zu erstellen, indem verstreut in amtlichen Berichten zu findende Zahlen über die aus Deutsch-Ostafrika exportierten Elfenbeinmengen in Tabelle 1 zusammengestellt wurden.

Es zeigt sich, dass das jährlich exportierte Elfenbein von zwei Ausnahmen abgesehen (1896, 1901) nach einem Höchstwert von 227 Tonnen bis 1906 kontinuierlich bis auf 19 Tonnen fiel. Mit der Amtsübernahme Rechenbergs kehrte sich dieser Trend um, und 1909 wurde ein erneutes Maximum von 51 Tonnen erreicht. Danach sanken die Zahlen wieder, offenbar aufgrund der weitgehend ausgebeuteten Elefantenbestände. Auffällig ist, dass im Jahr nach der Absetzung Rechenbergs die Zahlen einen deutlichen Sprung nach unten machen (1913 mit 8 Tonnen), was mit der erneuten Verschärfung der Jagdverordnung korrespondiert (10.). Leider lassen die Elfenbeinmengen nur schwer Rückschlüsse auf die Anzahl der getöteten Tiere zu, da die Durchschnittsgewichte pro Zahn nur 1893-1897 erhoben wurden. Selbst für diese Zeit ist jedoch schon eine Abnahme zu erkennen, das heißt, es wurden zunehmend auch jüngere Tiere geschossen. In einem anonymen Bericht heißt es 1909, die Stärke der Zähne lasse von Jahr zu Jahr nach, „so daß die Abnahme der ausgeführten Gewichtsmenge nicht ohne weiteres eine Verminderung der Zahl der Zähne" bedeute[604]. Mit aller Vorsicht kann geschlossen werden, dass während der Amtszeit Rechenbergs mehrere Tausend Elefanten pro Jahr abgeschossen wurden[605].

---

596 BArch, R 1001 7778, Bl. 40.
597 BEHN 1911b: 568.
598 Geschäftsbericht vom 06.04.1908, BArch, R 1001 7777, Bl. 142.
599 BEHN 1911a: 804.
600 BEHN 1911a: 804-805.
601 Schreiben Carl Hagenbecks an den Kaiser vom 29.09.1911, BArch, R 1001 7771, Bl. 107.
602 1907 wurden aus den afrikanischen Kolonien 1521 Tonnen Häute und Felle ausgeführt, BARTH 1910: 60.
603 ARNING 1942: 316, TETZLAFF 1970: 293.
604 ANONYMUS 1909a.
605 Für 1909 ergäben sich bei Zugrundelegung der Durchschnittsahngewichte von 1897 1.727 Abschüsse, bei einen Gewicht von 5 Kg sogar 5.113 getötete Elefanten.

Tabelle 1: Elfenbeinausfuhr aus Deutsch-Ostafrika[606].

Zeitraum	Stückzahl Zähne	Gewicht in Kilogramm	Durchschnittsgewicht pro Zahn
1889/1890[607]		227.600	
1890/1891		209.663	
1891/1892		?	
1892 – 1893		130.108	
4/1893 – 3/1894	13.923	109.993	17,4
4/1894 – 3/1895	14.692	144.141	21,6
4/1895 – 3/1896	12.240	90.023	16,2
4/1896 – 3/1897	15.149	109.355	15,9
4/1897 – 12/1897	11.029	73.968	14,8
1898[608]		85.896	
1899		?	
1900		64.098	
1901		162.533	
1902		35.693	
1903		23.582	
1904		24.038	
1905		23.060	
1906		19.050	
1907		25.289	
1908		27.889	
1909		51.134	
1910		36.245	
1911		25.793	
1912		14.575	
1913		8.918	
Gesamt		> 1.722.744	

Die Regelungen Rechenbergs stießen auf heftigen Protest. Schillings erhob „schwerwiegende Bedenken". Insbesondere bemängelte er die „schrankenlose Ausübung der Jagd", die fehlenden „Massregeln gegen die gewerbsmässige Ausübung der Jagd" und die fehlende Rücksicht „auf gewisse seltene Tierarten"[609]. Er forderte, die Verordnung auf die Basis der Londoner Wildschutzkonvention zu stellen. Erforderlich seien Regelungen zum vollkommenen Schutz seltener Tierarten, die Beschränkung der Abschüsse pro Jagdschein, die Überwachung der Wildschutzgebiete und der Jagd der Eingeborenen, ein Schutz für Elefanten geringen Alters, Exportbeschränkungen sowie hohe Geldstrafen gegen Zuwiderhandlungen[610]. Protest äußerte auch die Deutsche Kolonialgesellschaft; die Tatsachen zeigten „zur Genüge, daß die bestehenden Verordnungen nicht ausreichen, namentlich unserem Großwild genügenden Schutz gegen Ausrottung und Vernichtung zu gewähren"[611]. Sie zeigte sich besorgt über die „erschreckend hohen Ziffern über die Ausfuhr von Elefantenzähnen, auch solcher von minderem Gewicht, von Tierfellen, von Tiergehörnen, von Vogelbälgen"[612]. Und Behn stellte fest: „Deutsch-Ostafrika, das an Wildreichtum fast alle Länder des Erdballs übertrifft, ist im Augenblick durch die Verordnungen des

[606] Zusammengestellt nach BArch, R 1001 644 1, Bl. 16-17, ANONYMUS 1894: 401-402, 1895a: 372, b 382, 1896a: 439, 1897b: 509-510, 1898: 406, 1899b: 396-397, 1900c: 179-186, 1901: 820-821, 1902: 288-289, 1903: 270-271, 1904: 482-483, 1905: 740-741, 1907b: 298-299, 1908b: 735, 1908c: 628, 1909a, 1909c: 581, 1909d: 691, 1910b: 624, 1910c: 553, 1912i: 165, 1912j: 168, 1913b: 96, 1913c: 99, 1915: 272, HESS 1905: 63-64, Jahresbericht 1908: 37, REICHS-KOLONIALAMT 1913: 38. Zu Berücksichtigen ist, dass in den Anfangsjahren der Kolonie Elfenbein aus Nachbargebieten in unbekannter Menge über Deutsch-Ostafrika exportiert wurde, vgl. HESS 1905.

[607] Es wird auch der Wert 206.474 Kg genannt.

[608] Es wird auch der Wert 96.200 Kg genannt.

[609] SCHILLINGS 1908: 104-105.

[610] SCHILLINGS 1908: 105-108.

[611] DEUTSCHE KOLONIALGESELLSCHAFT 1911: 5.

[612] DEUTSCHE KOLONIALGESELLSCHAFT 1911: 4.

Kaiserl. Gouverneurs Frhr. von Rechenberg am meisten gefährdet"[613]. Die Kommission für Besserung des Wildschutzes bedauerte, „in welchem Masse die Ausfuhr von Fellen, Zähnen und Gehörnen aus der Kolonie gerade in den letzten Jahren zugenommen hat"[614] und unterbreitete Dernburg 1910 Abänderungsvorschläge zur Jagdverordnung, denn: „Es wird Euerer Exzellenz nicht entgangen sein, wie wenig die unter dem 5. November 1908 vom Kaiserlichen Gouverneur Freiherrn von Rechenberg erlassene Jagdordnung dem sachlichen Bedürfnisse entspricht"[615]. Paasche berichtete: „Darauf hat sich dann der Gouverneur von Deutsch-Ostafrika geneigt erklärt, einige Änderungen der Gesetze in Erwägung zu ziehen! Der Wert dieser Versprechungen war, wie die Tatsachen zeigen, gering, was uns nicht wundern darf"[616]. „Leider ist bis heute nichts davon zu merken"[617]. „Der Gouverneur wollte weder in eine Beschränkung dessen willigen, was er das natürliche Jagdrecht der Schwarzen seines Schutzgebietes nennt, noch wollte er den Indern die Beschränkungen im Elfenbeinhandel zumuten"[618]. „Man erfreute sich in Daressalam an dem statistischen Nachweis der guten Einnahmen aus Jagdscheinen, Elfenbein, Hörnern der Nashörner, Fellen und Gehörnen und man ließ sich nicht davon überzeugen, daß der ganze Gewinn auf krassestem R a u b b a u beruht"[619].

9.2.2 Einzelmaßnahmen Rechenbergs

Neben der allgemeinen Kritik stießen immer wieder auch einzelne Aktionen Rechenbergs auf Empörung. So wurde das Verbot der Jagd durch die Schutztruppen nicht mehr aufrecht erhalten[620]. Im Gegenteil hieß es in einer Mitteilung an alle Verwaltungsbehörden: „Das Kommando der Schutztruppe beabsichtigt durch einige Kompanien und durch das Begleitkommando des demnächst auf Reisen gehenden Major Frhr. von Schleinitz mit dem Gewehr 98 und dem S Geschoss Schiessversuche auf lebende Ziele (Raubtiere, Flusspferde, Krokodille) anstellen zu lassen"[621].

Kritisiert wurde auch die Aufhebung des Wildreservats Mahenge. Rechenberg habe „Elefantenschlächter" aus Südafrika aufgefordert, „die bisher dort geschonten Elefanten so schnell wie möglich zu morden!"[622]. In einem Artikel aus der Deutsch-Ostafrikanischen Zeitung in Daressalam aus dem Jahr 1911, der in die Akten des Reichskolonialamtes aufgenommen wurde, wird berichtet, dass sich viele Elefanten in das Wildreservat zurückgezogen hätten, so dass sie „bequem niedergeknallt werden konnten und auch niedergeknallt worden sind. Wurden die Elefantenjäger doch noch ausdrücklich durch eine Notiz der D. O. A. R. darauf aufmerksam gemacht, daß sich hier eine famose Gelegenheit zum Schießen biete". An den Rand dieser Textstelle wurde handschriftlich vermerkt: „Rechenberg ?"[623].

Gegen die Einrichtung weiterer Wildschutzgebiete versuchte das Gouvernement Argumente vorzubringen. Sich auf eine Aussage des Militärpostens Mkalama stützend,

---

613 BEHN 1911a: 802.
614 BArch, R 1001 7777, Bl. 266.
615 Schreiben vom 31.01.1910, BArch, R 1001 7777, Bl. 264.
616 PAASCHE 1911.
617 MATSCHIE 1911: 360.
618 ANONYMUS 1910a.
619 BEHN 1911a: 805, BEHN 1911b: 568.
620 BArch, R 1001 7777, Bl. 268.
621 BArch, R 1001 7777, Bl. 215.
622 BEHN 1911a: 807.
623 BArch, R1001 7779, Bl. 15-17. Die Abkürzung bezeichnet die Deutsch-Ostafrikanische Rundschau; Herausgeber des als Beilage angeschlossenen Anzeigers für Deutschostafrika war das Kaiserliche Gouvernement.

hieß es, „wäre es, um ein Wildreservat zum Schutze des Wildes gegen die Watindiga zu schaffen, notwendig, mit diesen erst einen mindestens halbjährigen Krieg zu führen, anderenfalls würde das Reservat eine derartig große Wachmannschaft erfordern, dass die Kosten in keinem Verhältnis zu dem eventuell zu erreichenden Nutzen stünden“[624].

Die Telegraphenlinien in Afrika wurden gelegentlich durch Giraffen beschädigt. So musste in Deutsch-Südwestafrika die Feldtelegraphenleitung zwischen Tsumeb und Namutoni mehrmals repariert werden[625]. Rechenberg wollte dagegen eine endgültige Lösung finden und erließ eine Anordnung, „nach der alle Giraffen a u f e i n i g e K i l o m e t e r w e i t in der Breite, längs der ganzen Telegraphenlinie von der Küste nach Tabora freigegeben werden!“[626], „weil durch das Ueberhandnehmen dieser Tiere die Telegraphenlinie fast ständig zerstört war“[627]. Anders auch als in Deutsch-Südwestafrika, wo man das Sammeln von Straußeneiern verboten hatte, hieß es auf entsprechende Forderungen für Ostafrika lapidar: „Dem kolonialen Interesse kann es nicht entsprechen, die Straussenzucht durch ein unbedingtes Verbot unmöglich zu machen“[628].

All die Anordnungen Rechenbergs wurden stark kritisiert. „Wir sehen heute den Gouverneur von Ostafrika das Wild schonungslos abschießen“[629]. „Es ist nicht abzusehen, warum [...] ein schonungsloser Tiermord stattfinden darf und soll“[630]. Selbst die Deutsche Kolonialgesellschaft musste zugeben: „Mehr und mehr bricht sich die Ueberzeugung Bahn, daß gegen die Tier- und Pflanzenwelt nicht mehr so zügellos vorgegangen werden kann, wie bisher, daß es höchste Zeit ist, dem allzu gewaltigen Vordringen der Kultur Einhalt zu tun“[631]. „Die Kolonien sind Landgebiete, die dem Deutschen Reiche gehören, und sind nicht dazu dem Handel erschlossen worden, daß einzelne Jäger und Händler irgendwelcher Herkunft mit den natürlichen Schätzen Raubbau treiben“[632]. Besonders kritisiert wurde die Handhabung der Jagdscheinvergabe. „Es werden von der Regierung an gewerbsmäßige Elefantenjäger Jagdscheine ausgegeben. Die dazu nötigen Rupien (etwa 1000 Mk.) erhalten diese Jäger öfters von indischen Händlern vorgestreckt. Häufig stellt sich später heraus, daß diese Elefantenschlächter ganz zweifelhafte Individuen sind“[633]. „Da erwirbt der Jäger mit seinem Jagdschein das Recht, in dem ganzen, riesigen Land so viel Elefanten zu schießen, als er erbeuten kann. [..] So kommt es, daß in den letzten Jahren unter dem bestehenden Jagdgesetz die Elefanten beinahe vernichtet wurden. Man sah das voraus, nahm aber keine Änderung des Jagdgesetzes vor, weil die Beamten, die die Kolonie verwalteten, den Wildschutz in einer Zeit, in der fast nur von wirtschaftlichen Werten, von Baumwollkultur, Kautschuk und Sisal die Rede war, für eine nebensächliche Frage ansahen“[634]. Die Kommission zur Besserung des Wildschutzes forderte daher: „Nicht die Zahl der Jagdscheine, sondern der Abschuss pro Jahr muss für jeden Jäger limitiert werden, nur dadurch ist ein durchgreifender Wild-

---

[624] Schreiben vom 29.03.1911, BArch, R 1001 7777, Bl. 333.
[625] REICHS-KOLONIALAMT 1913: 112.
[626] BArch, R 1001 7778, Bl. 27, SCHILLINGS 1911: 377.
[627] Schreiben Rechenbergs an das Reichskolonialamt vom 14.11.1908, BArch, R 1001 7777, Bl. 172.
[628] Schreiben vom 30.07.1908 an das Reichskolonialamt, BArch, R 1001 7777, Bl. 142.
[629] SCHILLINGS 1911: 362.
[630] SCHILLINGS 1908: 103.
[631] DEUTSCHE KOLONIALGESELLSCHAFT 1911: 6.
[632] PAASCHE 1911.
[633] BEHN 1911a: 802.
[634] PAASCHE 1911.

schutz möglich, nur dadurch wird der professionelle Jäger, der die Jagd als Erwerbsquelle betrachtet, ferngehalten“[635]. Denn „der bisherige Zustand lockte die Ansiedler und Pflanzer von der Arbeit weg und führte sie auf Jagd, wo es möglich war, mit einigen Büchsenschüssen Tausende Mark zu verdienen“[636]. Rechenberg wurde vorgehalten, daß er „das eingelieferte Elfenbein und andere Trophäen als willkommene Vermehrung seines Kolonialbudgets ansieht“[637]. Entgegengehalten wurde immer wieder Britisch Ostafrika, wo erwerbsmäßige Elefantenjäger nicht mehr geduldet wurden und Jagdscheininhabern nur bestimmte Zahlen an Abschüssen erlaubt waren[638]. Schillings betonte: „Sowohl die englische Regierung wie auch die Vereinigten Staaten haben durch ihre teils drakonischen Massregeln Erspriessliches erreicht und sich in immer steigenden Masse den Dank aller Sachkenner erworben. Es muss ausgesprochen werden, dass in den deutschen Schutzgebieten ähnliches bisher in diesem Masse nicht erreicht worden ist“[639]. „Man sollte überall in Afrika die englischen Wildschutzverordnungen zum Vorbild nehmen“[640]. Dies brächte auch ökonomische Vorteile, wenn man die Gebühren heraufsetze und Jagdscheine nur an Sportjäger vergebe. „Bedenkt man, daß jeder Jäger 1000 Mark für den Jagdschein bezahlen muß, cirka 300 Rupies für die Eisenbahn ausgibt, sich meist doch mit Zelten, Nahrungsmitteln usw ausrüstet [...] und in der Kolonie lebt, so kann man sich ein Bild davon machen, wie viel die [...] Jagdgelegenheit [...] einbringt“[641]. „Eine ganz mässige Schätzung für Deutsch-Ostafrika ergibt [...] gegen 200000 Mark für Jagdscheine jährlich und gegen das fünffache dieser Summe an Geld, welches die Jagdreisenden ins Land bringen werden“[642].

1907 erschien in der Deutsch Ostafrikanischen Zeitung ein Artikel des Oberleutnants zur See Paasche, der den Umgang mit dem Wild stark kritisierte. Ausgehend von Rechenbergs Ausspruch „Entweder wollen wir eine Kolonie haben oder einen zoologischen Garten“ führte er an, dass bisher nur die ökonomische Seite betrachtet werde: „Wer nur irgend seine ernste Denkart in Fragen der Kolonie will, ruft: ´Kolonie!`, also fort mit dem Wild“. „Wo Pflanzungen unter Wildschaden zu leiden haben, ist das Wild bisher in kürzester Zeit vertrieben oder ausgerottet worden. [...] Wer in der Nähe seiner Gärten noch Flußpferde hat, schießt sie ab; ebenso wird es mit den Elefanten gehalten, wenn sie in die Pflanzungen kommen“. Besser sei es, die landwirtschaftlichen Flächen einzuzäunen, und nur indirekt würden Elefanten Schaden anrichten, und zwar „solange Elefantenjagd Gelderwerb bleibt, denn die Buren, die man als Farmer ins Land geholt hat, treiben sich zum großen Teil weit von ihren Farmen entfernt in fremden Bezirken herum auf Elefantenjagd, anstatt an ihren Farmen zu arbeiten“. Gerade die Britische Vorgehensweise bringe langfristige Einnahmen. Daher solle man sich „auch bei uns nicht mit dem Schlagwort ´Kolonie oder Zoologischer Garten` begnügen, sondern prüfen, wie weit wir neben ernster kolonisatorischer Arbeit den Wildreichtum der Steppe hegen und pflegen können durch vernünftige Jagdgesetze, mittellose Abenteurer ausschalten und Sportsmänner begünstigen, um Nutzen für die Kolonie daraus zu ziehen“[643]. Ohne dazu aufgefordert worden zu sein, fühlte Rechenberg sich genötigt, sich dem Kolonialamt gegenüber

[635] BArch, R 1001 7777, Bl. 265.
[636] PAASCHE 1911.
[637] BEHN 1911a: 805.
[638] BEHN 1911a: 807.
[639] SCHILLINGS 1908: 92.
[640] MATSCHIE 1935: 382.
[641] BONGARD 1908: 27-28.
[642] SCHILLINGS 1908: 104.
[643] PAASCHE 1907: 1-2.

zu rechtfertigen. Paasche habe nur einen kurzen Aufenthalt in der Kolonie gehabt und daher einen „Mangel an einer genügenden Sachkenntnis“. Über Wildschäden werde fast überall geklagt. „In machen Gegenden ist es selbst vorgekommen, dass die Eingeborenen ihre Schamben, in welchen die Flusspferde zu grossen Schaden anrichteten, aufgeben mussten. Die Schiffbarkeit mancher Flüsse, z. B. des Rufiji oberhalb der Panganifälle, wird erst nach dem Abschusse der Flusspferde möglich werden“[644]. Besonders eigentümlich sei die Ansicht des Verfassers, „dass die Weiden für das Vieh eingezäunt werden sollen, während das Wild sich frei bewegen soll. Es würde dies allerdings einem zoologischen Garten ähnlich sehen, nur mit dem Unterschiede, dass die Zuschauerrolle von dem Wild übernommen würde. Viel eher dürfte es bei der fortschreitenden Kultur des Landes dazu kommen, dass das Wild auf gewisse Bezirke beschränkt wird“[645].

Die erhöhten Abschusszahlen wurden seitens der Befürworter Rechenbergs als „Reihe von jagdlichen Erfolgen oder vielmehr die ungewöhnliche Höhe der Abschussziffern einiger gewerbs- oder gewohnheitsmäßiger Jäger“ abgetan[646]. Das Gouvernement würde lediglich verunglimpft, weil „die Maßnahmen der Verwaltung gegen Uebeltäter nicht in der Öffentlichkeit bekannt werden“. Außerdem gehörten „Auswüchse gegen weidmännische Sitten auch in Deutschland keineswegs zu den Seltenheiten“[647]. Der Artikel Paasches gebe kein Tatsachenmaterial wieder, sondern lediglich die persönlichen Zweifel des Verfassers[648]. Den Vertretern des Naturschutzes wurde auch vorgeworfen, früher selber Tiere gejagd zu haben[649]. So ist beispielsweise an den in den Akten des Reichskolonialamtes befindlichen Artikel von Paasche[650] neben dessen Kritik an der unbeschränkten Abschusszahl handschriftlich vermerkt: „Das hat Herr Paasche überreichlich ausgenutzt. Der Schreiber ist das Gegenteil eines Waidmanns“. In anderer Handschrift heißt es weiter: „P. hat sogar s. Zt. von Muanza aus ohne Urlaub einen Abstecher nach dem Bukobabezirk gemacht, um Elefanten zu schließen u. entging nicht ohne Mühe einem Strafverfahren wegen Fahnenflucht“[651]. Auch Theodor Leutwein, der frühere Gouverneur von Deutsch-Südwestafrika, unterstützte Rechenberg: „Die Jagdschutzbestimmungen in Ostafrika sind vollkommen ausreichend. Abgesehen von einigen wenigen Wildarten, insbesondere dem Nashorn, kann von einer Ausrottung nicht die Rede sein. Das Wild vermehrt sich im Gegenteil in einer ans Unwirtschaftliche grenzenden Weise. Die öffentliche Meinung in Deutschland soll sich von einigen in gänzliche Einseitigkeit geratenen Jagd- und Tierliebhabern, die die Kolonie am liebsten in einen Wildpark umwandeln möchten, in dem sie und ihre Freunde das Schießmonopol haben, nicht irreführen lassen“[652].

9.2.3 Wildschutzkonvention

Die Linie Dernburgs sollte sich mit Unterstützung Rechenbergs auch auf die Londoner Wildschutzkonvention auswirken. Diese war zwar am 19. Mai 1900 von allen beteiligten Staaten unterzeichnet, jedoch noch immer nicht ratifiziert worden. Nach Anfragen aus England 1907 bat Dernburg die Gouverneure der Kolonien um Stellung-

---

[644] Schreiben vom 13.03.1907, BArch, R 1001 7777, Bl. 35-36.
[645] Schreiben vom 13.03.1907, BArch, R 1001 7777, Bl. 36.
[646] QUESTENBERG 1912.
[647] QUESTENBERG 1912.
[648] ANONYMUS 1912h.
[649] Schreiben vom 04.08.1911, BArch, R 1001 7778, Bl. 24.
[650] PAASCHE 1911.
[651] BArch, R1001 7778, Bl. 30-31.
[652] LEUTWEIN 1925: 91.

nahme, „ob die strengen Leitsätze [...] sich sämtlich für die dauernde Festlegung durch die Schutzgebietsgesetzgebung eignen" würden[653]. Er wählte somit eine Formulierung, die geradezu zu Bedenken aufforderte. Rechenberg berichtete erwartungsgemäß, die steigende Kultur in der Kolonie mache es unmöglich, den Schutz mancher Tierarten durchzuführen und bat „gehorsamst, eine Ratifikation der Londoner Konvention, welche von einseitig weidmännischen Standpunkt abgefasst ist und keine Rücksicht auf die wichtigere Frage der Bebauung des Landes nimmt, hochgeneigt ablehnen zu wollen"[654]. Die Tiere würden Verwüstungen am bebauten Lande anrichten, so „dass deren Schonung zu einem ernsten Hindernisse für das Fortschreiten der Kultivierung würde [...] Die besonderen Verhältnisse des deutsch-ostafrikanischen Schutzgebiets machen es unmöglich, Verordnungen zu erlassen, die dem Text der Londoner Convention vom 19. Mai 1900 voll entsprechen"[655]. Auch aus Togo und Kamerun kamen ablehnende Berichte. In Kamerun hielt man eine Ratifizierung für unnötig, da man den Grundideen der Konvention schon durch entsprechende Verordnungen nachgekommen sei[656], und in Togo fühlte man sich aufgrund des geringen Wildbestandes nicht betroffen und befürchtete, dass den „Eingeborenen zu viel zugemutet werden" könnte[657]. Dernburg gab die Berichte nahezu unverändert an das Auswärtige Amt und erklärte, er sei „nicht in der Lage, die Ratifizierung der Londoner Konvention seitens der Reichsregierung vorbehaltlos zu befürworten"[658]. Das Auswärtige Amt antwortete, „daß es bei den Signatarmächten Befremden erregen dürfte, wenn die Reichsregierung der Ratifizierung einer von ihren Bevollmächtigten unterzeichneten Konvention ohne durchschlagende Gründe ihre Genehmigung völlig versagte"[659]. Die Gouverneure von Kamerun und Togo lenkten daraufhin ein, wenn einige Vorbehalte erklärt würden[660]; Rechenberg blieb bei seiner ablehnenden Haltung. Das Verfahren zur Ratifizierung zog sich weiter hin, was die Kommission für Besserung des Wildschutzes in Deutsch-Afrika 1908 bedauerte[661]. Im November 1911 hatten mit Ausnahme Deutschlands und Portugal alle Mächte erklärt, die Wildschutzkonvention ratifizieren zu wollen, wobei Portugal seine Ratifizierung allein von der deutschen abhängig machte[662].

9.3 Der Einfluss Robert Kochs

„Eine schwerwiegende Bedrohung des afrikanischen Wildstandes ist von medizinischer Seite ausgegangen"[663], die sich mit den in Afrika grassierenden Infektionskrankheiten beschäftigte. Besonders Malaria und Schlafkrankheit forderten hohe Zahlen an Menschenleben. Dass diese Krankheiten in Zusammenhang mit Tieren zu stehen schienen, war bereits einigen Forschern aufgefallen. Schon Livingstone hatte 1865 behauptet, die Tsetsekrankheit würde mit der Ausrottung des Wildes verschwinden[664]. Diese Idee erhielt nach den virologischen Forschungen Robert Kochs[665] starken Auftrieb. Robert Koch war durch die Entdeckung des Erregers der

---

[653] Schreiben vom 24.05.1907, BArch, R 1001 7785, Bl. 83.
[654] BArch, R 1001 7771, Bl. 15, Schreiben vom 22.06.1907, BArch, R 1001 7770, Bl. 202.
[655] Schreiben an das Reichskolonialamt vom 11.05.1911, BArch, R 1001 7771, Bl. 72.
[656] BArch, R 1001 7771, Bl. 15-17.
[657] BArch, R 1001 7771, Bl. 17, Schreiben vom 11.07.1907, BArch, R 1001 7770, Bl. 203.
[658] Schreiben vom 15.05.1910, BArch, R 1001 7771, Bl. 14-18.
[659] Schreiben vom 30.06.1910, BArch, R 1001 7771, Bl. 52.
[660] Schreiben vom 02.10.1910, BArch, R 1001 7771, 03.01.1911, BArch, R 1001 7771, Bl. 67 und 25.09.1911, BArch, R 1001 7786, Bl. 24.
[661] BArch, R 1001 7770, Bl. 227.
[662] Pro Memoria des Auswärtigen Amtes vom 29.11.1911, BArch, R 1001 7771, Bl. 181.
[663] SARASIN 1911b: 42.
[664] MACKENZIE 1988: 234.
[665] *1843, † 1910.

Tuberkulose (1882) berühmt geworden und hatte 1905 den Nobelpreis für Medizin erhalten. Zwei Forschungsreisen hatten ihn 1896-98 und 1905/1907 nach Süd- und Ostafrika geführt, wo er sich dem Studium von Infektionskrankheiten widmete, darunter Malaria, Schlafkrankheit und Rinderseuche[666]. Hinsichtlich der Schlafkrankheit erkannte er, dass sie von einem Erreger ausgelöst wird, der von blutsaugenden Tsetsefliegen (Glossinen) übertragen wird, und den er in menschlichem als auch im Blut afrikanischer Wildtiere nachweisen konnte. Diese Erkenntnisse führten zu Überlegungen zur Bekämpfung der Krankheit. Koch stellte dar, die wirkungsvollste Maßnahme sei es, gesunde Personen aus den verseuchten Gebieten umzusiedeln und die infizierten Individuen ihrem Schicksal zu überlassen, da sie dann ausnahmslos zugrunde gehen würden, so dass die Seuche erlösche. Andererseits könne man auch die Infizierten herausgreifen und in „Konzentrationslagern" nach englischem Vorbild isolieren und dort mit Atoxyl behandeln, was den Erreger abtöte, allerdings schwere Nebenwirkungen bis zur Erblindung zur Folge habe[667]. „Bei den in die Infektionskette involvierten Tieren war Koch noch weniger von Skrupeln belastet. Hier ging es vor allem darum, die Tsetsefliege auszurotten"[668]. Das effektive Mittel war für ihn, „die Tiere, welche Ihnen als Blutlieferant dienen und ohne welche sie nicht zu existieren vermögen", zu beseitigen[669]. Koch empfahl auch ein Abholzen von Wald, da dieser Lebensraum der Tsetsefliege sei; dies sei jedoch nur wirksam, wenn die Flächen „reichlich bemessen" würden[670]. Dem entsprechend begann Rechenberg in den Usambarabergen unverzüglich mit einem Abholzungsversuch[671]. Im Februar 1908 tagte die Plenarversammlung des deutschen Landwirtschaftsrats, auf der Koch vorschlug, man solle im Bereich der Transportwege alle Tiere, die als Träger von Erregern der Schlafkrankheit in Frage kämen, ausrotten, um eine Ansteckung des Hausviehs zu verhindern. Denn man habe die Beobachtung gemacht, „dass die Tsetsekrankheit überall da verschwunden sei, wo man das grosse Wild, nämlich Antilopen, Büffel usw. ausgerottet habe. Außerdem solle man später „durch Vertreiben oder selbst Vernichten aller der Tiere, auf die die Glossinen mit ihrem Nahrungsbedarf angewiesen sind, sich auch größere Gebiete für die Viehzucht erobern"[672]. Es stand daher der Antrag zur Abstimmung, überall die großen Wildtiere abzuschießen, wo die Tsetsekrankheit vorkomme. Der als Gast anwesende ehemaligen Gouverneur Graf Götzen ergriff daraufhin spontan das Wort, und es gelang ihm zumindest, diese „sehr radikale Maßregel" insoweit abzuschwächen, dass ein Ausrotten des Wildes nur in Besiedlungsgebieten erfolgen solle[673]. Der Landwirtschaftsrat beschloss, den Vorschlag der Wildausrottung dem Reichskanzler der Beachtung zu empfehlen"[674].

Der Vorschlag Kochs stieß vielfach auf Zuspruch. Walter Rathenau schrieb: „Vielleicht ist die durch Jahrtausende ungebrochene afrikanische Fauna die Ursache, daß die gefährlichsten der einheimischen Seuchen: Malaria, Rückfallfieber, Schlafkrankheit und Tsetse auf eine Wechselwirkung tierischer und menschlicher Organismen untereinander beruhen"[675]. Besonders die Viehzüchter der Kolonien sahen sich bestätigt. „Wie schon die Erfahrungen im englischen Gebiet lehren, ist es zwar verhält-

---

666 BESSER 2004: 218.
667 BESSER 2004: 222-223.
668 BESSER 2004: 223.
669 KOCH et al. 1909: 126, BESSER 2004: 224, THAER 1912: 57.
670 KOCH et al. 1909: 126.
671 BArch R 1001 6070, Bl. 221-223, ANONYMUS 1911g.
672 DEUTSCHER LANDWIRTSCHAFTSRAT 1908: 110.
673 DEUTSCHER LANDWIRTSCHAFTSRAT 1908: 112; BArch, R 1001 7770, Bl. 220-222.
674 SARASIN 1911b: 42.
675 RATHENAU 1908: 170.

nismäßig leicht, die Rinderpest in den Viehbeständen zu tilgen, indessen den eigentlichen Herd in den Wildherden zu tilgen, ist ohne Vernichtung der für die Konservierung und Verbreitung der Pest in Betracht kommenden Wildarten ganz unmöglich"[676]. Viehzüchter behaupteten, auf die Wildtiere seien „die schwersten Seuchengänge in den Siedlungen östlich und nördlich des Meru und am Westabhang des Kilimanjaro zurückzuführen"[677]. So könne „jeder Einsichtige sich nicht der Ueberzeugung verschließen, dass alle auch noch soviel Geld beanspruchenden Massnahmen auf die Dauer ohne Erfolg bleiben müssen, wenn nicht ganze Arbeit gemacht wird"[678]. Im Prinzip hatte man beim Ausbruch der Rinderseuche 1896 in Deutsch-Südwestafrika nicht anders gehandelt[679]. Der Glaube, dass der Wildschutz die Ausbreitung von Krankheitserregern fördern würde, hemmte die Verwaltungen, den Wildschutz intensiver zu betreiben[680], denn viele befürchteten in Wildreservaten ein Hindernis zur Bekämpfung der Infektionskrankheiten[681].

Erheblich waren auf der anderen Seite die Proteste gegen den Koch`schen Vorschlag. Die Kommission zur Besserung des Wildschutzes in Deutsch-Ostafrika erhob eine Gegendarstellung, die Staatssekretär Dernburg mit der Bemerkung zugeschickt wurde, es handele sich bei der afrikanischen Tierwelt „um einzig dastehende Werte, deren Vernichtung die Nachwelt uns sicherlich zu schwerem Vorwurfe machen würde"[682]. Es wurde dargelegt, dass neben den Großtieren auch Kleintiere, Affen und Vögel als Wirte der Tsetsefliege fungieren: „So müssen wir uns doch daran erinnern, daß diese Schmarotzer nicht nur im Großwild, sondern auch in vielen anderen Tieren, ja sogar in Eidechsen gefunden worden sind. Es hat also keinen Zweck, das Großwild auszurotten"[683]. Selbst bei einer Ausrottung des Wildes „würde die Tsetsefliege sich doch neue Blutlieferanten suchen"[684]. Vor einer „Hinmetzelung des Wildes" müsse „daher mit voller Entschiedenheit gewarnt werden. Sie würde den beabsichtigten Zweck der Vertilgung der Tsetsefliege nicht erreichen, wohl aber eine niemals wieder gutzumachende schwere wirtschaftliche Schädigung der Kolonien bedeuten und letzten Endes unserem Volke ebenso zur Unehre gereichen, wie den Amerikanern das Hinschlachten ihrer Bisons von aller Welt als Schimpf angerechnet ist"[685]. Die Proteste fanden auch in den Kolonien ihre Unterstützung; so heißt es in einer anonymen Veröffentlichung: „Ein Bravo aus südafrikanisch deutschen Waidmannsherzen diesen einsichtigen Landsleuten! [...] Der Wildstand des Landes ist, als schönster und edelster Schmuck selbst der anmuthigsten Pflanzennatur, für den Menschen von viel höherem erziehlichen Wert als alle Rücksichten auf die Magen- und Erwerbsfragen einer Menschenmasse"[686]. Die Tierwelt bedeute „ein Stück Lebenselement: und wir verbitten uns, daß blasse Theoretiker aus ihren Laboratorien heraus uns in unser Naturleben mit plumpen Händen hineinpfuschen. Wenn diesen Fanatikern der Bakteriologie der Sinn für das Leben unseres Edelwildes und unserer entzückenden Vogelwelt verloren ging: uns gilt es mehr als alle Rindviehrücksich-

[676] AGRICOLA 1913: 1.
[677] AGRICOLA 1913: 1.
[678] AGRICOLA 1913: 1.
[679] LEUTWEIN 1896: 611-612.
[680] BESSER 2004: 225, MACKENZIE 1988: 232, Schreiben vom 12.05.1910, BArch, R 150 FA3/4008, Bl. 71.
[681] MACKENZIE 1988: 227.
[682] Schreiben vom 31.03.1908, BArch, R 1001 7770, Bl. 220-221.
[683] MATSCHIE 1911: 360.
[684] BArch, R 1001 7770, Bl. 222-225.
[685] BArch, R 1001 7770, Bl. 226.
[686] ANONYMUS 1908d: 81-82.

ten"[687]. Gegen die Wildvernichtung protestierten selbst die deutschen Jäger[688]. Generalmajor von der Kracht, der Landesvorstand des Allgemeinen Deutschen Jagdschutzvereins, sagte: „Wir haben einen Antrag eingebracht, aber alle Anträge verschwanden natürlich infolge der Ansicht des Herrn Professor Koch, [...] es müßte alles Großwild abgeschossen werden. Ganz namhafte Wildkenner und Naturforscher haben sich sehr energisch hiergegen ausgesprochen. Auch berühmte Männer wie Professor Koch können einmal irren"[689]. Sogar die Deutsche Kolonialgesellschaft schloss sich dem an: „Ehre dem Andenken des großen Forschers – aber das Genie verrennt sich leicht in einseitige Richtung. [...] Die betreffenden Krankheiten würden auch durch die Vernichtung der als Bazillenträger bezeichneten Tiere nicht aus der Welt geschafft"[690]. Doflein spitzte den Vorschlag am deutlichsten zu: „Das einfachste Mittel zur Beseitigung der Schlafkrankheit wäre ja nach diesem Rezept auch die Ausrottung aller Neger in den verseuchten Gegenden. Zu diesem Mittel wird doch auch kein Mensch greifen wollen"[691]. Die Spannungen zwischen Naturnutzern und -schützern hatten sich durch die Koch`schen Vorschläge weiter zugespitzt. Es sollte auch hier Rechenberg sein, der eine Umsetzung praktizierte.

9.4 Wildmord am Kilimandscharo

Die Aufregungen um die neue Jagdverordnung, Rechenbergs Einzelaktionen sowie die Diskussionen zur Wildschutzkonvention und dem Koch`schen Vorschlag hielten den Gouverneur nicht davon ab, Maßnahmen zu ergreifen, die den Konflikt auf die Spitze trieben. 1909 brach im Bezirk Muansa am Viktoriasee eine Infektionskrankheit bei Rindern aus[692]. Für Robert Koch war die Datenlage „so widersprechend und lückenhaft, dass es unmöglich ist, danach eine bestimmte Diagnose zu stellen". Es sei „nicht wahrscheinlich, dass es sich um Rinderpest" handele[693], und britische Veterinäre hielten die Krankheit ebenfalls nicht für die Rinderpest[694]. Gleichwohl teilte das deutsche Vizekonsulat in Mombasa Rechenberg im August 1910 mit, in Britisch Ostafrika sei die Rinderpest ausgebrochen. Ohne weitere Rückfrage diente Rechenberg dies als Rechtfertigung für die größte bis dahin behördlicherseits initiierte Massentötung von Wildtieren in Afrika. Unverzüglich wurde von ihm die „Schaffung eines wildfreien Gürtels an der durch die Rinderpest bedrohten Grenze" nach Britisch Ostafrika angeordnet[695]. Es „hat das Gouvernement einen Teil der Schutztruppe dazu verwendet, um große Herden allerlei Wildes abschlachten zu lassen"[696]. Es „wurden die Kompagnien der schwarzen Soldaten von Moschi und Aruscha und die Polizeiabteilungen von Tanga und Wilhelmstal zur Grenze kommandiert. Ausserdem wurden mehrere hundert Massai angeworben, und es begann ein grosses Morden, dem Tausende harmlose Gazellen, Hartebeests, Gnus, Büffel, Giraffen und Elenantilopen zum Opfer fielen. Einen Monat lang dauerte das offizielle Blutbad"[697]. Behn berichtete, dass „30000 Stück Hochwild" erlegt worden seien[698]. Einem anonymen Artikel nach hatte Rechenberg keinen Skrupel „einen Streifen Landes von 50 Kilometer

687 ANONYMUS 1908d: 82.
688 PAASCHE 1911.
689 DEUTSCHE KOLONIALGESELLSCHAFT 1911: 29-30.
690 DEUTSCHE KOLONIALGESELLSCHAFT 1911: 24.
691 DOFLEIN 1911: 819.
692 BArch, R 1001 6070, Bl. 171, 175-176, 181-183, ANONYMUS 1909e, 1909f, 1909g.
693 Schreiben Robert Kochs an Dernburg vom 08.03.1910, BArch, R 1001 6070, Bl. 186.
694 BArch, R 1001 6070, Bl. 188-189.
695 BArch, R 1001 6070, Bl. 212-213, R 1001 6071, Bl. 33-35, ANONYMUS 1911b.
696 MATSCHIE 1911: 360.
697 SARASIN 1911b: 23.
698 BEHN 1911a: 805.

Breite und 400 Kilometer Länge durch vier Kompagnien schwarzer Soldaten unter Aufwendung von, wie behauptet wird, sechshunderttausend Patronen vollständig vom Wilde entblößen zu lassen. Sechzehntausend Schädel getöteten Wildes sollen heute auf einer Station, sechs- oder achttausend auf einer anderen Station modern"[699]. Diese Angaben wurden später vom Gouvernement insoweit bestätigt, als dass 4981 Stück Wild durch 342 Askaris sowie 400 afrikanische Hilfskräfte bei einem Verbrauch von 41.130 Patronen abgeschossen worden seien[700]. Schillings teilte auf der Hauptversammlung der Deutschen Kolonialgesellschaft mit: „Nach meinen Erkundigungen sind in der Tat mehrere Kompagnien aufgeboten worden, um in Gemeinschaft mit zahlreichen Eingeborenen sämtliches Wild – es handelt sich um 24 verschiedene Arten – in dem genannten Gebiete völlig vom Erdboden wegzurasieren. Dieser Abschuß [...] soll in der Tat längere Zeit, wochenlang ausgeführt worden sein. Ein Bezirksamtmann allein soll amtlich die Tötung von 2000 Stück Großwild nach Daressalam gemeldet haben"[701]. Professor Uhlig berichtete: „Ich habe einzelne dieser Schussexpeditionen verfolgt; ich erinnere mich, daß ich von Offizieren zu hören bekam, was für ein abscheulicher Auftrag das sei; man musste aber natürlich versuchen, ihn auszuführen"[702]. „Die Militärposten haben wiederholt in ihren Gouvernementsberichten auf diesen Unfug hingewiesen, bis einmal am Rand des zurückgeschickten Berichts zu lesen war, man verbäte sich alle unnützen Bemerkungen über die Jagd"[703]. Tatsächlich war die Krankheit in Britisch-Ostafrika gar nicht ausgebrochen[704]. Auf einen Bericht des Regierungstierarztes Dr. Lichtenheld, es handele sich lediglich um das harmlosere Katarrhalfieber, stellte Rechenberg dem Abschuss im September 1910 ein[705].

Die Schaffung einer immunen Zone gegen die Einschleppung der Rinderpest wurde von Schillings als „eines der traurigsten Vorkommnisse in der deutschen Kolonialgeschichte" bezeichnet[706]. Vom wissenschaftlichen Standpunkt wertete er „diese empörende Maßregel als gänzlich ziel- und zwecklos. [...] Ich frage, [...] was sind die national-ökonomischen Werte im Masaigebiete, um eine derartige Vernichtung hoher national-ökonomischer Werte zu rechtfertigen"[707]. „Hoffen wir, dass [...] ein ähnlicher Missgriff in Zukunft nicht mehr zu besorgen ist"[708]. „Diese Tragödie, diese Wildvernichtung ist ohne gleichen und ein nie verlöschender Schandfleck für die sogenannte moderne Kultur"[709]. Sarasin empörte sich: „So weit haben wir es gebracht: ein wildloser Streifen in dem wildreichsten Gebiet der Erde!"[710], und Matschie betrauerte: „So bleibt dem Anstifter dieser fürchterlichen Maßregel nur das Bewusstsein, es den Menschen gleichgetan zu haben, die in Nordamerika den Bison der Prairien zu Tausenden abschlachteten"[711].

Sarasin forderte Maßnahmen gegen Rechenberg: „Wenn einem deutschen Beamten das Recht gegeben ist, solch wahnsinnige Taten auszuführen, so entfällt mir die Fe-

[699] ANONYMUS 1911c.
[700] BArch, R 1001 6071, Bl. 84.
[701] BArch, R 1001 7778, Bl. 26, SCHILLINGS 1911: 376.
[702] DEUTSCHE KOLONIALGESELLSCHAFT 1911: 25-26.
[703] ANONYMUS 1911f: 379.
[704] SCHILLINGS 1911: 376.
[705] BArch, R 1001 6070, Bl. 225-227.
[706] SCHILLINGS 1935: 7.
[707] BArch, R 1001 7778, Bl. 27.
[708] SARASIN 1911b: 42.
[709] BArch, R 1001 7778, Bl. 40.
[710] SARASIN 1911b: 23.
[711] MATSCHIE 1911: 361.

der. [...] Warum wird ein solcher Beamter nicht sofort abberufen und zur Rede gesetzt? Warum werden solche irrsinnigen Vornahmen nicht von vornherein unmöglich gemacht? Warum versagt hier die Einsicht und der Wille und die Macht des grossen Deutschland?“[712]. Um zu sehen, wieweit eine Billigung durch das Reichskolonialamt bestand, schrieb Schillings: Auf ein Telegram an das Reichskolonialamt „mit der Anfrage, ob ich mich für ermächtigt halten dürfe, es habe eine derartige behördlich angeordnete Wildvernichtung stattgefunden, zurückzuweisen, erhielt ich die Antwort: ´Ich bedaure, Ihnen die Ermächtigung zu amtlichen Erklärungen nicht erteilen zu können`“[713]. Behn beklagte: „Unser Reichskolonialamt schweigt sich noch immer – nach mehr wie Jahresfrist – darüber aus“[714]. Insoweit sahen die Naturschutzvertreter lange kaum Möglichkeiten, über das Reichskolonialamt Einfluss auf Rechenberg zu nehmen. Tatsächlich hatte dieser seine vorgesetzte Dienststelle nur sehr zögerlich informiert. Staatssekretär von Lindequist berichtete 1911 an das Geheime Zivilkabinett des Kaisers: „Der Gouverneur hatte im August vorigen Jahres auf eine ihm vom deutschen Vizekonsulat in Mombasa zugegangene Nachricht hin, daß die Rinderpest in Britisch-Ostafrika her im Anrücken sei, zur Abwendung der Einschleppungsgefahr Schutzmaßnahmen ergriffen, darunter auch die Freigabe des Abschusses in einem 50 km breiten, entlang der englischen Grenze vom Ozean bis zum Viktoria-See verlaufenden Streifen. [...] In Ansehnung der große Gefahren, die ein Übertritt der Rinderpest für den Viehbestand und die Existenz der Eingeborenen des Schutzgebietes Deutsch-Ostafrika mit sich bringen würde, habe ich mich in der Voraussetzung, daß tatsächlich die Rinderpest festgestellt sei, [...] mit der [...] Freigabe des Abschusses gewisser Wildarten in der bedrohten Grenzzone einverstanden erklärt. [...] Durch Telegramm vom 8. Oktober 1910 und Bericht vom 30. November 1910 setzte mich der Gouverneur davon in Kenntnis, daß es sich im Grenzlande nicht um Rinderpest gehandelt habe, und die ergriffenen Schutzmaßregeln infolgedessen durch Verordnung vom 7. Oktober 1910 aufgehoben worden seien. [...] Erst durch einen späteren [...] Bericht des Gouverneurs, erfuhr ich, daß der Gouverneur neben der Freigabe des Wildabschusses noch angeordnet hatte, durch Beschießen der betreffenden Wildarten innerhalb des erwähnten Grenzstreifens eine möglichst wildleere bezw. wildarme Zone zu schaffen“[715]. Konsequenzen wurden nicht gezogen.

Im Juni 1911 gingen erneut Berichte über einen womöglichen Ausbruch der Rinderpest in Uganda ein[716]. Rechenberg teilte dem Reichskolonialamt mit: „In Anbetracht der Verheerungen, die diese Seuche unter dem hiesigen Wilde anrichten würde [...] halte ich mich für verpflichtet, bei einer nahen Rinderpestgefahr die Schaffung eines möglichst wildleeren Streifens entlang der Grenze in Erwägung zu ziehen“[717]. Staatssekretär von Lindequist hielt Rechenberg aufgrund immer heftiger werdender Proteste der Naturschützer aber zurück und behielt sich eine besonders einzuholende Genehmigung ausdrücklich vor. „Nur im äußersten Notfalle und wenn die anderen Schutzmaßregeln versagen oder sich als unzureichend erweisen sollten, würde ich der Maßnahme des Wildabschusses wiederum meine Genehmigung erteilen[718].“ Rechenberg protestierte darauf und gab vor, die Anordnung nicht zu verstehen: „Wenn ein hohes Reichskolonialamt [...] diese Massregel [...] nicht billigen will, so

[712] SARASIN 1911b: 24.
[713] SCHILLINGS 1911b: 812.
[714] BEHN 1911a: 805.
[715] GStA PK, I. HA Rep. 89 Geheimes Zivilkabinett, jüngere Periode, Nr. 32519 Jagdwesen, Bl. 9, 23-25.
[716] BArch, R 1001 6071, Bl. 20-21.
[717] Schreiben vom 04.08.1911, BArch, R 1001 6071, Bl. 33-35.
[718] GStA PK, I. HA Rep. 89 Geheimes Zivilkabinett, jüngere Periode, Nr. 32519 Jagdwesen, Bl. 26.

stelle ich gehorsamst anheim, die Massnahmen deutlich zu bezeichnen, welche meine vorgesetzte Dienstbehörde verbietet, dann aber auch die Verantwortung für die Folgen zu übernehmen“[719]. Deutlich wurde Rechenberg seitens des Staatssekretärs nochmals angewiesen, Maßnahmen gegen die Rinderpest einzuleiten mit der ausdrücklichen Anweisung: „Unterlaßt aber Wildabschuß ohne Einholung meiner besonderen Genehmigung“[720]. Rechenberg protestierte darauf erneut und lehnte jede Verantwortung für die Folgen des Wohlstands der Kolonie ab[721]. Von Lindequist schrieb später dazu: „Der Gouverneur [...] hat daraufhin die Verantwortung für die Folgen der Unterlassung eines rechtzeitigen Wildabschusses abgelehnt und sie mir zugeschoben. Ich werde diese Verantwortung im vollen Umfange auf mich nehmen“[722]. Rechenberg blieb somit trotz aller Kritik bei seiner negativen Einstellung gegenüber den Wildtieren.

9.5 Absetzung des Gouverneurs

Im Laufe der Jahre 1910/11 war die Kritik an Rechenberg durch die Naturschutzlobby immer stärker geworden, und Behn forderte: „Es ist höchste Zeit, daß sich kundige Leute, ob Wissenschaftler, Künstler oder Sportsleute zusammen tun, um gegen diese Zustände energisch vorzugehen, um Vorschläge zu machen, wie diesen Übelständen abzuhelfen sei“[723]. Gleichzeitig wurde versucht, Einfluss auf die politischen Schaltstellen zu nehmen. Dies wurde um so leichter, als im Juni 1910 erst der ehemalige Gouverneur von Deutsch-Südwestafrika, Friedrich von Lindequist[724], und dann 1911 Wilhelm Heinrich Solf[725] Dernburg als Leiter des Kolonialamtes abgelöst hatte und Rechenberg damit seines „Protektors“ beraubt war[726].

Zunächst begann eine Einflussnahme über einzelne Reichstagsabgeordnete. Im Januar 1911 schrieb Matthias Erzberger an Rechenberg: „Der Direktor des hiesigen Zoologischen Gartens, Dr. Heck, ist in Sorge, dass durch das jüngste Vorgehen in Ostafrika der Wildschatz stark geschmälert, teilweise ausgerottet wird und dass die einzigartigen Naturparke vernichtet würden. Ich suchte ihn zu beruhigen; aber Euer Exzellenz wissen aus der jüngsten Vergangenheit, dass der ´Rechenberg-Koller` hier grasiert“[727]. Daher bitte er um Aufklärung. Rechenberg antwortete ausführlich. Wildreservate seien „in nicht unbeträchtlicher Anzahl vorhanden“, so dass keine Gefahr für die Tierwelt bestünde. Das Schutzgebiet befinde sich jedoch „leider in dem Stadium einer dauernden Bedrohung durch die Rinderpest. [...] Deshalb ist es nach meinem Erachten Pflicht der Schutzgebietsverwaltung, ganz besonders darauf zu achten, ob die Rinderpest in Britisch-Ostafrika oder in Uganda auftritt, und, sobald ihr Auftreten gemeldet wird, alle, selbst rigorosen Massregeln zu ergreifen, um die hiesigen Vieh- und Wildbestände vor der Verseuchung, die ihren sicheren Untergang bedeutet, zu bewahren“[728]. Es handele „sich für uns keineswegs darum, unsere Wildbestände zu vernichten, sondern im Gegenteil, sie zu erhalten. Insofern entbehren die Angriffe der Ihnen bekannten Herren jeder Begründung“[729]. Zum Beweis,

[719] BArch, R 1001 6071, Bl. 35.
[720] BArch, R 1001 6071, Bl. 32, 48.
[721] BArch, R 1001 6071, Bl. 48-49.
[722] GStA PK, I. HA Rep. 89 Geheimes Zivilkabinett, jüngere Periode, Nr. 32519 Jagdwesen, Bl. 26.
[723] BEHN 1911b: 563, 1911c: 5.
[724] *1869, † 1945.
[725] *1862, † 1936.
[726] TETZLAFF 1970: 231.
[727] Schreiben vom 20.06.1911, BArch, R 1001 7778, Bl. 19, R 1001 6071, Bl. 39.
[728] Schreiben vom 04.08.1911, BArch, R 1001 7778, Bl. 20-22.
[729] Schreiben vom 04.08.1911, BArch, R 1001 7778, Bl. 23.

dass es den Rechenberg-Koller in der Kolonie nicht gebe, betonte er, dass ihm die Pflanzer sein volles Vertrauen ausgesprochen hätten; zu Angriffen gegen ihn sei es in der Heimat nur gekommen, weil Tatsachen manchen Kreisen vielleicht nicht angenehm seien[730].

Dass dieser „Rechenberg-Koller" allein in Deutschland auftrat, entsprach nun nicht den Tatsachen. Vielmehr gab es auch in Deutsch-Ostafrika zunehmend Spannungen zwischen der Siedlerbevölkerung und Rechenberg, und die eigenen Verwaltungsmitarbeiter hintertrieben seine Arbeit. Ursache war seine Unterstützung von Indern und Afrikanern[731]. Der Kampf gegen die Politik Rechenbergs gipfelte in Diffamierungen seiner Person. Einer Intrige durch Siedler und die Deutsch-Ostafrikanische Zeitung mit dem Vorwurf, er habe mit Afrikanern Päderastie betrieben, konnte er sich nur mittels eines Gerichtsverfahrens erwehren, bei dem herauskam, dass „Zeugen bestochen und zu falschen Aussagen vor Gericht verleitet worden waren und man den Gouverneur monatelang bespitzelt und heimlich hatte überwachen lassen"[732]. Offenkundig wurde auch, dass von Angehörigen der Schutztruppe heimlich Material über Rechenberg an die Zeitungen geliefert worden war[733]. Anschuldigungen in der Kolonie und die Kritik seitens des Naturschutzes in Deutschland ergänzten sich und verschlechterten Rechenbergs Ruf immer mehr. In der Kolonialen Zeitschrift hieß es im März 1912 über den sich in Deutschland aufhaltenden Gouverneur: „Wenn Exzellenz von Rechenberg nicht nach Daressalam zurückkehrt, wäre allerdings der Hauptwunsch der Kolonie erfüllt"[734].

Nachdem Rechenberg trotz allem an der Jagdverordnung festhielt und auch seitens des Reichskolonialamtes keine weiteren Schritte ergriffen wurden, entwickelten die Protagonisten des Naturschutzes den Plan, diesbezüglich bei der faktisch höchsten Instanz, dem Kaiser selber, vorstellig zu werden. Einem ersten Schritt unternahm der Leiter des Hamburger Zoologischen Gartens, Carl Hagenbeck, der im September 1911 zu einer Audienz in der Sommerresidenz Cadinen in Westpreußen geladen war[735]. In einem Schreiben des Geheimen Zivilkabinetts an das Reichskolonialamt hieß es: „Herr Carl Hagenbeck hat seiner Majestät dem Kaiser und König bei seiner Anwesenheit hierselbst vorgetragen, daß die Jagdschutzgesetzgebung in den Deutschen Schutzgebieten – im Gegensatz zu den in den englischen Kolonien gehandhabten Vorschriften – höchst mangelhaft seien und einer rapiden Vernichtung namentlich des afrikanischen Großwildes Vorschub leisteten. Ferner hat Hagenbeck [...] auf das [...] Vorgehen des Gouverneurs von Ostafrika hingewiesen". Seine Majestät sähen daher tunlichst bald einem eingehenden Bericht entgegen[736]. Hagenbeck war ebenfalls zu einem schriftlichen Bericht aufgefordert worden[737]. Er zeigte darin den Umfang der Wildvernichtung, die Argumente der Naturschützer und den Unterschied zu den Jagdgesetzen in Britisch-Ostafrika auf[738]: „Unter dem verewigten

[730] Schreiben vom 04.08.1911, BArch, R 1001 7778, Bl. 25.
[731] BALD 1971: 254.
[732] BALD 1971: 254.
[733] BALD 1971: 254.
[734] ZACHE 1912b: 1.
[735] GStA PK, I. HA Rep. 89 Geheimes Zivilkabinett, jüngere Periode, Nr. 32519 Jagdwesen, Bl. 1-2.
[736] Schreiben vom 20.09.1911, BArch, R 1001 7778, Bl. 75.
[737] Schreiben vom 29.09.1911, BArch, R 1001 7771, Bl. 103.
[738] Es muss offen bleiben, ob der immer wieder vorgebrachte Hinweis auf die britischen kolonialen Jagdregelungen allein aus sachlichen Gründen erfolgte, oder ob man diesen auch gezielt dem Kaiser aufgrund dessen Hassliebe und Neid Großbritannien gegenüber (vgl. HERRE 1998: 18,49) vorbrachte, um ihn so eher zu veranlassen, den englischen Regelungen nachzueifern.

Gouverneur Euer Majestät Herrn Grafen von Goetzen, war eine der englischen Jagdordnung sehr ähnliche Jagdverordnung eingeführt. Diese ist leider später völlig verändert worden [...] Eure Kaiserliche und Königliche Majestät möge mir Allergnädigst und huldvollst gestatten, meine alleruntertänigsten Bitte darin zusammen zu fassen, dass Eure Majestät der Preisgabe und Vernichtung der aufs äusserste bedrohten wilden Tierwelt [...] mit den grossen Machtmitteln entgegen zu treten geruhen, die Eurer Kaiserlichen und Königlichen Majestät zur Verfügung stehen"[739]. In einer danach erfolgten Anordnung des Chefs des Zivilkabinetts, von Valentini, an das Reichs-Kolonialamt wurde mitgeteilt, „daß seine Majestät der Kaiser und König Allerhöchst [...] nicht davon überzeugt worden sind, daß in den Deutschen Schutzgebieten in Afrika für den Wildschutz zur Zeit ausreichend Vorsorge getroffen ist". Seine Majestät sei überzeugt, dass sich „gleich günstige Ergebnisse wie in den englischen Kolonien erzielen lassen. [...] Allerhöchstdieselben wünschen, daß das Reichs-Kolonialamt einer durchgreifenden Besserung dieser Verhältnisse sein besonderes Augenmerk nachdrücklich zuwende, wobei insbesondere auch die Erweiterung der bestehenden Wild-Reservate und die Sicherung eines absoluten Wildschutzes innerhalb ihrer Grenzen in Frage komme"[740]. Auch der Kronprinz schaltete sich in diesem Sinne ein[741].

Der Schachzug war also äußerst erfolgreich. Als weiteren Schritt hatte Hagenbeck den Kaiser auch gebeten „die Allergnädigste Aufmerksamkeit Eurer Majestät auf zwei sachverständige Männer hinzulenken, die geeignet wären, der grossen Sache, die ich heute vertreten durfte, die allergrössten Dienste zu leisten", nämlich die Professoren Matschie und Schillings[742]. Und auch dieser Schritt ging auf. Die Frankfurter Zeitung schrieb: „Am 21. Dezember 1911 sei der damalige Verwalter des Reichskolonialamtes, Gouverneur Dr. Solf, gleichzeitig mit dem Herzog Adolf Friedrich von Mecklenburg, dem Jagdschriftsteller Prof. Dr. C. G. Schillings u. a. zur höfischen Frühstückstafel geladen gewesen und nach zuverlässiger Quelle habe bei dieser Gelegenheit der Kaiser auch besonders großes Interesse für den Wildschutz in Deutsch-Ostafrika an den Tag gelegt. [...] Danach darf man als sicher annehmen, daß gelegentlich des kaiserlichen Frühstücks die [...] Abänderung der Jagdverordnung [...] angeregt worden ist"[743]. Dies wird von Schillings bestätigt: „Auf meinen Vortrag hin hatte der Herrscher sofort in tatkräftiger Weise nach dem von mir empfohlenen englischen Vorbilde durch eine kaiserliche Verordnung eingegriffen. Auch der Kronprinz unterstützte nachdrücklich meine Bestrebungen"[744].

Die Angaben dürften nicht übertrieben sein. Schon mit Datum vom 01.12.1911 erklärte das Reichskolonialamt entgegen seinem bisherigen Stillschweigen, dass man die Jagdverordnung von Deutsch-Ostafrika „nicht als eine befriedigende Grundlage zur Regelung der Jagd und des Wildschutzes in der Kolonie ansehen kann"[745] und „Maßnahme zur Erhaltung des Wildstandes und zur Regelung der Jagd innerhalb verhältnismäßig kurzen Fristen einer Ergänzung und Veränderung bedürfen"[746]. Man

---

[739] Schreiben vom 29.09.1911, BArch, R 1001 7771, Bl. 106, 110 und GStA PK, I. HA Rep. 89 Geheimes Zivilkabinett, jüngere Periode, Nr. 32519 Jagdwesen, Bl. 30-31 (Entwurf).
[740] Schreiben vom 21.11.1911, BArch, R 1001 7771, Bl. 155-156.
[741] BArch, R 1001 6071, Bl. 56.
[742] Schreiben vom 29.09.1911, BArch, R 1001 7771, Bl. 115.
[743] ANONYMUS 1912g.
[744] SCHILLINGS 1935: 7.
[745] Schreiben des Reichs-Kolonialamtes an das Gouvernement von Deutsch-Ostafrika vom 01.12.1911, BArch, R 1001 7771, Bl. 85.
[746] GStA PK, I. HA Rep. 89 Geheimes Zivilkabinett, jüngere Periode, Nr. 32519 Jagdwesen, Bl. 19.

war zugleich bemüht, dass nach außen deutlich wurde, dass man den Willen des Kaisers umsetzte. Nach einer Unterredung zwischen Staatssekretär Solf und Herzog Adolf von Mecklenburg[747] im Dezember 1911 wurde letzterer als Gouverneur in Togo eingesetzt, um dort Wildschutzmaßnahmen einzuführen, und Professor Matschie in den Dienst des Reichskolonialamtes übernommen[748]. Schon am 30.12.1911 erfolgte in Deutsch-Ostafrika eine Novellierung der Jagdverordnung ganz im Sinne des Wildschutzes[749], „wobei, wie es heisst, als leitender Grundsatz [...] der direkte Befehl *Seiner Majestät des Kaisers* galt, die neuen Jagdverordnungen für die deutschen Kolonien nach dem bewährten Beispiel der englischen Jagdschutzverordnungen zu gestalten“[750]. Darin wurde der Schutz der Elefanten wieder einführt, indem die Jagd auf Elefantenkälber und weibliche Elefanten verboten und die Jagd generell unter Vorbehalt eines besonderen Erlaubnisscheines gestellt wurde, der maximal zum Abschuss von zwei Exemplaren pro Jahr berechtigte. Für Zähne unter nun 15 Kilogramm wurde die Einziehung durch die Behörden vorgeschrieben. Keine zwei Monate später wurden diese Regelungen in eine Novelle der Jagdverordnung und neue Ausführungsbestimmungen[751] aufgenommen und weitergehende Maßnahmen zum Wildschutz veranlasst. Begrenzt wurde der Abschuss von Nashorn, Büffel, Giraffe, Elenantilope, Zebra, Kudu, Oryxantilope, Giraffengazelle, Colobusaffe und Marabu auf jährlich zwei Tiere. Verboten wurde die Jagd auf Gorilla, Schimpanse, Strauß, Geier und Eulen, die Jagd mit Gift und Sprengstoffen sowie „jede Ausübung der Jagd“ in den Wildreservaten[752]. Auf einen Bericht Staatssekretär Solfs[753] teilte das Geheime Zivilkabinett mit, „daß seine Majestät der Kaiser und König Allerhöchstsich mit den getroffenen Maßregeln sehr einverstanden zu erklären geruht haben. Seine Majestät setzen voraus, daß auch für die anderen Kolonien eine entsprechende Verschärfung der Jagdgesetze in Aussicht genommen ist“[754].

Theodor Gunzert, der Bezirksamtmann von Muansa, schrieb zum Wildmord am Kilimandscharo: „This piece of foolishness is said to have cost the Governor his job“[755]. Und tatsächlich, nachdem der Naturschutz sich mit der neuen Jagdverordnung schon auf ganzer Linie durchgesetzt hatte, schlug Reichskanzler von Bethmann Hollweg im April 1912 vor, Rechenberg in den einstweiligen Ruhestand zu versetzen[756]. Der Kaiser stimmte dem unverzüglich zu[757]. Die Form wurde dabei gewahrt, indem als Grund auf den Gesundheitszustand Rechenbergs verwiesen und ihm der Rote Adlerorden verliehen wurde[758]. Rechenberg wurde allerdings auch anderweitig nicht mehr im Reichsdienst verwendet, so dass dieser 1914 um Versetzung in den dauernden Ruhestand bat, was durch den Reichskanzler befürwortet wurde: „Nach

---

747 *1873, † 1969.
748 BArch, R 1001 7771, Bl. 175-176.
749 Verordnung vom 01.11.1911.
750 SARASIN 1914: 36.
751 Verordnung vom 30.12.1911, Bekanntmachungen vom 08.01.1912, 06.02.1912, Ausführungsbestimmungen vom 10.12.1911.
752 § 13 der Verordnung vom 30.12.1911.
753 Bericht vom 13.01.1912, GStA PK, I. HA Rep. 89 Geheimes Zivilkabinett, jüngere Periode, Nr. 32519 Jagdwesen, Bl. 32-35.
754 Schreiben von Valentinis vom 18.01.1912, BArch, R 1001 7786, Bl. 42 und R 1001 7771, Bl 210.
755 GUNZERT 1966: 174.
756 GStA PK, I. HA Rep. 89 Geheimes Zivilkabinett, jüngere Periode, Nr. 32474 Gouverneure, 1885-1917, Bl. 41-42; SCHNEE 1920: 133.
757 Verfügung des Kaisers an Reichskanzler von Bethmann Hollweg vom 22.04.1912, GStA PK, I. HA Rep. 89 Geheimes Zivilkabinett, jüngere Periode, Nr. 32474 Gouverneure, 1885-1917, Bl. 44.
758 GStA PK, I. HA Rep. 89 Geheimes Zivilkabinett, jüngere Periode, Nr. 32474 Gouverneure, 1885-1917, Bl. 44.

dem Gutachten des Medizinalreferenten im Reichs-Kolonialamt ist Freiherr von Rechenberg als dauernd unfähig zur Erfüllung seiner Amtspflichten als Gouverneur einer Tropenkolonie anzusehen. Seine Bitte ist somit gerechtfertigt"[759]. Im Abschiedsschreiben des Reichskanzlers war kaum von einer Würdigung seiner Leistungen die Rede, sondern es hieß lediglich, man habe die Entwicklung der Kolonie mit Interesse verfolgt. Die im Entwurf noch vorgesehene Formulierung „mit lebhafter Befriedigung" wurde auf Veranlassung des Reichskanzlers gestrichen[760].

10. Konsolidierungsphase bis zum Ersten Weltkrieg

Mit dem Eingreifen des Kaisers und der Absetzung Rechenbergs kehrte sich das Pendel wieder deutlich auf die Seite des Naturschutzes. Auch der Reichstag forderte nun Wildschutzmaßnahmen[761]. Entsprechend den kaiserlichen Vorgaben sorgte der neue Gouverneur von Deutsch-Ostafrika, Dr. Heinrich Schnee[762], für eine schnelle Umsetzung. Er schrieb: „Einige Teile Deutsch-Ostafrikas gehören zu den herrlichsten Jagdgebieten der Welt. [...] Meine amtliche Wirksamkeit in bezug auf die Jagd war hauptsächlich der Verbesserung des Schutzes für das Wild gegen Ausrottung gewidmet, wie sie besonders den Elefanten, aber auch mancher anderen seltener werdenden Wildarten droht. Die Schutzbestimmungen wurden erheblich verschärft, und die Wildreservate, in denen überhaupt kein Wild geschossen werden darf, erweitert"[763]. Hinsichtlich des Artenschutzes wurde der Abschuss zahlreicher Tierarten verboten[764]. Schnee besuchte selber die Wasserfälle des Kagera und ordnete daraufhin ihren Schutz sowie ein Abschussverbot für die dortigen Flusspferde an[765]. Die Jagd durch Gouvernementsangehörige wurde wieder untersagt und die Wildschutzgebiete vergrößert; ihre Fläche erfuhr eine Erweiterung auf 13 Millionen Hektar[766]. Für die meisten Gebiete wurden Afrikaner als Wildwärter angestellt[767]. Ökonomisch veranlasste Aufforderungen zur Aufhebung von Schutzgebieten wurden nun abschlägig entschieden, wie etwa beim Sachsenwald bei Daressalam, zu dem Schnee schrieb, dieser sei „in pflanzengeographischer Hinsicht ein wertvolles Studienobjekt für die Wissenschaft [...], sodass eine Aufgabe des Reservats zugunsten einiger Privatinteressen [...] nicht in Frage kommen kann"[768].

Behn hatte schon zur Zeit Rechenbergs die Gründung von Naturschutzparken gefordert[769]. Selbst die Deutsche Kolonialgesellschaft wünschte, dass „weitere Schutzge-

---

759 Schreiben des Reichskanzlers an den Kaiser vom 27.01.1914, GStA PK, I. HA Rep. 89 Geheimes Zivilkabinett, jüngere Periode, Nr. 32474 Gouverneure, 1885-1917, Bl. 54.

760 BArch, R 43 925, Bl. 23-26.

761 Reichstagsverhandlungen 1913, BArch, R 1001 7779, Bl. 260.

762 * 1871, † 1949. Schnee war Jurist und in verschiedenen Stellungen seit 1897 beim Auswärtigen Amt und im Reichskolonialamt tätig gewesen. 1900-1904 war er stellvertretender Gouverneur von Samoa.

763 SCHNEE 1964: 123.

764 Verordnungen vom 14.07.1913, 25.01.1913, 24.07.1913, 29.08.1913, 13.09.1913, 03.10.1913, 13.02.1914, 29.05.1914.

765 Bericht vom 26.04.1913, BArch, R 1001 7779, Bl. 259-260, Verordnung vom 29.07.1913.

766 Runderlass vom 30.04.1912, BArch, R 1001 7779, Bl. 196. Bericht vom 02.10.1912, BArch, R 1001 6229/1, Bl. 23. Verordnung vom 20.09.1913, Bekanntmachung vom 13.03.1914. HESS 1905: 57-58, BALDUS 2001: 4. REICHS-KOLONIALAMT 1913: 35, ANONYMUS 1912a, 1912f. Vereinzelt waren Wildschutzgebiete vorher auch wieder aufgelöst worden wie im Bezirk Langenburg durch Verordnung vom 18.10.1913.

767 REICHS-KOLONIALAMT 1913: 63.

768 Schreiben des Gouvernements von Deutsch-Ostafrika vom 13.05.1913, BArch, R 1001 6229/1, Bl. 58.

769 BEHN 1911a: 807, 1911b: 563.

biete für Pflanzen und Tierwelt in unseren Kolonien gebildet werden"[770] und beschloss 1911 die Schaffung von Naturschutzparken zu befürworten[771]. Gouverneur Schnee definierte Wildschutzgebiete als Naturschutzgebiete[772] und forderte alle Dienstellen auf, Örtlichkeiten für die Einrichtung von Naturparken vorzuschlagen[773]. Er teilte dem Reichskolonialamt mit, das „an Naturschönheiten reiche, insbesondere auch durch seine Wildfauna interessante Gebiet" des Wildreservats zwischen Ruaha und Rufiyi unter Anschluss der Umgebung beiderseits der Pangani- und Shugulifälle „wäre wohl wert, als Naturschutzpark behandelt zu werden"; auch den Ngorongoro-Kessel mit seiner „eigenartigen Schönheit" hielt er für geeignet[774]. Schillings prognostizierte, dass diese Gebiete sich später zu „Wunderwelten inmitten der von Zivilisation und Technik beanspruchten Welt" entwickeln würden[775]. Der Ngorongorokrater, den Bernhard Grzimek später als „a kind of natural zoological garden for thousands of animals"[776] bezeichnen sollte, wurde für die Ausweisung vorbereitet[777].

Auch in den anderen Kolonien ging es jetzt Schlag auf Schlag. Der Gouverneur in Togo wurde angewiesen eine Jagdverordnung unter Zugrundelegung der Londoner Konvention zu erarbeiten und Wildreservate auszuweisen[778]. Die Umsetzung erfolgte umgehend, nachdem der Herzog zu Mecklenburg Gouverneur geworden war[779]. Drei Wildschutzgebiete wurden in unbevölkerten Savannen am Otifluss und den Flüssen Monu und Angä ausgewiesen[780] und sogar auf aktuelle Probleme eingegangen: „Es ist in letzter Zeit vorgekommen, dass ein Herr der Telefunken Station Kamina an einem Tag 3 Flusspferde im Mono geschossen hat". Da „die Ausrottung der Flusspferde im Mono ohne Verbot in kürzester Zeit zu erwarten" sei[781], erfolgte umgehend eine Unterschutzstellung[782]. In Kamerun waren ebenfalls Wildschutzgebiete in Planung; zum Gebiet am Sanaga[783] erklärte Professor Matschie: „Es kann kaum einen geeigneteren Platz für ein Wildreservat geben, als es die Fläche zwischen der See, den Flüssen Sanaga und Nyong darstellt. [...] Das Reservat ist ein Paradies für Elefanten und das übrige im Bezirk Edea vorkommende Wild"[784]. Außerdem sollte ein Vogelschutzgebiet bei Edea angelegt werden[785], und 1913 wurde ein Teil des Kame-

---

770 CONWENTZ 1912: 10.

771 Schreiben vom 22.09.1911 an Staatssekretär von Lindequist, BArch, R 1001 6229 1, Bl. 6. PAASCHE 1911.

772 Bericht vom 02.10.1912, BArch, R 1001 6229/1, Bl. 22.

773 Runderlass vom 02.10.1912, BArch, R 1001 6229/1, Bl. 20-21.

774 Bericht vom 02.10.1912, BArch, R 1001 6229/1, Bl. 21.

775 DEUTSCHE KOLONIALGESELLSCHAFT 1911: 28.

776 GRZIMEK & GRZIMEK 1960: 9.

777 Verzögernd wirkte sich aus, dass dort zwei Farmen der Gebrüder Siedentopf mit etwa 1200 Rindern bestanden. Die deutsche Verwaltung wies den Bezirksamtmann von Aruscha an, die Farmen aufzukaufen. Da letztlich die Finanzmittel nicht aufgebracht werden konnten, sollte dann den Siedentopfs anderweitig Land zum Tausch überlassen werden. BALDUS 2001: 4, GRZIMEK & GRZIMEK 1959: 9, 56. Berichte vom 02.10.1912, BArch, R 1001 6229/1, Bl. 22 und 14.05.1913, BArch, R 1001 6229/1, Bl. 54. Bericht des Gouverneurs vom 28.10.1913, BArch, R 1001 6229/1, Bl. 80-81.

778 Schreiben des Reichs-Kolonialamtes vom 01.12.1911, BArch, R 1001 7787, Bl. 8 und 08.12.1911, BArch, R 1001 7786, Bl. 35-36; erneut mit Verbalnote vom 17.12.1911, BArch, R 1001 7771, Bl. 189.

779 GStA PK, I. HA Rep. 89 Geheimes Zivilkabinett, jüngere Periode, Nr. 32474 Gouverneure, 1885-1917, Bl. 48.

780 Bekanntmachungen vom 26.07.1913 und 08.05.1914. Zu Beginn des Weltkrieges waren es sechs Gebiete, vgl. KNOLL 1978: 93, TOUR 1957: 80.

781 Bericht des Gouvernements von Togo vom 20.02.1914, BArch, R 150 FA 3 1288, Bl. 114.

782 Verordnungen vom 28.04.1914, SCHOLZ & VORNHOLT 1987: 436.

783 TOUR 1957: 103, heute befindet sich dort das Réserve de la Basse Sanaga.

784 REICHS-KOLONIALAMT 1913: 93, TOUR 1957: 103.

785 TOUR 1957: 103, heute befindet sich dort das Réserve d`oiseaux aquatique d`Edéa.

rungebirges als Jagdschongebiet ausgewiesen[786]. 1914 veröffentlichte man Entwürfe für Wasserverordnungen für Deutsch-Südwestafrika und Deutsch-Ostafrika[787], die sich am Preußischen Wassergesetz[788] orientierten[789]; auch wenn es sich noch nicht um eine Umweltgesetzgebung im Sinne des heute üblichen Wasserrechts handelte, enthielten diese Entwürfe zumindest Regelungen, die das Verunreinigen von Gewässern verboten[790].

Selbst hinsichtlich der Londoner Konvention änderte sich die Meinung des Reichs-Kolonialamtes: Der „Ansicht, dass die [...] Tierarten solange von dem ihnen zugedachten Schutz ausgeschlossen werden könnten, bis ein erheblich selteneres Vorkommen dieser Tiere festgestellt ist, kann ich nicht beipflichten. Vielmehr betrachte ich es als Aufgabe der Verwaltung, rechtzeitig Fürsorge zu treffen, um eine erhebliche Verminderung der Individuenzahl der betreffenden Arten zu verhindern; denn bei dem Wildbestande des Schutzgebiets handelt es sich um ein Bestandteil des Nationalvermögens, dessen ungeschmälerten Bestand zu erhalten die Verwaltung bestrebt sein muss“[791]. Im Dezember 1911 teilte der Staatssekretär des Auswärtigen, von Kiderlen-Waechter, der Britischen Botschaft mit: „Das Auswärt. Amt beehrt sich der Kgl. Großbritannischen Botschaft mitzuteilen, dass die Kais. Regierung bereit ist, die Wildschutzkonvention vom 19. Mai 1900 zu ratifizieren“[792]. In der praktischen Umsetzung ging man sogar noch über deren Bestimmungen hinaus. Hinsichtlich des Schutzes junger Elefanten etwa wurde seitens des Reichskolonialamtes die Einführung „strenger Schutzmassregeln“ und ein Mindestzahngewicht von 5 Kilogramm als ein dringendes Bedürfnis bezeichnet und erklärt, „dass es den Gouvernements der Schutzgebiete vollkommen frei steht, das Mindestgewicht der Zähne höher anzusetzen, als es im Text der Konvention vorgesehen ist“[793].

Ende 1911 beschloss man, als Grundlage für weitere Schutzmaßnahmen eine Erhebung des Wildstandes in den Kolonien durchzuführen, und die Gouverneure wurden angewiesen, Berichte zu liefern[794]. Die Ergebnisse mündeten in der Veröffentlichung Nr. 5 des Reichskolonialamtes, Jagd und Wildschutz in den Deutschen Kolonien[795]. Es zeigte sich, dass in den Wildreservaten wieder eine Zunahme des Wildes einschließlich der Elefanten einsetzte[796]; für Elefanten erwies sich dabei besonders die Begrenzung der auf einen Jagdschein zum Abschuss freigegebenen Tiere auf zwei Stück als entscheidend[797]. Die Intervention des Kaisers hatte dazu geführt, dass nun wieder eine Phase mit deutlicher Dominanz des Naturschutzes eingesetzt hatte.

Betrachtet man die einzelnen Phasenwechsel, so fällt auf, dass sie jeweils von einzelnen Personen oder Personengruppen ausgelöst wurden. Nach der ersten Phase der unkontrollierten Naturnutzung waren es einzelne Gouverneure, die Regelungen

786 Bekanntmachung vom 27.12.1913.
787 ANONYMUS 1914a, b.
788 Vom 07.04.1913.
789 ESCHSTRUTH 1914: 705.
790 § 26 des Verordnungsentwurfs entsprach der Regelung in der Verordnung vom 01.04.1900.
791 Schreiben des Reichs-Kolonialamtes an das Gouvernement von Deutsch-Ostafrika vom 01.12.1911, BArch, R 1001 7771, Bl. 83-84.
792 BArch, R 1001 7771, Bl. 182.
793 Schreiben des Reichs-Kolonialamtes an das Gouvernement von Deutsch-Ostafrika vom 01.12.1911, BArch, R 1001 7771, Bl. 84-85.
794 BArch, R 1001 7802/1, Bl. 4; BArch, R 1001 7786, Bl. 36-37, BALDUS 2004: 2.
795 REICHSKOLONIALAMT 1913.
796 REICHS-KOLONIALAMT 1913: 63.
797 BADERMANN 1915: 608.

zum Naturschutz erließen und diesen damit zur Staatsaufgabe machten. Mit der Amtsübernahme Dernburgs als Kolonialstaatssekretär wurde dessen Wirtschaftskonzept auf die Kolonien übertragen und der Naturschutz stark zurückgedrängt. In Deutsch-Ostafrika zeigten sich die Auswirkungen am deutlichsten, da Gouverneur Rechenberg mit Dernburg auf gleicher Linie lag und Maßnahmen gegen den Naturschutz am rigorosesten umsetzte. Auch beim letzten Phasenwechsel mit der Ablösung Rechenbergs war es wieder die Entscheidung einer Einzelperson, nämlich des Kaisers. Die Ursache dieses Hin-und-Her-Pendelns zwischen den Extremen lag in der Struktur der Kompetenzverteilung und dem Fehlen eines parlamentarischen Systems für die Kolonien. Der Reichstag hatte auf die Kolonien nur geringen Einfluss, und den Kolonial- und Gouvernementsräten kam lediglich eine beratende Funktion zu. Hierdurch fehlte ein parlamentarisches Organ, das die unterschiedlichen Ziele der konträren Gruppen ausgleichen und zu mehrheitsfähigen und dauerhaften Regelungen verhelfen konnte. Da die Kolonien direkt dem Kaiser unterstanden, hatten der Leiter des Reichskolonialamtes und die Gouverneure weitgehend freie Hand, ihre jeweiligen persönlichen Ziele direkt einfließen zu lassen und umzusetzen. Entscheidend waren somit die jeweiligen Motive und Ziele von einzelnen Entscheidungsträgern, und ein Wechsel von Personen beziehungsweise von Zielvorgaben im Reichskolonialamt oder eines Gouverneurs konnte die vorher eingeschlagene Linie somit plötzlich um 180 Grad verändern.

11. Entwicklung nach dem Verlust der Kolonien

Die Entwicklung des Naturschutzes wurde mit Ausbruch des Ersten Weltkrieges jäh abgebrochen und nach dem Verlust der Kolonien spielte Deutschland dort keine Rolle mehr[798]. Auch in Deutschland selber geriet der koloniale Naturschutz in Vergessenheit. Bemerkenswert ist allein, dass bei der Gestaltung des Kolonialdenkmals in Bremen 1932 auf das wohl aussagekräftigste Symbol des kolonialen Naturschutzes zurückgegriffen wurde, den Elefanten (Abbildung 31)[799]. Durch die Kriegseinwirkungen kam es zu Schäden an der kolonialen Natur[800], doch wurden zumindest in Tanganjika und Südwestafrika durch die Mandatsverwaltungen die bestehenden Wild- und Waldschutzgebiete in ihrem Bestand erhalten und fortentwickelt[801]. Die britische Mandatsverwaltung erwog 1934 einen Wildpark in der Serengeti[802], und die Ausweisung des Ngorongorokraters als Schutzgebiet wurde nachgeholt[803]. Die deutschen Jagdschutzgebiete Mahenge und Mohoro und teilweise Matandu integrierte man in das Selous Game Reserve[804], das bis 1964 mit 50.000 Quadratkilometern das größte Schutzgebiet Afrikas war[805]. 1942 gab es in Tanganyika 12 Vollreservate mit vollständigen Jagdverbot sowie weitere zehn Reservate mit sonstigem Schutz[806]. Während der Mandatszeit blieb die Jagdgesetzgebung der deutschen sehr ähnlich[807], auch wenn es Kritik hinsichtlich der Umsetzung gab[808]. Mit dem Arusha-Manifest setzte der tansanische Präsident Nyerere Wildschutz und Wildnutzung auf die politi-

798 Vgl. BALDUS 2004: 3.
799 Die Ursache dürfte wohl auch darin liegen, dass der Entwurf vom Künstler und Naturschützer Fritz Behn geschaffen wurde.
800 ARNING 1942: 312-313, MACKENZIE 1988: 251, SAYERS 1930: 228, 394.
801 MACKENZIE 1988: 251-252, SAYERS 1930: 228, SCHABEL 1990: 138.
802 TEARE 1934: 15.
803 BALDUS 2004: 2, HOMEWOOD 1995: 335, GRZIMEK & GRZIMEK 1959: 56.
804 MATZKE 1976: 37, 42, NEUMANN 2001: 644, GABRIEL 2000: 476ff.
805 BALDUS 2001: 4.
806 ARNING 1942: 66, TEARE 1934: 15.
807 ARNING 1942: 66.
808 GRZIMEK & GRZIMEK 1959: 235.

sche Prioritätenliste[809] und gründete eine Reihe von Nationalparken, die häufig auf Schutzgebiete aus deutscher Zeit zurückgehen[810]. Auch in Südwestafrika wurden die bestehenden Schutzgebiete zu Nationalparken erweitert. Bald bestanden eine Reihe von Nationalparken und Schutzgebiete in Tansania, Südwestafrika und Kamerun, außerdem ein Park in Burundi, zwei in Ruanda und drei in Togo[811]. Besonders in Tansania und Namibia sind die Naturschutzmaßnahmen für Afrika vorbildlich. Namibia hat heute 12% seiner Fläche als Nationalpark oder Wildreservat geschützt[812], in Tansania sind es gar 20%[813]. Aufgrund der Schutzmaßnahmen zählt die Etosha-Pfanne heute neben der Serengeti nach Arten- und Individuenzahl (100.000 Stück Großwild) zu den reichsten der Erde[814], und die Nationalparke Selous, Ngorongoro und Serengeti gehören zum Welt-Kulturerbe[815]. Die afrikanischen Staaten profitieren erheblich von ihren Naturwundern, und der Tourismus mit Fotosafaris auf Wildtiere hat eine große Bedeutung[816]. In Tansania basieren 90% des Tourismus auf Natur und Tieren[817]; dort verzeichnete er 2001 mit 627.000 Auslandsgästen Einnahmen von 725 Mio. $, was 40% der Deviseneinnahmen entspricht[818]. Der Etosha National Park ist die Haupttouristenattraktion in Namibia[819] mit jährlich 250.000 Touristen[820]. Auch die Wildtierbewirtschaftung spielt heute in Afrika eine große Rolle[821], und geregelter Jagdtourismus wird als Hoffnungsträger angesehen[822]; 1995 erbrachten 210 Jagdtouristen Tansania 1,6% der Tourismuseinnahmen[823]. Seit den 60er Jahren des 20. Jahrhunderts werden Naturschutzmaßnahmen auch aus Deutschland wieder unterstützt. Dies begann mit den Arbeiten Bernhard Grzimeks und wird durch die Stiftung Hilfe für die bedrohte Tierwelt und die Deutsche Gesellschaft für Technische Zusammenarbeit (GTZ) fortgesetzt[824]. Auch die Biologisch-Landwirtschaftliche Versuchsanstalt in Amani wird von der tansanischen Regierung weitergeführt[825]; die dortigen Versuchsanpflanzungen von Tropenhölzern gelten als „one of the most interesting collections of exotic plants“[826]. Insoweit deutet sich zumindest für Namibia und Tansania an, dass es womöglich eine durchgehende Linie in der Entwicklung des Naturschutzes geben könnte, die in der deutschen Zeit begonnen wurde und die für die unabhängig gewordenen Staaten heute deutliche Vorteile bringt.

---

[809] BALDUS 2004: 4.

[810] Etwa der Kilimandscharo National Park, der Katavi National Park und der Tarangire National Park am Lake Manyara. Der Arusha National Park begann als Wildgehege, das die Siedlerfamilie Trappe 1907 auf ihrer Rinderfarm am Meruberg errichtete. BALDUS 2001: 4, GABRIEL 2000: 233, SCHOLZ & VORNHOLT 1987: 436f.

[811] UNITED NATIONS 1971: 431-437, 443-461, 492-500.

[812] Zählt man sonstige Flächen hinzu, ergeben sich sogar 30% für Wildtiere geschützte Flächen, BALDUS 2004: 1.

[813] SCHNEIDER & WIESE 1989: 41.

[814] PULON 1957: 157, BRIESE 1984/85: 7.

[815] BALDUS 2004: 6.

[816] KRUG 1997: 15.

[817] GTZ 2000-2003.

[818] BARATTA 2003: Sp. 816, GABRIEL 2003: 162.

[819] DIECKMANN 2001: 125, WEBER & WIEBUS 2002: 133.

[820] BARATTA 2003: Sp. 598, WEBER & WIEBUS 2002: 47.

[821] ELLENBERG 2000: 11.

[822] ELLENBERG 2000: 14.

[823] ELLENBERG 2000: 13.

[824] Etwa durch Gründung der Wildhüterschule in Mweka (Tansania) und Forschungs- und Unterhaltungsmaßnahmen in zahlreichen Nationalparken, vgl. BALDUS 2004: 3, DEUTSCHER BUNDESTAG 1996a: 1, b: 7.

[825] GABRIEL 2000: 386.

[826] WOOD 1966: 203.

12. Ergebnis

Naturnutzung und Naturschutz stehen in einem immanenten Spannungsverhältnis zueinander. Dennoch geschah die Umsetzung von Naturschutzmaßnahmen im Deutschland des Kaiserreichs relativ konfliktfrei. Auch wenn es lokale Auseinandersetzungen gab, eskalierten diese nicht zu einem reichsweiten Konflikt zwischen Naturschützern und Naturnutzern. Ursache war das Fehlen eines allgemeinen Naturschutzgesetzes, wodurch Naturschutzmaßnahmen nur umgesetzt werden konnten, wenn sich die betreffenden Flächen im Eigentum der öffentlichen Hand oder privater Naturschutzvereine befanden. Auch die Jagd war seit langer Zeit geregelt und aufgrund des geringen Wildbestandes in großem Stil kommerziell nicht rentabel. Die Ökonomie erfuhr daher praktisch keine Einschränkungen durch den Naturschutz. Ökonomie und Naturschutz agierten weitgehend nebeneinander, so dass ein umfassender Konflikt zwischen beiden ausblieb (3.). Die Umsetzung von Naturschutzmaßnahmen mit Schwergewicht auf dem Objektschutz geschah so relativ unspektakulär, zeigte aber doch Erfolge (4.). Insoweit war es schlüssig, diese auch auf die Kolonien in Afrika übertragen zu wollen (7.1). Naturschutzmaßnahmen erfolgten dort schließlich in großem Stil, wie in den Kapiteln 6 bis 7 und 9 bis 10 ausführlich dargestellt wurde. Neben Ansätzen des Objektschutzes schuf man zahlreiche Regelungen zum Artenschutz und richtete Flächenschutzgebiete in riesigem, in Deutschland nicht gekanntem Ausmaß ein. Damit wurden die in Deutschland praktizierten Naturschutzbemühungen in den Kolonien qualitativ und quantitativ noch überboten (Frage 1).

In den Kolonien erschien einerseits die Umsetzung von Naturschutzmaßnahmen leichter als in Deutschland möglich, da riesige Flächen vorhanden waren, die formell ohne Eigentümer waren und als Kronland zu Flächenschutzgebieten ausgewiesen werden konnten (7.4); gleichzeitig waren Naturbesonderheiten in bisher nicht gekanntem Ausmaß vorhanden[827]. So wurden die drei in Deutschland entwickelten Naturschutzmaßnahmen auf die Kolonien zwar übertragen. Gleichwohl zeigte sich aber, dass ein Nebeneinanderagieren von Ökonomie und Naturschutz in den Kolonien nicht wie in Deutschland möglich war. Durch Arten- und Flächenschutz, die in den Kolonien, anders als in Deutschland, dominierend wurden, wurden die kommerziell attraktive Jagd, die Nutzung landwirtschaftlicher Flächen und die Erschließung von neuem Kulturland eingeschränkt und damit der ökonomischen Nutzung eine Grenze gesetzt. Es entstand damit eine Konkurrenzsituation um die Ressourcen der Natur. Damit setzte in den Kolonien eine eigenständige Entwicklung der Umsetzung der Naturschutzmaßnahmen ein. Sah die eine Seite sich durch die Naturschutzmaßnahmen in ihrer wirtschaftlichen Entfaltung gehindert, verlangte die andere weitere Verschärfungen (8.5). Die Konflikte zwischen Naturschützern und Naturnutzern machten ein Eingreifen des Staates erforderlich. Damit wurde der Naturschutz in den Kolonien zu einer Staatsaufgabe, lange bevor sich der Staat dieser Herausforderung in Deutschland selber stellte (Frage 2).

Die für Deutschland bis dahin nicht gekannte Heftigkeit der Auseinandersetzung findet ihre Ursache in den Motiven und Zielen von Naturnutzern und Naturschützern (8.). Auf Seiten der Naturnutzer bestanden kommerzielle Motive sowie Sicherheitsmotive (8.3). Anders als in Deutschland mussten hier erst einmal die Grundlagen für eine ökonomische Existenz geschaffen werden; gleichzeitig konnten Wildtiere in den Kolonien eine leibliche und ökonomische Bedrohung darstellen. Bei den Naturschüt-

[827] Entsprechend schrieb CONWENTZ (1912: 4): „In den Kolonien, wo ausgedehntes Gelände noch in ursprünglichem Zustand vorkommt, ist es meißt leichter, Naturschutzgebiete anzulegen, als in dem von alter Kultur durchdrungenen Europa".

zern stellten analog zu Deutschland emotionale Motive einen deutlichen Schwerpunkt dar, allerdings mit dem Unterschied, dass diese in den Kolonien wesentlich stärker ausgeprägt waren (8.1.1). Die ursprüngliche Natur war in Deutschland schon seit Jahrhunderten zerstört oder durch die Kultur überprägt worden; die Tierwelt war stark dezimiert und zahlreiche Arten bereits ausgestorben. In den Kolonien waren die Naturwunder beeindruckend, und man sah in ihnen nicht nur eine gegenwärtige Natur, sondern ging davon aus, dass sich dort auch ein Zustand aus vergangener Zeit bewahrt habe. Man fand also etwas, das mit dem in Deutschland schon Verlorenem vergleichbar schien. Dieses Paradies nun ebenfalls vernichtet zu sehen, löste eine tiefe traumatische Erfahrung aus (8.1.1). Naturschützer und Naturnutzer waren damit hinsichtlich ihrer Kernmotive betroffen, so dass sie in einer deutlichen Konkurrenzsituation um Nutzung der Naturressourcen standen und ihre differierenden Ziele vehement durchzusetzen versuchten (Frage 3).

Die überwältigenden Naturbesonderheiten der Kolonien und die Auseinandersetzungen zwischen Naturschützern und Naturnutzern, aber auch die wahrgenommenen Auswirkungen besonders auf die Tierwelt durch unkontrollierte Beeinträchtigungen durch die Naturnutzer und die Notwendigkeit der ökonomischen Erschließung der Kolonien (6.), führten bei den regierungsseitig Verantwortlichen zur Erkenntnis, dass ein vergleichbares Nichthandeln wie in Deutschland nicht in Frage kam. Durch Verordnungen musste stattdessen versucht werden, eine Grenze zwischen Ökonomie und Naturschutz zu ziehen (7.). Dies steht interessanterweise im Einklang mit Anderson & Grove, die behaupteten: „Paradoxically, it was also in the colonial context [...], that the natural environment was first perceived as threatened specifically by European economic forces and where governments first incorporated conservation as part of their accepted role"[828]. Auf der einen Seite wurde der Naturschutz in den Kolonien dadurch wesentlich offensiver angegangen und Flächenschutzgebiete in bisher nicht gekanntem Umfang ausgewiesen (7.4.1, 7.4.2)[829]. Auf der anderen Seite war den Kolonialverwaltungen eine Aufgabe zugefallen, zu der, da der Konflikt in Deutschland selber nicht aufgetreten war, keine Erfahrungen bestanden. Eigentlich sollte man davon ausgehen können, dass in so einer Entwicklung eine fortwährende Optimierung erfolgt und letztendlich dabei Kompromisse gefunden werden, die von allen betroffenen Gruppen in den Grundzügen mitgetragen werden können. Gerade dies ist für die deutschen Kolonien aber nicht festzustellen. Stattdessen kam es zu einem Pendeln zwischen den Extremen, wobei der Konflikt zwischen Naturschützern und Naturnutzern in mehreren Phasen ablief, in denen jeweils eine Gruppe mit ihren Vorstellungen dominierte, um dann von der anderen abgelöst zu werden (8.5). Die Ursache lag im Fehlen einer parlamentarischen Entscheidungsfindung. Der Reichstag hatte auf die Kolonien nur geringen Einfluss, und den Kolonial- und Gouvernementsräten kam lediglich eine beratende Funktion zu (7.1). Hierdurch fehlte ein parlamentarisches Organ, das die unterschiedlichen Ziele der konträren Gruppen ausgleichen und zu mehrheitsfähigen und dauerhaften Regelungen verhelfen konnte. Der Leiter des Reichskolonialamtes und die Gouverneure hatten weitgehend freie Hand ihre jeweiligen persönlichen Ziele direkt umzusetzen. Entscheidend waren so-

[828] ANDERSON & GROVE 1989: 5.

[829] Dies deckt sich mit den wenigen Untersuchungen aus anderen Kolonialgebieten. So behauptete ERZ (1967: 6) schon 1967 über Rhodesien: „Wir dürfen aber nicht verkennen, dass die [...] Bemühungen [...] um den Tierschutz und die Erhaltung der notwendigen Lebensräume grösser und intensiver sind, als beim gleichen Prozess in Europa". Und KOPONEN (1994: 527) betone für die britischen Kolonien, dass Schutzmaßnahmen gegen die Kräfte der Naturnutzung in den Kolonien einfacher zu erreichen waren als in Europa.

mit die jeweiligen Motive und Ziele von Einzelpersonen. Ein Wechsel von verantwortlichen Personen im Reichskolonialamt oder eines Gouverneurs konnte die vorher eingeschlagene Linie völlig umkehren, wie sich am deutlichsten an den Phasenwechseln bei den Amtsübernahmen Dernburgs und Rechenbergs (9.1 – 9.6) sowie dem Eingreifen des Kaisers mit der Absetzung Rechenbergs (9.7 - 10.) zeigte. Der Naturschutz unterlag damit in den Kolonien einer Unstetigkeit, wie sie für das Deutsche Reich in dieser Zeit insgesamt typisch war (Frage 4). Gleichwohl lässt sich feststellen, dass der koloniale Naturschutz offensiv angegangen wurde und sich die Naturschutzmaßnahmen als erfolgreich erwiesen. Man nahm in den Kolonien Entwicklungen voraus, die in Deutschland selber noch gar nicht eingesetzt hatten.

13. Ausblick

Mit dieser Arbeit konnte ein Thema erschlossen werden, das bisher in der historischen Forschung keine Beachtung gefunden hat. Gleichwohl kann damit kein Anspruch auf Berücksichtigung aller Aspekte des kolonialen Naturschutzes erhoben werden, ergeben sich doch aus den Ereignissen und Ergebnissen Fragen für die weitere Entwicklung sowohl in Deutschland als auch in den aus den deutschen Kolonien hervorgegangenen Staaten.

Kurz vor Beginn des Weltkriegs deuteten sich erste Versuche an, Naturschutz und Ökonomie miteinander in Einklang zu bringen. Ein Beispiel sind die Panganifälle, wo 1914 ein Hotel und ein Wasserkraftwerk errichtet werden sollte. Gouverneur Schnee ordnete an, dass die Bauten in einiger Entfernung von den Fällen so zur Ausführung kommen sollten, „dass die grossartige Naturschönheit der Fälle, die für alle Zeiten die Hauptanziehung für die Hotelbesucher bleiben wird, in keiner Weise beeinträchtigt werden wird“[830]. Bereits 1908 war seitens des Allgemeinen Deutschen Jagdschutzvereins eine Kommission für Besserung des Wildschutzes in Deutsch-Afrika gegründet worden, die sich die Aufgabe gesetzt hatte, im „Widerstreite wirtschaftlicher Interessen und waidmännisch sittlicher Anschauungen die Spreu vom Weizen zu sondern, um [...] die richtigen Grenzen und Grundlinien zu finden“[831]. Hier setzten Entwicklungen des Ausgleichs zwischen Ökonomie und Naturschutz ein, die in Deutschland selber noch gar nicht relevant waren. Auch damit wurde in den deutschen Kolonien eine Entwicklung vorweggenommen, wie sie in Deutschland selber erst in den 70er bis 90er Jahren des 20. Jahrhunderts nach der Etablierung der Umwelt- und Naturschutzbewegung stattfinden sollte. In diesem Zusammenhang ist noch nicht geklärt, ob beziehungsweise inwieweit die in den Kolonien gewonnenen Erfahrungen Rückwirkungen auf die Entwicklung des Naturschutzes in Deutschland entfalteten.

Im internationalen Kontext müsste geprüft werden, inwieweit die Entwicklung des deutschen kolonialen Naturschutzes mit Entwicklungen in den Kolonien anderer Staaten identisch war beziehungsweise warum es Abweichungen gab. Eine Klärung in diese Richtung ließe vielleicht auch den Kontrast zwischen den afrikanischen Staaten erklären, von denen einige den Naturschutz bisher völlig vernachlässigt haben, andere diesen jedoch offensiv und erfolgreich umsetzen. Besonders Tansania und Namibia – beide aus deutschen Kolonien hervorgegangen – sind diesbezüglich in Afrika vorbildlich; handelt es sich insoweit um einen Zufall, oder boten die intensiven deutschen Naturschutzmaßnahmen dort einen Ansatz, der für die positive Entwicklung ursächlich war? Beantworten lassen sich diese Gesichtspunkte erst bei in-

---

[830] Bericht vom 02.03.1914, BArch, R 1001 6229/1, Bl. 93-94.
[831] BArch, R 1001 7770, Bl. 213, ANONYMUS 1912a.

tensivem Vergleich mit den Gebieten anderer Kolonialmächte und ihrer Nachfolgestaaten. Zu klären wäre auch, wie der Naturschutz während der Mandatszeit fortgeführt und in die unabhängig werdenden Staaten transferiert wurde und ob es dabei zu Brüchen kam[832]. Der mangelnde Raum ließ es im Rahmen dieser Arbeit nur zu, überhaupt auf das Thema des kolonialen deutschen Naturschutzes hinzuweisen und dessen wichtigste Entwicklungen und Ursachen aufzuzeigen. Ihn in das Bewusstsein der Geschichtsforschung zu bringen, soll ein erster Schritt sein, damit die genannten und weitere Fragestellungen zukünftig Beachtung finden und weitere Erkenntnisse auf diesem neuen Forschungsfeld gewonnen werden können. Die Beschäftigung mit dieser Thematik könnte Erkenntnisse liefern, die vielleicht über die Kolonialzeit weit hinausgehen.

[832] Laut BAT (1982: 12) wurde durch die Etablierung von Schutzgebieten für Natur und Tierwelt durch die deutsche Kolonialverwaltung die Grundlage des Naturschutzes und des Tourismus in den heutigen unabhängigen Staaten gelegt.

14. Quellen und Literatur

14.1 Nicht gedruckte Quellen

14.1.1 Akten im Geheimen Staatsarchiv Preußischer Kulturbesitz

GStA PK, I. HA, Rep. 89H, Geheimes Zivilkabinett, Nr. 20785.

GStA PK, I. HA Rep. 89 Geheimes Zivilkabinett, jüngere Periode, Nr. 32474 Gouverneure, 1885-1917.

GStA PK, I. HA Rep. 89 Geheimes Zivilkabinett, jüngere Periode, Nr. 32519 Jagdwesen

14.1.2 Akten im Bundesarchiv Berlin

BArch R 43 925, Reichskanzlei, Deutsch-Ostafrika, 1911-1916.

BArch R 150 FA 3, Behörden des Schutzgebietes Togo, Einrichtung eines Wildschongebietes im Bezirk Atakpame, Waldschutzmaßnahmen, Wildbestand, 1905-1914.

BArch R 1001 301, Reichskolonialamt, Dernburg – Bericht über eine vom 13. Juli bis 30. Oktober 1907 nach Ostafrika ausgeführten Dienstreise – Geheim, 1907-1910.

BArch R 1001 644/1, Reichskolonialamt, Elfenbeinausfuhr aus dem deutsch-ostafrikanischen Schutzgebiet, 1892-1912.

BArch R 1001 6070, Reichskolonialamt, Veterinärwesen und Bekämpfung der Viehseuchen in Deutsch-Ostafrika, 1905-1911.

BArch R 1001 6071, Reichskolonialamt, Viehseuchen in Deutsch-Ostafrika, 1905-1911.

BArch R 1001 6220, Reichskolonialamt, Schonung der tropischen Fauna im wissenschaftlichen Interesse, 1908-1914.

BArch R 1001 6229/1, Reichskolonialamt, Naturschutz in Deutschland und den deutschen Kolonien, 1911-1915.

BArch R 1001 7766, Reichskolonialamt, Jagd- und Wildschutz Allgemein, Bd. 1-2, 1895-1900.

BArch R 1001 7770, Reichskolonialamt, Jagd- und Wildschutz Allgemein, Bd. 6, 1901-1909.

BArch R 1001 7771, Reichskolonialamt, Jagd- und Wildschutz Allgemein, Bd. 7, 1909-1912.

BArch R 1001 7772, Reichskolonialamt, Jagd- und Wildschutz Allgemein, Bd. 8, 1912-1914.

BArch R 1001 7776, Reichskolonialamt, Jagd und Wildschutz in Deutsch-Ostafrika, Bd. 1, 1890-1905.

BArch R 1001 7777, Reichskolonialamt, Jagd und Wildschutz in Deutsch-Ostafrika, Bd. 2, 1906-1911.

BArch R 1001 7778, Reichskolonialamt, Jagd und Wildschutz in Deutsch-Ostafrika, Bd. 3, 1911-1912.

BArch R 1001 7779, Reichskolonialamt, Jagd und Wildschutz in Deutsch-Ostafrika, Bd. 4, 1912-1913.

BArch R 1001 7782, Reichskolonialamt, Jagd und Wildschutz in Deutsch-Südwestafrika, Bd. 1, 1887-1909.

BArch R 1001 7783, Reichskolonialamt, Jagd und Wildschutz in Deutsch-Südwestafrika, Bd. 2, 1909-1915.

BArch R 1001 7785, Reichskolonialamt, Jagd und Wildschutz in Kamerun, Bd. 1, 1899-1910.

BArch R 1001 7786, Reichskolonialamt, Jagd und Wildschutz in Kamerun, Bd. 2, 1911-1935.

BArch R 1001 7787, Reichskolonialamt, Jagd und Wildschutz in Togo, 1907-1927.

BArch R 1001 7802/1, Reichskolonialamt, Jagd-Denkschrift für die deutschen Kolonien, Bd.1, 1913-1914.

BArch R 1001 7802/2, Reichskolonialamt, Jagd-Denkschrift für die deutschen Kolonien, Bd. 2, 1914-1915.

BArch R 1001 8541, Reichskolonialamt, Elefanten in Deutsch-Ostafrika, 1891-1910.

14.2 Rechtsvorschriften

(in der Reihenfolge des Erlasses)

Schutzgebietsgesetz vom 16.04.1886, RGBl. 1886: 75; Neufassung RGBl. 1912: 443.

Reichsgesetz, betreffend den Schutz der Vögel vom 22.03.1888, RGBl. 1888: 111.

Verordnung des Gouverneurs von Kamerun, betreffend Maßregeln zum Schutze der im Bezirk von Victoria belegenen, dem Gouvernement gehörigen Waldungen, vom 31. März 1890, Deutsche Kolonialgesetzgebung, 6: 30-31.

Ergänzung der Verordnung des Gouverneurs von Kamerun, betreffend Maßregeln zum Schutze der im Bezirk von Victoria belegenen, dem Gouvernement gehörigen Waldungen, vom 11. 04.1893, Deutsche Kolonialgesetzgebung, 6: 30.

Verfügung des Gouverneurs von Deutsch-Ostafrika, betreffend das Wildbrennen, Holzfällen und Palmenpflanzen, vom 12. Dezember 1893, Deutsche Kolonialgesetzgebung, 6: 69-70.

Verordnung des Kaiserlichen Landeshauptmanns für das südwestafrikanische Schutzgebiet, betreffend die Wald- und Feldbrände, vom 4. August 1894, Deutsches Kolonialblatt, 5: 597-598, 7: 5.

Verordnung des Kaiserlichen Landeshauptmanns für das südwestafrikanische Schutzgebiet, betreffend den Schutz der Holzbestände im Bezirke Windhoek vom 7. August 1894, Deutsches Kolonialblatt, 5: 598-599.

Proclamation for the Bechuanaland Protectorate, Licence for Hunting, 1896, BArch,

R 1001 7766, Bl. 16.
Regulations for the Preservation of Wild Game in certain Parts of the Protectorate of British Central Africa, North Zambesi Confidential vom 19.11.1896: 3.
Waldordnung für Usambara, Deutsch-Ostafrika, vom 20. Oktober 1895, Deutsches Kolonialblatt 1896, 7: 4.
Verordnung, betreffend die Schonung des Wildstandes in Deutsch-Ostafrika vom 07. Mai 1896, Deutsches Kolonialblatt 1896, 7: 340-341, auch abgedruckt in PERBANDT et al. (1906).
Verordnung des Kaiserlichen Landeshauptmanns von Deutsch-Südwestafrika, betreffend die Ausübung der Jagd vom 15.10.1896, Deutsches Kolonialblatt, 8: 1.
Runderlaß, betreffend Abänderung der Jagdverordnung für Deutsch-Ostafrika, vom 4. Februar 1897.
Runderlaß des Gouverneurs von Deutsch-Ostafrika, betreffend Holzschonungen und Anpflanzung von Palmen vom 20. November 1897, Deutsche Kolonialgesetzgebung, 6: 149-150.
Runderlaß an die Bezirks- oder Bezirksnebenämter sowie die Stationen im Innern (Schonung des Wildbestandes) vom 17.01.1898 (Deutsch-Ostafrika), Deutsches Kolonialblatt, 9: 318.
Verordnung, betreffend die Schonung des Wildbestandes in Deutsch-Ostafrika vom 17.01.1898, Deutsches Kolonialblatt, 9: 318-319.
Runderlaß des Gouverneurs von Deutsch-Ostafrika, betreffend den Forstschutz vom 13. April 1898, Deutsche Kolonialgesetzgebung, 6: 151.
Regulations Preservation of Game, East Africa Protectorate, vom 05.09.1899, in: The Gazette for Zanzibar and Eastafrica vom 20.09.1899, No. 399.
Schutzgebietsgesetz, RGBl. 1900, S. 813-817.
Verordnung des Gouverneurs von Kamerun, betreffend die Ausübung der Jagd südlich des Sanaga vom 12. Februar 1900, Deutsches Kolonialblatt, 11: 282.
Verordnung des Gouverneurs von Kamerun, betreffend das Verbot des Einkreisens von Elefanten vom 15. Februar 1900, Deutsches Kolonialblatt, 11: 281.
Verordnung des Kaiserlichen Gouverneurs von Deutsch-Südwestafrika, betreffend den Schutz der Holzbestände im südwestafrikanischen Schutzgebiete vom 01.04.1900, Deutsches Kolonialblatt, 11: 456-457.
Verordnung, betreffend Ermächtigung des Gouverneurs von Kamerun zum Erlasse von Anordnungen zum Schutze des Waldbestandes vom 04.04.1900, Deutsches Kolonialblatt, 11(10): 355.
Internationale Uebereinkunft betreffend den Schutz der der Landwirtschaft nützlichen Vögel vom 19.03.1902, RGBl. 1906: 89.
Preußisches Gesetz gegen die Verunstaltung landschaftlich hervorragender Gegenden vom 02.06.1902, GS 1902: 159.
Großherzoglich Hessisches Gesetz den Denkmalschutz betreffend vom 16.07.1902.
Verordnung des Gouverneurs von Deutsch-Südwestafrika, betreffend Ausübung der Jagd im deutsch-südwestafrikanischen Schutzgebiete vom 1. September 1902, Deutsches Kolonialblatt, 13: 537-539.
Verordnung, betreffend Schonzeiten für Strauße, Antilopen und Gazellen im Bezirk Swakopmund (Deutsch-Südwestafrika) vom 20. Januar 1903, Deutsches Kolonialblatt, 14: 127.
Bekanntmachung des Verbots der Jagd im Bezirk Moschi vom 27.05.1903, Amtlicher Anzeiger, 1903, Nr. 14.
Jagdschutzverordnung für das deutsch-ostafrikanische Schutzgebiet, vom 01.06.1903, Deutsches Kolonialblatt, 14: 351-355, 516.
Runderlaß der Gouverneurs von Deutsch-Ostafrika zur Ausführung der Jagdschutz-

verordnung vom 01.06.1903, Deutsche Kolonialgesetzgebung, 7: 129-130.
Bekanntmachung des Gouverneurs vom Deutsch-Ostafrika über die Erklärung von Jagdreservaten vom 01.06.1903, Deutsches Kolonialblatt, 14: 355-356.
Bekanntmachung des Gouverneurs von Deutsch-Ostafrika, betreffend die Abgrenzung des Jagdreservates im Bezirk Moschi, vom 29. September 1903, Deutsches Kolonialblatt, 14: 609.
Runderlaß des Gouverneurs von Deutsch-Ostafrika, betreffend den Verkehr mit Hinterladergewehren vom 14.11.1903, Deutsche Kolonialgesetzgebung, 7: 259.
Runderlaß des Gouverneurs von Deutsch-Ostafrika, betreffend Ausübung der Jagd in den Jagdreservaten vom 15. November 1903 Deutsche Kolonialgesetzgebung, 7: 259.
Bekanntmachung des Gouverneurs von Deutsch-Ostafrika, betreffend Ausführung der Jagdverordnung vom 25.11.1903, Deutsche Kolonialgesetzgebung, 7: 261.
Runderlaß des Gouverneurs von Deutsch-Ostafrika, betreffend die Lösung von Jagdscheinen vom 5. Januar 1904, Deutsche Kolonialgesetzgebung, 8: 28.
Polizeiverordnung des Bezirkamtmanns zu Windhuk, betreffend den Schutz der Quellen in Groß- und Klein-Windhuk, vom 17. Juni 1904, Deutsche Kolonialgesetzgebung, 8: 137.
Bekanntmachung des Gouverneurs von Deutsch-Ostafrika, betreffend die Anrechnung des Schußgelder für Antilopen auf den Zoll vom 3. Juni 1904, Deutsche Kolonialgesetzgebung, 8: 122.
Waldschutz-Verordnung für Deutsch-Ostafrika vom 09.09.1904, Deutsches Kolonialblatt, 15: 653-655.
Verordnung des Konsuls von Zansibar, betreffend Einfuhr von Elefantenzähnen vom 20.09.1904, Deutsches Kolonialblatt, 15: 655.
Bekanntmachung des Konsuls von Zansibar, betreffend Einfuhr von Elefantenzähnen vom 20.09.1904, Deutsches Kolonialblatt, 15: 655.
Verordnung des Gouverneurs von Deutsch-Ostafrika, betreffend Abänderung der Jagdschutzverordnung vom 23. September 1904, Deutsche Kolonialgesetzgebung, 8: 227.
Verordnung des Gouverneurs von Kamerun, betreffend der Abänderung der Verordnung betreffend das Verbot des Einkreisens von Elefanten vom 15. Februar 1900, vom 8. November 1905, Deutsches Kolonialblatt, 10: 4.
Verordnung des Gouverneurs von Kamerun, betreffend Abänderung der Verordnung des Gouverneurs von Kamerun vom 12. Februar 1900, betreffend die Ausübung der Jagd südlich des Sanaga vom 11.01.1905, Deutsches Kolonialblatt, 16: 152.
Verordnung des Gouverneurs von Kamerun, betreffend Abänderung der Verordnung des Gouverneurs von Kamerun vom 12. Februar 1900, betreffend die Ausübung der Jagd südlich des Sanaga vom 20.11.1905, Deutsches Kolonialblatt, 17: 123.
Verordnung des Gouverneurs von Kamerun, betreffend Verbot der Einfuhr von Vorderladern und Handelspulver vom 14. April 1905, Deutsches Kolonialblatt, 26: 394.
Bekanntmachung des Gouverneurs von Deutsch-Ostafrika, betreffend Abänderung der Jagdschutzverordnung vom 15.07.1905, Deutsches Kolonialblatt 16: 569.
Bekanntmachung des Gouverneurs von Deutsch-Ostafrika, betreffend Nutzung von Walderzeugnissen vom 01. April 1906, Deutsches Kolonialblatt, 17: 334.
Bekanntmachung des Verbots der Jagd im Bezirk Mpapua vom 02.03.1907, Amtlicher Anzeiger, 1907, Nr. 4.
Verordnung des Gouverneurs von Kamerun, betr. Verbot der Ausfuhr und des Handels mit Elefantenzähnen unter zwei Kilogramm vom 21.11.1907, Deutsches Kolonialblatt, 19: 103.

Bekanntmachung des Verbots der Jagd im Bezirk Usumbura vom 08.02.1908, Amtlicher Anzeiger, 1908, Nr. 4.

Verordnung des Gouverneurs von Kamerun, betr. die Jagd im Schutzgebiet Kamerun, vom 4. März 1908, Deutsches Kolonialblatt, 19: 784-786.

Bekanntmachung des Gouverneurs von Kamerun, betr. die Jagd auf Gorillas vom 6. Mai 1908, Deutsches Kolonialblatt, 19: 787-788.

Reichsvogelschutzgesetz vom 30.05.1908, RGBl. 1908: 317.

Verordnung, betreffend die Erhaltung von Privatwaldungen vom 17.08.1908, in: KAISERLICHES GOUVERNEMENT VON DEUTSCH-OSTAFRIKA (1911): Die Landes-Gesetzgebung des Deutsch-Ostafrikanischen Schutzgebiets – Systematische Zusammenstellung der in Deutsch-Ostafrika geltenden Gesetze, Verordnungen usw. – Mit einem Nachtrag, abgeschlossen am 24. Juli 1911, Tanga/Daressalam, 587-588.

Jagdverordnung für Deutsch-Ostafrika vom 5. November 1908, Deutsches Kolonialblatt, 20: 244-247.

Ausführungsbestimmungen zur Jagdverordnung für Deutsch-Ostafrika vom 5. November 1908, Deutsches Kolonialblatt, 20: 247-249.

Verordnung des Gouverneurs von Deutsch-Südwestafrika, betr. die Ausübung der Jagd im deutsch-südwestafrikanischen Schutzgebiet vom 15. Februar 1909, Deutsches Kolonialblatt, 20: 376-378.

Allerhöchste Verordnung, betr. die Ausfuhr von Straußen und Straußeneiern aus dem Schutzgebiete Deutsch-Südwestafrika vom 15. Februar 1909, Deutsches Kolonialblatt, 20: 768.

Waldschutz-Verordnung für Deutsch-Ostafrika vom 27. Februar 1909, Deutsches Kolonialblatt, 20: 375.

Verordnung des Gouverneurs von Deutsch-Südwestafrika, betr. die Robbenjagd vom 4. März 1909, Deutsches Kolonialblatt, 20: 434.

Ausführungsbestimmungen zur Waldschutzverordnung vom 27. Februar 1909, vom 10.06.1909, In: KAISERLICHES GOUVERNEMENT VON DEUTSCH-OSTAFRIKA 1911, 590-591.

Verordnung des Gouverneurs von Deutsch-Südwestafrika, betr. das Inkrafttreten der Kaiserlichen Verordnungen vom 15. Februar 1909 betreffend die Ausfuhr von Angoraziegen und betreffend die Ausfuhr von Straußen und Straußeneiern aus dem Schutzgebiet Deutsch-Südwestafrika vom 21.06.1909, Deutsches Kolonialblatt, 20: 768.

Bekanntmachung des Gouverneurs von Kamerun, betr. Verbot des Erlegens und Fangens von Turakos im Bezirk Buea vom 18. November 1909, Deutsches Kolonialblatt, 21: 545.

Bekanntmachung des Gouverneurs von Deutsch-Südwestafrika, betr. die Ausfuhr von Angoraziegen, Straußen und Straußeneiern nach Britisch-Südafrika vom 8. Mai 1910, Deutsches Kolonialblatt, 21: 493.

Verordnung des Gouverneurs von Deutsch-Südwestafrika, betr. Abänderung der Verordnung betr. die Ausübung der Jagd im deutsch-südwestafrikanischen Schutzgebiete vom 15. Februar 1909, vom 4. Oktober 1910, Deutsches Kolonialblatt, 21: 920-921.

Verordnung des Gouverneurs von Kamerun, betr. Abänderung der Verordnung betr. die Jagd im Schutzgebiet Kamerun vom 4. März 1908, vom 24. Dezember 1910, Deutsches Kolonialblatt, 22: 158-159.

Bekanntmachung, betreffend Waldreservate vom 28.03.1911, Deutsches Kolonialblatt, 22.

Verordnung des Gouverneurs von Deutsch-Ostafrika, betr. Änderung der Jagdver-

ordnung vom 5. November 1908, vom 24. Juli 1911, Deutsches Kolonialblatt, 22: 701.
Verordnung des Gouverneurs von Deutsch-Ostafrika, betr. Abänderung und Ergänzung der Jagdverordnung vom 1. November 1911, Deutsches Kolonialblatt, 22: 920-922.
Verordnung des Gouverneurs von Deutsch-Ostafrika, betr. Abänderung und Ergänzung der Jagdverordnung vom 30.11.1911, Amtlicher Anzeiger, 1911, Nr. 54.
Jagdverordnung vom 5. November 1908 und 30. Dezember 1911 (Deutsch-Ostafrika), Deutsches Kolonialblatt, 23: 236-239.
Ausführungsbestimmungen zur Jagdverordnung vom 5. November 1908 und 30. Dezember 1911 (Deutsch-Ostafrika), Deutsches Kolonialblatt, 23: 239-243.
Übergangsbestimmungen zur Jagdverordnung vom 5. November 1908 und 30. Dezember 1911 (Deutsch-Ostafrika), Deutsches Kolonialblatt, 23: 244.
Ausführungsbestimmungen zur Waldschutzverordnung vom 27.02.1909, vom 10.06.1909, in: KAISERLICHES GOUVERNEMENT VON DEUTSCH-OSTAFRIKA (1911): Die Landes-Gesetzgebung des Deutsch-Ostafrikanischen Schutzgebiets – Systematische Zusammenstellung der in Deutsch-Ostafrika geltenden Gesetze, Verordnungen usw. – Mit einem Nachtrag, abgeschlossen am 24. Juli 1911, Tanga/Daressalam, 590.
Bekanntmachung, betreffend Waldreservate vom 28.03.1911, in: KAISERLICHES GOUVERNEMENT VON DEUTSCH-OSTAFRIKA (1911): Die Landes-Gesetzgebung des Deutsch-Ostafrikanischen Schutzgebiets – Systematische Zusammenstellung der in Deutsch-Ostafrika geltenden Gesetze, Verordnungen usw. – Mit einem Nachtrag, abgeschlossen am 24. Juli 1911, Tanga/Daressalam, 735-746.
Bekanntmachung betreffend Aufhebung eines Wildreservates (Iringa und Mahenge) vom 30.05.1911, in: KAISERLICHES GOUVERNEMENT VON DEUTSCH-OSTAFRIKA (1911): Die Landes-Gesetzgebung des Deutsch-Ostafrikanischen Schutzgebiets – Systematische Zusammenstellung der in Deutsch-Ostafrika geltenden Gesetze, Verordnungen usw. – Mit einem Nachtrag, abgeschlossen am 24. Juli 1911, Tanga/Daressalam, 746.
Bekanntmachung des Gouverneurs von Deutsch-Ostafrika, betr. Ausstellung von Jagdscheinen vom 8. Januar 1912, Deutsches Kolonialblatt, 23: 244.
Bekanntmachung des Gouverneurs von Kamerun, betr. Verbot der Jagd auf Reiher und Marabus vom 9. Januar 1912, Deutsches Kolonialblatt, 23: 245.
Bekanntmachung des Gouverneurs von Deutsch-Ostafrika, betr. Ausstellung von Jagdscheinen vom 6. Februar 1912, Deutsches Kolonialblatt, 23: 292.
Bekanntmachung des Bezirksamtmanns von Edea, betr. Verbot der Jagd auf Flußpferde im Bezirk Edea vom 28. Mai 1912, Deutsches Kolonialblatt, 23: 1080.
Verordnung des Gouverneurs von Togo, betr. die Bildung und Bewirtschaftung von Schutzwaldungen (Schutzwaldverordnung) vom 5. August 1912, Deutsches Kolonialblatt, 23: 988-989.
Bekanntmachung des Gouverneurs von Kamerun, betr. Verbot der Jagd auf Seekühe vom 6. September 1912, Deutsches Kolonialblatt, 23: 1131-1132.
Bekanntmachung des Gouverneurs von Deutsch-Ostafrika, betr. Verbot der Jagd auf Nashörner im Ngorongoro-Kessel vom 25. Januar 1913, Deutsches Kolonialblatt, 24: 841-842.
Preußisches Wasserrecht vom 07.04.1913, GS 1913: 53.
Bekanntmachung des Gouverneurs von Deutsch-Südwestafrika, betr. Prämien für Vertilgung von Raubzeug vom 28. Mai 1913, Deutsches Kolonialblatt, 24: 617.
Bekanntmachung des Gouverneurs von Deutsch-Ostafrika, betr. Abänderung der

Jagdverordnung vom 14. Juli 1913, Deutsches Kolonialblatt, 24: 740-741.
Bekanntmachung des Gouverneurs von Deutsch-Ostafrika, betr. Verbot des Abschusses von Nashörnern in den Landschaften Kangada und Mavindi (Bezirk Iringa) vom 24. Juli 1913, Deutsches Kolonialblatt, 24: 742.
Verordnung des Gouverneurs von Togo, betr. Anlage von Wildschongebieten vom 26. Juli 1913, Deutsches Kolonialblatt, 24: 843-844.
Bekanntmachung des Gouverneurs von Togo, betr. Einrichtung von Wildschongebieten vom 26. Juli 1913, Deutsches Kolonialblatt, 24: 844.
Bekanntmachung des Gouverneurs von Deutsch-Ostafrika, betr. Verbot der Jagd auf Flußpferde im Kagera vom 29. Juli 1913, Deutsches Kolonialblatt, 24: 788.
Bekanntmachung des Gouverneurs von Deutsch-Ostafrika, betr. Jagdverbot auf Elefanten in Umbulu vom 29. August 1913, Deutsches Kolonialblatt, 24: 893-894.
Bekanntmachung des Gouverneurs von Deutsch-Ostafrika, betr. Verbot der Jagd auf Flußpferde und des Fischens im Malagarassifluß vom 13. September 1913, Deutsches Kolonialblatt, 24: 932.
Bekanntmachung des Gouverneurs von Deutsch-Ostafrika, betr. Schaffung eines Wildreservats im Bezirk Dodoma vom 20. September 1913, Deutsches Kolonialblatt, 24: 932.
Bekanntmachung des Gouverneurs von Deutsch-Ostafrika zur Änderung der Bekanntmachung vom 14. Juli 1913, betr. Abänderung der Jagdverordnung vom 3. Oktober 1913, Deutsches Kolonialblatt, 24: 974.
Bekanntmachung des Gouverneurs von Deutsch-Ostafrika, betr. Aufhebung des Wildreservats im Bezirk Langenburg vom 18. Oktober 1913, Deutsches Kolonialblatt, 24: 1024.
Bekanntmachung des Gouverneurs von Kamerun wegen Erklärung eines Teiles des Kamerun-Gebirges als Jagd-Schongebiet vom 27. Dezember 1913, Deutsches Kolonialblatt, 25: 203-204.
Bekanntmachung des Gouverneurs von Kamerun über die Jagd auf Gorillas vom 27. Dezember 1913, Deutsches Kolonialblatt, 25: 272.
Bekanntmachung des Gouverneurs von Deutsch-Ostafrika, betr. Abschußverbot für Büffel im Rauwald und zwischen der Bahn und dem Himo im Bezirk Moschi vom 13. Februar 1914, Deutsches Kolonialblatt, 25: 325.
Bekanntmachung des Gouverneurs von Deutsch-Ostafrika, betr. Änderung in der Benennung der Wildreservate vom 13. März 1914, Deutsches Kolonialblatt, 25: 535.
Verordnung des Gouverneurs von Deutsch-Südwestafrika, betr. die Ausfuhr von Meteoriten vom 4. April 1914, Deutsches Kolonialblatt, 25: 489.
Verordnung des Gouverneurs von Togo, betr. Verbot der Jagd auf einzelne Tierarten vom 28. April 1914, Deutsches Kolonialblatt, 25: 554-555.
Bekanntmachung des Gouverneurs von Togo, betr. Verbot der Jagd auf Flußpferde im Monugebiete und auf Edelreiher und Seekühe im ganzen Schutzgebiete vom 28. April 1914, Deutsches Kolonialblatt, 25: 555.
Bekanntmachung des Gouverneurs von Togo, betr. Einrichtung eines Wildschongebietes zwischen den Flüssen Haho und Baloë vom 8. Mai 1914, Deutsches Kolonialblatt, 25: 650.
Bekanntmachung des Gouverneurs von Deutsch-Ostafrika, betr. Abschußverbot für Flußpferde zwischen dem Ivambiplateau und dem Grabenrand (Bez. Kondoa-Irangi) vom 29. Mai 1914, Deutsches Kolonialblatt, 25: 646.
Reichsnaturschutzgesetz vom 26.06.1935, RGBl. I: 821-826.

14.3 Gedruckte Quellen und Literatur

ADAMS, W. M. (1992): Green Development - Environment and sustainability in the third world, London.
AGRICOLA (1913): Wild und Vieh, Usambara-Post, 12(38): 1-2.
AMENUMEY, D. E. K. (1969): German Administration in Southern Togo, The Journal of African History, 10: 623-639.
ANDERSON, D.; GROVE, R. (1989): The scramble for Eden: past, present and future in African conservation, in: dies., Conservation in Africa - people, policies and practice, Cambridge, 1-12.
ANDERSON, D.; MACKENZIE, J. M. (1987): Conservation in Africa, Cambridge.
ANKER, P. (2001): Imperial Ecology – Environmental Order in the British Empire 1895-1945, Cambridge.
ANONYMUS (1892a): Ueber die Ausübung der Jagd im deutsch-südwestafrikanischen Schutzgebiet, Kreuzzeitung vom 18.03.1892.
ANONYMUS (1892b): Wildschutz in Südwestafrika, Export vom 07.04.1892.
ANONYMUS (1892c): Colonialpolitische Mittheilungen, Hamburgischer Correspondent vom 06.04.1892.
ANONYMUS (1894): Nachweisung der Elfenbeinausfuhr aus Deutsch-Ostafrika im Rechnungsjahre 1893/94, Deutsches Kolonialblatt, 5: 401-402.
ANONYMUS (1895a): Nachweisung der Elfenbeinausfuhr aus Deutsch-Ostafrika im Jahre 1894/95, Deutsches Kolonialblatt, 6: 372.
ANONYMUS (1895b): Elfenbeinhandel, Deutsches Kolonialblatt, 6: 382.
ANONYMUS (1895c): Zanzibar ivory trade, The Gazette for Zanzibar and East Africa vom 25.09.1895.
ANONYMUS (1896a): Nachweisung der Elfenbeinausfuhr aus Deutsch-Ostafrika im Rechnungsjahre 1895/96, Deutsches Kolonialblatt, 7: 439.
ANONYMUS (1896b): Regulations elephants, North Zambesi Confidential vom 19.11.1896.
ANONYMUS (1897a): Sammlungen getrockneter Pflanzen aus den Schutzgebieten für das Berliner Botanische Museum, Deutsches Kolonialblatt 8: 450.
ANONYMUS (1897b): Nachweisung der Elfenbeinausfuhr aus dem Schutzgebiete Deutsch-Ostafrika im Jahre 1896/97, Deutsches Kolonialblatt, 8(17): 509-510.
ANONYMUS (1897c): Wissenschaftliche Sammlungen, Deutsches Kolonialblatt, 8: 570, 634.
ANONYMUS (1898): Nachweisung der Elfenbeinausfuhr aus dem Schutzgebiete Deutsch-Ostafrika im Jahre 1897, Deutsches Kolonialblatt, 9: 406.
ANONYMUS (1899a): Das Deutsche Kolonial-Museum, Deutsches Kolonialblatt, 10: 776-778.
ANONYMUS (1899b): Statistik der Waarenausfuhr aus dem Deutsch-ostafrikanischen Schutzgebiete für das Kalenderjahr 1898, Deutsches Kolonialblatt, 10: 396-399.
ANONYMUS (1900a): Vom Königlich botanischen Museum, Deutsches Kolonialblatt, 11: 645-648.
ANONYMUS (1900b): Wissenschaftliche Sammlungen, Deutsches Kolonialblatt, 11: 934.
ANONYMUS (1900c): Die Entwicklung von Deutsch-Ostafrika während der letzten zehn Jahre, Deutsches Kolonialblatt, 11: 179-186.
ANONYMUS (1901a): Statistik der Waarenausfuhr aus dem Deutsch-ostafrikanischen Schutzgebiet für das Kalenderjahr 1900, Deutsches Kolonialblatt, 12: 820-823.
ANONYMUS (1901b): Das Ende der afrikanischen Dickhäuter, Vossische Warte vom

13.09.1901.
ANONYMUS (1902): Statistik des Warenverkehrs des Schutzgebietes Ostafrika für das Jahr 1901, Deutsches Kolonialblatt, 13: 286-291.
ANONYMUS (1903): Statistik des Warenverkehrs des Schutzgebietes Ostafrika für das Jahr 1902, Deutsches Kolonialblatt, 14: 268-273.
ANONYMUS (1904): Vorläufige Übersicht über den Außenhandel des deutsch-ostafrikanischen Schutzgebietes im Kalenderjahr 1903, Deutsches Kolonialblatt, 15: 482-483.
ANONYMUS (1905): Übersicht über die Bewegung des Handels des Schutzgebietes Deutsch-Ostafrika im ersten Vierteljahr 1905, Deutsches Kolonialblatt, 16: 740-743.
ANONYMUS (1907a): Licht- und Schattenseiten des Wildschutzes in Ostafrika, Tägliche Rundschau vom 30.05.1907.
ANONYMUS (1907b): Übersicht über die Bewegung des Handels des Schutzgebiets Deutsch-Ostafrika im dritten Vierteljahr 1906, Deutsches Kolonialblatt, 18: 298-302.
ANONYMUS (1908a): Der Caprivi-Zipfel, Deutsches Kolonialblatt, 19: 1152-1153.
ANONYMUS (1908b): Übersicht über die Bewegung des Handels des deutsch-ostafrikanischen Schutzgebietes über die Zollstellen der Binnengrenze im IV. Quartal des Kalenderjahres 1907, Deutsches Kolonialblatt, 19: 734-736.
ANONYMUS (1908c): Übersicht über die Bewegung des Handels des deutsch-ostafrikanischen Schutzgebietes über die Zollstellen der Küste im IV. Viertel des Kalenderjahres 1907, Deutsches Kolonialblatt, 19: 626-628.
ANONYMUS (1908d): Ein Brief aus der Kapkolonie, Die Zukunft, 64: 81-82.
ANONYMUS (1909a): Elfenbeinpolitik in Deutsch-Ostafrika, Berliner Tageblatt vom 01.01.1909.
ANONYMUS (1909b): Jagdverordnung, Deutsch-Ostafrikanische Zeitung vom 24.02.1909.
ANONYMUS (1909c): Übersicht über die Bewegung des Handels des deutsch-ostafrikanischen Schutzgebietes über die Zollstellen der Küste im IV. Viertel des Kalenderjahres 1908, Deutsches Kolonialblatt, 20: 579-581.
ANONYMUS (1909d): Übersicht über die Bewegung des Handels des deutsch-ostafrikanischen Schutzgebietes über die Zollstellen der Binnengrenze im IV. Quartal des Kalenderjahres 1908, Deutsches Kolonialblatt, 20: 689-692.
ANONYMUS (1909e): Eine Art Rinderpest, Hamburger Nachrichten vom 27.11.1909.
ANONYMUS (1909f): Die rinderpestartige Seuche im Bezirk Muanza, Hamburger Nachrichten vom 28.11.1909.
ANONYMUS (1909g): Rinderseuche am Viktoriasee, Norddeutsche Allgemeine Zeitung vom 05.12.1909.
ANONYMUS (1910a): Deutschland lehnt den Beitritt zum internationalen Afrikajagdabkommen ab, Deutsche Tageszeitung vom 4. Juli 1910.
ANONYMUS (1910b): Übersicht über die Bewegung des Handels des deutsch-ostafrikanischen Schutzgebietes über die Zollstellen der Binnengrenze im IV. Quartal des Kalenderjahres 1909, Deutsches Kolonialblatt, 21: 622-625.
ANONYMUS (1910c): Übersicht über die Bewegung des Handels des deutsch-ostafrikanischen Schutzgebietes über die Zollstellen der Küste im IV. Viertel des Kalenderjahres 1909, Deutsches Kolonialblatt, 21: 551-554.
ANONYMUS (1911a): Schutz für die Robben in Deutsch-Südwest, Zeitschrift des Allgemeinen Deutschen Jagdschutz-Vereins, 16(37): 468-469.
ANONYMUS (1911b): Wildschutz und Rinderpest in Deutsch-Ostafrika, Zeitschrift des Allgemeinen Deutschen Jagdschutz-Vereins, 16(30): 350-351.

ANONYMUS (1911c): Hagenbeck als Erzieher, Tägliche Rundschau vom 13.08.1911.
ANONYMUS (1911d): Wildmord in Deutsch-Ostafrika, Deutsche Tageszeitung vom 25.06.1911.
ANONYMUS (1911e): Die neue Jagdverordnung und der Wildschutz, Deutsch-Ostafrikanische Zeitung.
ANONYMUS (1911f): Wildmord in Deutsch-Ostafrika, Zeitschrift des Allgemeinen Deutschen Jagdschutz-Vereins, 32: 378-379.
ANONYMUS (1911g): Abholzungsversuche im Kampfe gegen die Tsetse (Glossina morsitans), Deutsches Kolonialblatt, 1.
ANONYMUS (1912a): Ein Jagdschutzverein für Deutsch-Ostafrika, Frankfurter Zeitung vom 26.05.1912.
ANONYMUS (1912b): Die Wildschutzkommission der Deutschen Kolonialgesellschaft, Der Tag vom 18.01.1912.
ANONYMUS (1912c): In elfter Stunde, Tägliche Rundschau vom 21.01.1912.
ANONYMUS (1912d): Uebertreibungen, Deutscher Bote vom 06.03.1912.
ANONYMUS (1912e): Der neuen Jagdverordnung „zweite emendatio", Usambara-Post vom 20.01.1912, 1-2.
ANONYMUS (1912f): Wildschutz in den deutschen Kolonien, Zeitschrift des Allgemeinen Deutschen Jagdschutz-Vereins, 17(12): 193-195.
ANONYMUS (1912g): Neues von der kolonialen Rechtsunsicherheit, Frankfurter Zeitung vom 19.04.1912.
ANONYMUS (Dr. E. T.) (1912h): Entgegnung auf den Artikel von Questenberg zum Wildmord in Ostafrika, Frankfurter Zeitung vom 29.02.1912.
ANONYMUS (1912i): Übersicht über die Bewegung des Handels des deutsch-ostafrikanischen Schutzgebietes über die Zollstellen der Küste im II. Viertel des Kalenderjahres 1911, Deutsches Kolonialblatt, 23: 163-165.
ANONYMUS (1912j): Übersicht über die Bewegung des Handels des deutsch-ostafrikanischen Schutzgebietes über die Zollstellen der Binnengrenze im II. Viertel des Kalenderjahres 1911, Deutsches Kolonialblatt, 23: 166-168.
ANONYMUS (1913a): Für den Wildreichtum Südwestafrikas, Hamburger Nachrichten vom 30.07.1913 und Windhuker Zeitung vom 11.11.1912.
ANONYMUS (1913b): Übersicht über die Bewegung des Handels des deutsch-ostafrikanischen Schutzgebietes über die Zollstellen der Küste im II. Viertel des Kalenderjahres 1912, Deutsches Kolonialblatt, 24: 94-96.
ANONYMUS (1913c): Übersicht über die Bewegung des Handels des deutsch-ostafrikanischen Schutzgebietes über die Zollstellen der Binnengrenze im II. Viertel des Kalenderjahres 1912, Deutsches Kolonialblatt, 24: 97-99.
ANONYMUS (1914a): Entwurf einer Wasserverordnung für Deutsch-Südwestafrika, Deutsches Kolonialblatt, 25: 326-351.
ANONYMUS (1914b): Entwurf einer Wasserrechtsverordnung für Deutsch-Ostafrika, Deutsches Kolonialblatt, 25: 653-659.
ANONYMUS (1915): Übersicht über die Bewegung des Handels des deutsch-ostafrikanischen Schutzgebietes über die Zollstellen der Küste im Kalenderjahr 1913, Deutsches Kolonialblatt, 26: 270-272.
ANONYMUS (1940): Der Forstdienst und das forstliche Versuchswesen in den deutschen Schutzgebieten nach dem Stande vom Jahre 1914, Kolonialforstliche Mitteilungen, 2: 378-379.
ANT, H. (1972): Daten zur Geschichte des Naturschutzes, Jb. für Naturschutz und Landschaftspflege, 21: 124-135.
ARNING, W. (1942): Deutsch-Ostafrika gestern und heute, Berlin.

BADERMANN (1915): Fünf Jahre Forstwirtschaft in den deutschen Kolonien, Zeitschrift für Forst- und Jagdwesen, 47: 607-614.
BALD, D. (1970): Deutsch-Ostafrika 1900-1914 - Eine Studie über Verwaltung, Interessengruppen und wirtschaftliche Erschließung, Afrika Studien Nr. 54, München.
BALD, D. (1971): Die Reformpolitik von Gouverneur Rechenberg – Koloniale Handelsexpansion und indische Minderheit in Deutsch-Ostafrika 1900-1914, in: OBENDORFER, D., Africana Collecta II, Düsseldorf, 241-261.
BALDUS, R. D. (1997): Hans Schomburgk - Ein Deutscher Afrikajäger, Wild und Hund, 15: 56-59.
BALDUS, R. D. (2000): Was haben Elefanten mit Ökonomie und Selbsthilfeorganisationen zu tun?, In: KIRK, M. et al., Genossenschaften und Kooperation in einer sich wandelnden Welt, Münster, 497-511.
BALDUS, R. D. (2001): Wildlife Conservation in Tanganyika under German Colonial Rule, Internationales Afrikaforum, München, 1.
BALDUS, R. D. (2004): Wildschutz und Nationalparks in Tansania: der deutsche Beitrag, Afrika-Post.
BARATTA, M. v. (2003): Der Fischer Weltalmanach 2004, Frankfurt.
BARTH, C. G. (1909): Unsere Schutzgebiete nach ihren wirtschaftlichen Verhältnissen, Leipzig.
BAT, B. J. G. de la (1982): Etosha: 75 years, South West Africa Annual, S. 11-22.
BAUCKE, R. (1913): Lebenszähigkeit eines Schimpansen, Wild und Hund, 19(11): 212.
BAUERFELD, E. (1917): Verordnungsgewalt in den deutschen Schutzgebieten, Leipzig.
BECK, A. (1975): Priorities in biological research at Amani, 1902-1914, Tanzania Notes and Records, 86/87: 13-16.
BECKER, M. (1999): Von Düren nach Deutsch-Ostafrika, Carl Georg Schillings - Jäger und Naturschützer, Jagd und Hund, 12: 64-67.
BEHN, F. (1911a): Naturerhaltung und Wildmord in Deutsch-Ostafrika – ein Kulturskandal, Naturwissenschaftliche Wochenschrift, 10(51): 801-807.
BEHN, F. (1911b): Des Jägers Plauderstündchen – Wildmord in Deutsch-Ostafrika, Deutsche Jäger-Zeitung, 57(36): 567-570.
BEHN, F. (1911c): Wildmord in Deutsch-Ostafrika, Münchner Neueste Nachrichten.
BESSER, S. (2004): Die hygienische Eroberung Afrikas, in: HONOLD, A.; SCHERPE, K. R. (2004): Mit Deutschland um die Welt – Eine Kulturgeschichte des Fremden in der Kolonialzeit, Stuttgart, 217-225.
BLAB, J. (2006): Schutzgebiete in Deutschland – Entwicklung mit historischer Perspektive, Natur und Landschaft, 81(1): 8-11.
BOCK, W. (1910): Die Naturdenkmalpflege, Stuttgart.
BOESEMANN (1902): Expedition des Stabsarztes Boesemann längs der Südgrenze von Kamerun, Deutsches Kolonialblatt, 13: 291-293, 313-315.
BONGARD, O. (1908): Die Studienreise des Staatssekretärs Dernburg nach Deutsch-Ostafrika, Berlin.
BRENDLE, U. (2006): Naturschutz im Spannungsfeld zwischen staatlicher Aufgabe und bürgerschaftlichem Engagement, Natur und Landschaft, 81(1): 39-42.
BRIESE, D. (1984/85): Der Etosha-Nationalpark: seit über 75 Jahren Schutzgebiet für Tiere, Newsletter South West African Scientific Society, 25(9-10): 5-16.
BRUCHHAUSEN (1897): Ueber die Uthungweberge in Uhehe, Deutsches Kolonialblatt, 8: 569-570.
BRUCHHAUSEN (1898): Forstliches aus Deutsch-Ostafrika, Z. f. Forst- u. Jagdwesen, 429-431.

BRUCHHAUSEN v. (1898): Über die Waldbestände bei Kilossa und in den Uluguru-bergen, Deutsches Kolonialblatt, 9: 696-697.
BRÜGGERMEIER, F. J (1996): Das unendliche Meer der Lüfte – Luftverschmutzung, Industrialisierung und Risikodebatten im 19. Jahrhundert, Essen.
BRÜGGEMEIER, F. J.; ROMMELSPACHER, T. (1992): Blauer Himmel über der Ruhr – Geschichte der Umwelt im Ruhrgebiet 1840-1990, Essen.
BUSSE, W. K. O. (1908): Die periodischen Grasbrände im tropischen Afrika, ihr Einfluß auf die Vegetation und ihre Bedeutung für die Landeskultur, Mitt. a. d. Deutschen Schutzgebieten, 21: 113-139, Berlin.
CARRUTHERS, J. (1989): Creating a National Park, 1910 to 1926, Journal of Southern African Studies, 15(2): 188-216.
CASTELL-RÜDENHAUSEN, H. z. (1981): Jagen zwischen Namib und Kalahari - Wildarten und -vorkommen, Jagdmöglichkeiten und Jagdarten in Südwestafrika, Hamburg.
CHADWICK, D. H. (1983): Etosha: Namibia`s kingdom of animals, National Geographic, 163(3): 344-385.
CLOUDSLEY-THOMPSON, J. L. (1967): Animal Twilight: Man and Game in Eastern Africa, London.
CONRAD, J. (2006): Herz der Finsternis, Leipzig.
CONRADT (1895): Togo – Ueber die Thierwelt des Hinterlandes, Deutsches Kolonialblatt, 6: 404.
CONTE, C. (1996): Nature reorganized – Ecological History in the Plateau Forests of the West Usambara Mountains 1850-1935, in: MADDOX, G.; GIBLIN, J., KIMAMBO, I. N., Custodians of the Land - Ecology & Culture in the History of Tanzania, London, 96-121.
CONWENTZ, H. (1904): Die Gefährdung der Naturdenkmäler und Vorschlag zu ihrer Erhaltung – Denkschrift, dem Minister der geistlichen, Unterrichts- und Medizinal-Angelegenheiten überreicht, Berlin.
CONWENTZ, H. (1912): Naturschutzgebiete, Dürer Bund – 98. Flugschrift zur Ausdruckskultur.
CONWENTZ, H. (1913): Über nationalen und internationalen Naturschutz, Leipzig.
CONWENTZ, H. (1914): On national and international protection of nature, Journal of Ecology, 2: 109-122.
CORNELIUS, K. (1936): Das Reichsnaturschutzgesetz, Bochum.
CORNEVIN, R. (1974): Geschichte der deutschen Kolonisation, Goslar.
CROWHURST-BOND, G. (1991): Natur- und Umwelterlebnis bei Schriftstellerinnen in der Kolonie Deutsch-Südwestafrika, Acta Germanica: German Studies in Africa, Beiheft 2: 93-110.
CULWICK, A. T. (1943): New beginning, Tanganyika Notes and Records, 15: 1-6.
CURRY-LINDAHL, K. (1972): Africa - National parks, habitats, biomes and ecosystems, In: HARROY, J. P., World National Parks - Progress and Opportunities, Brüssel, 105-118.
DEEG, J. (1908): Das Kameruner Jagdgesetz, Usambara Post vom 08.08.1908, 32 (Beilage).
DERNBURG, B. (1907): Zielpunkte des deutschen Kolonialwesens, Berlin. zitiert
DEUTSCHE KOLONIALGESELLSCHAFT (1911): Bericht über die Hauptversammlung der Deutschen Kolonialgesellschaft 1911, Stuttgart.
DEUTSCHER BUNDESTAG (1996a): Wildtierschutz und Großwildjagd in Afrika, Kleine Anfrage der Abgeordneten Uschi Eid, Drks. 13/5782.
DEUTSCHER BUNDESTAG (1996): Antwort der Bundesregierung auf die Anfrage der Abgeordneten Uschi Eid, Wildtierschutz und Großwildjagd in Afrika, Drks.

13/6083.
DEUTSCHER LANDWIRTSCHAFTSRAT (1908): Massnahmen zur Förderung der Viehzucht in Deutsch-Südwestafrika und zur Bekämpfung der afrikanischen Viehseuchen, Archiv des Deutschen Landwirtschaftsrates; 32: 101 - 115.
DIECKMANN, U. (2001): „The vast white place": A history of the Etosha National Park in Namibia and the HAI/OM, Nomadic Peoples, 5(2): 125-153.
DIETZ, H. J. (2003): Lange gehegter Wunsch wurde Wirklichkeit – Stiftung, Archiv, Forum und Museum zur Geschichte des Naturschutzes in Deutschland auf der Vorburg von Schloss Drachenburg, LÖBF-Mitteilungen, 2: 70-72.
DITTMER, R. (1902-1903): Reise des Forstreferendars Wiedeburg nach Südwestafrika, Beiträge zur Kolonialpolitik und Kolonialwirtschaft, 4: 308-310.
DOFLEIN, F. (1911): Wildschutz und Wissenschaft in den deutschen Kolonien, Naturwissenschaftliche Wochenschrift, 51: 817-820.
DÜTTMANN, E. (1899-1900): Die forstlichen Verhältnisse im Nordosten Deutsch-Südwestafrikas bis zum Okavango, Beiträge zur Kolonialpolitik und Kolonialwirtschaft, 1: 493-498.
DÜTTMANN, E. (1900-1901): Kurze Reiseerinnerungen aus dem Nordwesten Deutsch-Südwest-Afrikas und dem südlichen Angola, Beiträge zur Kolonialpolitik und Kolonialwirtschaft, 2: 612-616.
ECKARDT, W. R. (1910): Vogelzug und Vogelschutz, Aus Natur und Geisteswelt, Bd. 218, Leipzig.
ECKERT, P. O. (1939): Brief an Oberforstmeister Schulze vom 20.01.1904, in: BERNHARD, Tätigkeit sächsischer Forstleute außerhalb der Grenzen Sachsens seit 1870, Tharandter Forstliches Jahrbuch, 90: 394-474.
EIGNER, G. (1904): Der Schutz der Naturdenkmäler und insbesondere der Flora unter besonderer Berücksichtigung der bayerischen Rechtsverhältnisse – Vortrag, gehalten in der Monatsversammlung der Bayerischen Botanischen Gesellschaft zur Erforschung der heimischen Flora zu München am 13. Oktober 1903, München.
ELLENBERG, L. (2000): Jagdtourismus in Tansania, Geographische Rundschau, 52(2): 11-15.
ENDLICH, R. (1899-1900): Ein Vorschlag zur Hebung der Jagd in Deutsch-Südwestafrika, Beiträge zur Kolonialpolitik und Kolonialwirtschaft, 1: 439-441.
ERKKILÄ, A.; SIISKONEN, H. (1992): Forestry in Namibia 1850-1990, Joensuu.
ERZ, W. (1967): Wildschutz und Wildtiernutzung in Rhodesien und im übrigen südlichen Afrika, München.
ERZ, W. (1987): Naturschutz im Wandel der Zeit, Geogr. Rundschau, 39(6): 307-315.
ESCHSTRUTH, M. v. (1914): Zum Entwurf einer Wasserverordnung für Deutsch-Südwestafrika, Deutsches Kolonialblatt, 25: 704-709.
FAGE, J. D. (1978) : An Atlas of African History, London.
FAGE, J. D.; OLIVER, R. (1986) : The Cambridge History of Africa, 7 From 1905 to 1940, Cambridge.
FELLMER, M. (1902-1903): Aufforstungsprämien für Südwestafrika, Beiträge zur Kolonialpolitik und Kolonialwirtschaft, 4: 379-380.
FISCHER, P. (1906): Das Verordnungsrecht in den Kolonien, Verh. d. Deutschen Kolonialkongresses 1905, 364-381, Berlin.
FRANZ, E. G.; GEISSLER, P. (1973): Das Deutsch-Ostafrika-Archiv, 2 Bd., Marburg.
FROHN, H. W.; SCHMOLL, F. (2006a): Amtlicher Naturschutz – Von der Errichtung der „Staatlichen Stelle für Naturdenkmalpflege" bis zur „ökologischen Wende" in den 1970er Jahren, Natur und Landschaft, 81(1): 2-7.

FROHN, H. W.; SCHMOLL, F. (2006b): Natur und Staat – Staatlicher Naturschutz in Deutschland 1906-2006, Münster.
GABRIEL, J. (2003): Tansania - Sansibar - Kilimanjaro, Bielefeld.
GANN, L. H.; DUIGNAN, P. (1977): The Rulers of German Africa, 1884-1914, Stanford.
GANSER, J.; SANDER, O. (2005): Sicherung und Nutzbarmachung der deutschen Kolonialakten im Nationalarchiv von Tansania, Mitteilungen des Bundesarchivs, 13(1).
GASSNER, E.; BENDOMIR-KAHLO, G.; SCHMIDT-RÄNTSCH, A.; SCHMIDT-RÄNTSCH, J. (1996): Bundesnaturschutzgesetz (BNatSchG), Kommentar, München.
GOETZEN, A. v. (2004): Durch den Urwald am Kirunga, in: SEIDEL, A., Deutschlands Kolonien, Erftstadt, 29-34 (Reprint der Ausgabe von 1913).
GRAICHEN, G.; GRÜNDER, H. (2007): Deutsche Kolonien, Berlin.
GRAß, K. (1904): Forststatistik für die Waldungen des Rufiyideltas, angefangen im Jahre 1902, Berichte über Land- und Forstwirtschaft in Deutsch-Ostafrika, 2: 165-196 u. Tfln.
GRAUDENZ, K. H.; SCHINDLER, H. M. (1982): Die deutschen Kolonien, München.
GRÜNDER, H. (2004): Geschichte der deutschen Kolonien, Paderborn.
GRZIMEK, B.; GRZIMEK, M. (1959): Serengeti darf nicht sterben, Frankfurt.
GRZIMEK, M.; GRZIMEK, B. (1960): A Study of the Game of the Serengeti Plains, Zeitschrift für Säugetierkunde, 25: 1-61.
GTZ (2000-2003): Tanzanian-German Development Cooperation, http:// wildlife-programme.gtz. de/wildlife (01.01.2007).
GUNZERT, T. (1966): Memoirs of a German District Commissioner in Mwanza 1907-1916, Tanzania Notes and Records, 66: 171-179.
HARLOW, V. T.; CHILVER, E. M. (1965): History of East Africa, Oxford.
HARROY, J. P. (1972): National Parks - A 100-year appraisal, In: ders., World National Parks - Progress and Opportunities, Brüssel, 13-20.
HARTUNG, W. (1989): Denkmalpflege und Heimatschutz im Wilhelminischen Deutschland 1900 bis 1913, Österr. Z. f. Kunst u. Denkmalpflege, 43(3/4): 173-181.
HASEL, K. (1985): Forstgeschichte, Hamburg.
HAUG (1910): Vom deutschen Forstverein, Zeitschrift für Kolonialpolitik, Kolonialrecht und Kolonialwirtschaft, 12: 958-960.
HAUSEN, K. (1970): Deutsche Kolonialherrschaft in Afrika: Wirtschaftsinteressen und Kolonialverwaltung in Kamerun vor 1914, Freiburg.
HEDDEN-DUNKHORST, B.; JELDEN, D. (2006): Hundert Jahre Internationaler Naturschutz: Ein Überblick aus deutscher Sicht, Natur und Landschaft, 81(1): 22-26.
HELFFERICH, K. (1906): Die Bedeutung der Kolonien und überseeischen Interessengebiete, Verh. d. Deutschen Kolonialkongresses 1905, 571-586, Berlin.
HENNING, E. (1934): Am Tendaguru, in: KIETZ, K., Deutsche kolonisieren - Berichte berühmter Kolonial-Deutscher, Breslau, 86-89.
HERRE, F. (1998): Wilhelm II. – Monarch zwischen den Zeiten, München.
HESS, A. (1905): Haustiere, Jagd und Fischerei von Deutsch-Ostafrika in ihrer wirtschaftsgeographischen Bedeutung, Gotha.
HÖNES, E. R. (2006): Zum Schutz öffentlicher Denkmäler und Naturdenkmäler nach § 304 StGB, Natur und Recht, 12: 750-755.
HOMEWOOD, K. (1995): Development, Demarcation and Ecological Outcomes in Maasailand, Africa, 65(3): 331-350.
HONOLD, A. (2004): Kaiser-Wilhelm-Spitze – 6. Oktober 1889: Hans Meyer erobert

den Kilimandscharo, in: HONOLD, A.; SCHERPE, K. R., Mit Deutschland um die Welt – Eine Kulturgeschichte des Fremden in der Kolonialzeit, Stuttgart, 136-144.
HULME, D.; MURPHREE, M. (2001): African Wildlife and Livelihoods: The promise and performance of community conservation.
HUMBOLDT, A. v. (2001): Reise in die Äquinoktial-Gegenden des Neuen Kontinents, Frankfurt, 1: 623.
HUTTER (1899-1900): Streifzüge in die Tierwelt Nordkameruns, Beiträge zur Kolonialpolitik und Kolonialwirtschaft, 1: 552-569.
HUTTER (1908): An der Etosha-Pfanne. Wild und Jagd – Die Austrocknungsgefahr, Berliner Tageblatt vom 07.01.1908.
HUXLEY, J. (1961): The Conservation of Wildlife and Natural Habitats in Central and East Africa, Paris.
ILIFFE, J. (1979): A Modern History of Tanganyika, Cambridge.
JACOB, E. G. (1938): Deutsche Kolonialpolitik in Dokumenten, Leipzig.
JÄGER, F. (1910): Der Gegensatz von Kulturland und Wildnis und die allgemeinen Züge ihrer Verteilung in Ost-Afrika, Geographische Zeitschrift, 16: 121-133.
JAEGER, F. (1911): Das Hochland der Riesenkrater und die umliegenden Hochländer Deutsch-Ostafrikas, Teil 1, Ergänzungsheft 4 der Mitteilungen aus den deutschen Schutzgebieten, Berlin.
JAEGER, F. (1913): Das Hochland der Riesenkrater und die umliegenden Hochländer Deutsch-Ostafrikas, Teil 2, Ergänzungsheft 8 der Mitteilungen aus den deutschen Schutzgebieten, Berlin.
JÄSCHKE, U. U. (1996): Erste Ansätze zum Pflanzenschutz und zur Pflanzenforschung in der deutschen Periode 1884-1914, Namibia-Magazin, 2: 20-21.
Jahresbericht über die Entwicklung der Schutzgebiete in Afrika und der Südsee 1904/05 (1906), Beilage zum Deutschen Kolonialblatt, Berlin.
Jahresbericht über die Entwicklung der Schutzgebiete in Afrika und der Südsee 1905/06 (1907), Beilage zum Deutschen Kolonialblatt, Berlin.
Jahresbericht über die Entwicklung der Schutzgebiete in Afrika und der Südsee 1906/07 (1908), Beilage zum Deutschen Kolonialblatt, Berlin.
JENTZSCH, A. (1900): Nachweis der beachtenswerten und zu schützenden Bäume, Sträucher und erratischen Blöcke in der Provinz Ostpreußen, Königsberg.
JENTSCH, F. (1911): Der Urwald Kameruns, Der Tropenpflanzer, 15(5) Beiheft.
JENTSCH, F. (1914): Die Entwicklung des Forstwesens in den deutschen Kolonien, Mitteilungen des Deutschen Forstvereins, 15(4): 71-81.
JENTSCH, F. (1928): Von kolonialer Forstwirtschaft, Tharandter Forstl. Jb., 242-252.
JODTKA (1902): Reise des Assistenzarztes Jodtka nach dem Okavango, Deutsches Kolonialblatt, 13: 493-495, 524-526, 546-548, 590-592.
JÖHLINGER, O. (1910): Die wirtschaftliche Bedeutung unserer Kolonien, Berlin.
KAISERLICHES GOUVERNEMENT VON DEUTSCH-OSTAFRIKA (1911): Die Landes-Gesetzgebung des Deutsch-Ostafrikanischen Schutzgebiets - Systematische Zusammenstellung der in Deutsch-Ostafrika geltenden Gesetze, Verordnungen u. s. w. mit einem Nachtrag, abgeschlossen am 24. Juli 1911, Tanga/Daressalam.
KAISERLICHES GOUVERNEMENT VON TOGO (1910): Die Landesgesetzgebung für das Schutzgebiet Togo – Geordnete Zusammenstellung der in Togo geltenden Gesetze, Verordnungen, Verfügungen, Erlasse und Bekanntmachungen einschliesslich der wichtigeren öffentlich-rechtlichen Verträge und der Satzungen der in Togo tätigen Kolonialgesellschaften, Berlin.
KARUGILA, J. M. (1980): A national archives in a developing country, Tanzania Notes and Records, 84/85: 117-121.
KAUSCH, O. (1903): Deutsches Kolonial-Lexikon, Dresden.

KIENITZ, E. (1941): Zeittafel zur deutschen Kolonialgeschichte, München.
KIMAMBO, I. N.; TEMU, A. J. (1969): History of Tanzania, Nairobi.
KIRCHHOFF, KRÜGER, O. (2001): Eine Besteigung des Kamerunberges, in: FUCHS, R., Kamerun, Bielefeld, 275-279.
KJEKSHUS, H. (1977): Ecology Control and Economic Development in East African History - The Case of Tanganyika 1850-1950, London.
KLOSE, H. (2004): Von Tongbe nach Kame, in: SEIDEL, A., Deutschlands Kolonien, Erftstadt (Reprint der Ausgabe von 1913), 214-216.
KNOLL, A. J. (1978): Togo under imperial Germany 1884-1914 - A Case Study in Colonial Rule, Stanford.
KOCH, R.; BECK, M.; KLEINE, F. (1909): Bericht über die Tätigkeit der zur Erforschung der Schlafkrankheit im Jahre 1906/07 nach Ostafrika entsandten Kommission, Berlin.
KÖNIG, B. v. (1900-1901): Die Kolonialbehörden, deren Zuständigkeit und Verfahren, Beiträge zur Kolonialpolitik und Kolonialwirtschaft, 2: 1-10.
KÖPPEL, G. (1999): Ein Deutscher Wildhüter, Jagen Weltweit, 5: 8-11.
KOPONEN, J. (1994): Development for Exploitation - German colonial policies in Mainland Tanzania, 1884-1914, Studien zur Afrikanischen Geschichte, Bd. 10., Münster.
KRÜGER, E. (1894): Die Wald- und Kulturverhältnisse in Deutsch-Ostafrika, Deutsches Kolonialblatt, 5: 623-629.
KRUG, W. (1997): Wildlife Management in Namibia, Namibia-Magazin, 2: 14-16.
KÜPPER, C.; KÜPPER, T. (2003): Namibia - Naturschutzgebiete, Dormagen.
LAAK, D. v. (2005): Der deutsche Kolonialismus und seine Nachwirkungen, Aus Politik und Zeitgeschichte, 4: 3-11.
LETTOW-VORBECK (1920a): Heia Safari! – Deutschlands Kampf in Ostafrika, Leipzig.
LETTOW-VORBECK (1920b): Meine Erinnerungen an Ostafrika, Leipzig.
LEUTWEIN, P. (1925): Dreißig Jahre deutscher Kolonialpolitik, Berlin.
LEUTWEIN, T, (1896): Maßregeln gegen die Rinderseuche, Deutsches Kolonialblatt, 7: 611-612.
LEUTWEIN, T. (1906): Elf Jahre Gouverneur in Deutsch-Südwestafrika, Berlin.
LICHTENFELD, G. (1908): Ergebnisse der von R. Koch ausgeführten und vorgezeichneten Forschungen über das Küstenfieber der Rinder in Deutsch-Ostafrika, Zeitschrift für Hygiene und Infektionskrankheiten, 61: 261-272.
LINDEQUIST, F. v. (1895): Waldschutz in Südwestafrika, Deutsches Kolonialblatt 1895, 6: 273.
LINDEQUIST, F. v. (1897): Ueber eine Aenderung der Jagdordnung, Deutsches Kolonialblatt, 8: 3.
LISTOWEL, J. (1965): The Making of Tanganyika, London.
LOTTNER v. (1900): Elefantenjagd im Jaundebezirk, Deutsches Kolonialblatt, 11: 504-505.
LOW, D. A.; SMITH, A. (1976): History of East Africa, London.
LUDWIG, G. (2007): Nationalparke und einheimische Bevölkerung – Naturschutzrecht in Mosambik, Natur und Recht, 29: 172-176.
LÜDERS, E. (1913a): Zur jüngsten Entwicklung des deutsch-kolonialen Jagdrechts, Zeitschrift für Kolonialrecht, 15: 257-264.
LÜDERS, E. (1913b): Das Jagdrecht der deutschen Schutzgebiete, Hamburg.
MACKENZIE, J. M. (1988): Reserves and the Tsetse Controversy, in: ders., The Empire of Nature – Hunting, Conservation and British Imperialism, Manchester, 225-260.

MACKENZIE, J. M. (1989): Chivalry, social Darwinism and ritualised killing: the hunting ethos in Central Africa up to 1914, in: ANDERSON, D.; GROVE, R., Conservation in Africa - people, policies and practice, Cambridge, 41-61.
MADDOX, G.; GIBLIN, J., KIMAMBO, I. N. (Hrsg.) (1996): Custodians of the Land - Ecology & Culture in the History of Tanzania, London.
MARSH, Z. (1972): A History of East Africa, Cambridge.
MATSCHIE, P. (1911): Die Verwüstung deutsch-ostafrikanischer Wildbahnen, Zeitschrift des Allgemeinen Deutschen Jagdschutz-Verbandes, 16(31): 360-361.
MATSCHIE, P. (1935): Einige Worte über die von Herrn Prof. C. G. Schillings in Ostafrika gesammelten Säugetiere nebst einen Mahnruf zum Schutz der afrikanischen Tierwelt, In: SCHILLINGS, C. G., Mit Blitzlicht und Büchse im Zauber des Eleléscho, Leipzig, 382-384.
MATZKE, G. (1976): The development of the Selous game reserve, Tanzania notes and records, 79/80: 37-48.
MCCRACKEN, J. (1989): Colonialism, capitalism and the ecological crisis in Malawi: a reassessment, in: ANDERSON, D.; GROVE, R., Conservation in Africa - people, policies and practice, Cambridge, 63-77.
MECKLENBURG, A. F. (1908): Die zentralafrikanische Expedition S. H. des Herzogs Adolf Friedrich zu Mecklenburg-Schwerin, Deutsches Kolonialblatt, 19: 111-122, 331-334, 571-577, 671-677, 730-733.
MEREDITH, M. (2003): Der afrikanische Elefant, Kreuzlingen.
METZGER, O. F. (1908a): Togo - Zur Frage umfassender Aufforstungen im Schutzgebiet, Deutsches Kolonialblatt, 19: 22-31.
METZGER, O. F. (1908b): Die Nutzwaldungen Mittel-Togos, Deutsches Kolonialblatt, 19: 1103-1105.
METZGER, O. F. (1914): Die Forstwirtschaft im Schutzgebiet Togo, Veröff. d. Reichs-Kolonialamts, 7: 646-655, Jena.
METZGER, O. F. (1937): Die Forstwirtschaft im Schutzgebiet Togo, Deutsche Forstbeamtenzeitung, 25: 646-655.
METZGER, O. F. (1939): Forstwirtschaftliche Aufgaben in unseren Kolonien, Forstwiss. Cbl., 193-211.
MEYER, H. A. Über die Lage des Elfenbeinhandels, Deutsches Kolonialblatt, 6: 24-27.
MEYER, H. A. (1896): Elfenbeinhandel, Deutsches Kolonialblatt, 7: 18-19.
MEYER, H. A. (1897): Ueber die Lage des Elfenbeinhandels, Deutsches Kolonialblatt, 8: 11-12.
MEYER, H. (1909): Das Deutsche Kolonialreich, 1: Ostafrika und Kamerun, Leipzig.
MEYER, H. (1914): Ostafrika, Das deutsche Kolonialreich, 1, Leipzig.
MEYER, H. (2004): Auf dem Gipfel des Kilimandjaro, in: ZACHE, H., Die deutschen Kolonien in Wort und Bild (Reprint von: Das deutsche Kolonialbuch von 1926), Wiesbaden, 358-364.
MIDDLETON, J. (1997): Encyclopedia of Africa South of the Sahara, New York, 4 Bände.
MLENGEYA, T. (2006): Der große Killer – die Rinderpest in der Serengeti, ZGF Gorilla, 1: 16-17.
MUTWIRA, R. (1989): Southern Rhodesian Wildlife Policy (1890-1953): A Quation of Condoning Game Slaughter?, Journal of Southern African Studies, 15(2): 250-262.
NEUMANN, R. P. (2001): Africa`s ´Last Wilderness` - Reordering space for political and economic control in colonial Tanzania, Africa, 71(4): 641-665.
NUHN, W. (1998): Flammen über Deutsch-Ostafrika – Der Maji-Maji-Aufstand

1905/06, Bonn.
OLIVER, R.; MATTHEW, G. (1963): History of East Africa, Oxford.
OTT, K.; POTTHAST, T.; GORKE, M.; NEVERS, P. (1999): Über die Anfänge des Naturschutzgedankens in Deutschland und den USA im 19. Jahrhundert, in: HEYEN, E. V., Naturnutzung und Naturschutz in der europäischen Rechts- und Verwaltungsgeschichte, Baden-Baden, 1-55.
OTTO, H. J. (1994): Waldökologie, Stuttgart.
PAASCHE, H. (1907): Kolonie oder Zoologischer Garten, Deutsch Ostafrikanische Zeitung vom 09.03.1907, 10:1-2.
PAASCHE, H. (1911): Deutsch-Afrikanische Naturschutzparke, Der Tag vom 24.08.1911.
PAASCHE, H. (1993): Die Forschungsreise des Afrikaners Lukanga Mukara ins innerste Deutschland, Bremen.
PARKER, I. (1983): Ivory Crisis, Nairobi.
PASSARGE, S. (1909): Kamerun, Das Deutsche Kolonialreich, 1, Leipzig.
PASSARGE, S. (1914): Togo, Das Deutsche Kolonialreich, 2(1), Leipzig.
PAULßEN, F. (2004): Die Jagd der Eingeborenen Deutsch-Ostafrikas, in: ZACHE, H. (2004): Die deutschen Kolonien in Wort und Bild (Reprint von: Das deutsche Kolonialbuch von 1926), Wiesbaden, S. 394-402.
PERBANDT, C. v.; RICHELMANN, G.; SCHMIDT, R. (1906): Hermann von Wissmann - Deutschlands größter Afrikaner, Berlin.
PIECHOCKI, R. (2003): Vor 75 Jahren: Das Reichsvogelschutzgesetz von 1888, Natur und Landschaft, 78(6): 280.
PIECHOCKI, R. (2006): Der staatliche Naturschutz im Spiegel seiner Wegbereiter – Wilhelm Wetekamp, Natur und Landschaft, 81(1): 46-47.
PIECHOCKI, R. (2007a): Genese der Schutzbegriffe – Naturschutz (1888), Natur und Landschaft, 3: 110-111.
PIECHOCKI, R. (2007b): Genese der Schutzbegriffe – Naturdenkmalschutz (um 1900), Natur und Landschaft, 4: 158-159.
PIECHOCKI, R. (2007c): Genese der Schutzbegriffe – Artenschutz, Natur und Landschaft, 6: 286-287.
PLACHTER, H. (1991): Naturschutz, Stuttgart.
PULON, O. (1957): Wildschutz in Südwest Afrika, in: DENNLER DE LA TOUR, G., Wild und Wildschutzgebiete Westafrikas, Buenos Aires, 157-159.
QUESTENBERG, B. (1912): „Der Wildmord in Ostafrika“, Frankfurter Zeitung vom 29.02.1912.
RADTKE, H.; RADKE, D. (1984): Togo und Deutschland - Freundschaft mit Tradition 1884-1984, Mittenwald.
RATHENAU, W. (1908): Erwägungen zur Erschließung des Deutsch-Ostafrikanischen Schutzgebiets, in: ders., Reflexionen, Leipzig.
REICHARD, P. (1934): Deutsch-Ostafrika, in: KIETZ, K., Deutsche kolonisieren - Berichte berühmter Kolonial-Deutscher, Breslau, 74-76.
REICHENOW, A. (1935): Über die von Herrn Professor C. G. Schillings in Ostafrika gesammelten Vogelarten nebst einen Mahnruf zum Schutz der afrikanischen Vogelwelt, In: SCHLILLINGS, C. G., Mit Blitzlicht und Büchse im Zauber des Eleléscho, Leipzig, 381-382.
REICHENOW, E. (1914): Anweisung zur wissenschaftlichen Verwertung erlegter Gorilla, Deutsches Kolonialblatt, 25: 272-273.
REICHS-KOLONIALAMT (1913): Jagd und Wildschutz in den deutschen Kolonien, Veröff. d. Reichskolonialsamts, 5, Jena.
REINHARD, W. (1990): Geschichte der europäischen Expansion, Bd. 4 Dritte Welt

Afrika, Stuttgart.
RIECKEN, U. (2006): Geschichte des Biotopschutzes, Natur und Landschaft, 81(1): 12-17.
ROBERTS, A. (Hrsg.) (1968): Tanzania before 1900, Nairobi.
RODGERS, W. A.; LOBO, J. D. (1982): Elephant Control and legal ivory exploitation: 1920 to 1976, Tanzania Notes and Records, 84/85: 25-54.
RUDIN, H. R. (1968): Germans in the Cameroons 1884-1914 - A Case Study in Modern Imperialism, New Haven.
RUPPEL, J. (1912): Die Landesgesetzgebung für das Schutzgebiet Kamerun – Sammlung der in Kamerun zur Zeit geltenden völkerrechtlichen Verträge, Gesetze, Verordnungen und Dienstvorschriften mit Anmerkungen und Registern, Berlin.
SARASIN, P. (1911a): Weltnaturschutz, o. O. (Niederschrift des Vortrags gehalten am VIII. Internationalen Zoologenkongress in Graz am 16. August und an der 93. Versammlung der Schweizerischen Naturforschenden Gesellschaft in Basel am 5. September 1910).
SARASIN, P. (1911b): Über nationalen und internationalen Vogelschutz, sowie einige anschliessende Fragen des Weltnaturschutzes, Basel.
SARASIN, P. (1914): Ueber die Aufgaben des Weltnaturschutzes, Basel.
SAYERS, G. F. (1930): The Handbook of Tanganyika, 1, London.
SCHABEL, H. G. (1990): Tanganyika Forestry Under German Colonial Administration, 1891-1919, Forest and Conservation History, 34: 130-141.
SHARPE, A. (1900): Game Preservation Conference (Africa) 1900, Artikel unbekannter Herkunft in BArch, R 1001 7766, Bl. 42-43.
SCHELLENDORF, F. B. v. (1900): Internationaler Wildschutz in Afrika, München.
SCHILLINGS, C. G. (1901): Ausführungen zum Wildschutzgesetz für die deutschen Kolonien in Afrika, maschinengeschriebenes Konzept in den Akten der Kolonialabteilung; BArch, R 1001 7769, Bl. 1-29.
SCHILLINGS, C. G. (1908): Gutachten über den Entwurf einer Jagdverordnung für Deutsch-Ostafrika vom Gesichtspunkte des Wildschutzes, Maschinengeschriebenes Manuskript in den Akten des Reichskolonialamtes, BArch, R 1001 7777, Bl. 90-113.
SCHILLINGS, C. G. (1911a): Vogelausrottung für Frauenputz, Dürer Bund, 88. Flugschrift zur Ausdruckskultur.
SCHILLINGS, C. G. (1911b): Zur Frage des Naturschutzes in den deutschen Kolonien, namentlich in Deutsch-Ostafrika, Naturwissenschaftliche Wochenschrift, 10(51): 807-814.
SCHILLINGS, C. G. (1911a): Auszug aus der Rede von Prof. C. G. Schillings auf der Hauptversammlung der Deutschen Kolonialgesellschaft am 10. Juni 1911 in Stuttgart, Zeitschrift des Allgemeinen Deutschen Jagdschutz-Verbandes, 16(31): 361-364 und 16(32): 375-378. Der Text ist mit Variationen in einer unbekannten Veröffentlichung enthalten, die ohne nähere Angaben in den Akten des Reichskolonialamtes enthalten ist, BArch, R 1001 7778, Bl. 36-41.
SCHILLINGS, C. G. (1911b): Wildmord in Deutsch-Ostafrika, Zeitschrift des Allgemeinen Deutschen Jagdschutz-Vereins, 32: 378-379.
SCHILLINGS, C. G. (1935): Mit Blitzlicht und Büchse im Zauber des Eleléscho, Leipzig.
SCHMID, G. (1956): Die Verluste in den Beständen des ehemaligen Reichsarchivs im zweiten Weltkrieg, Archivar und Historiker, 176-207.
SCHMIDT, R. (1998): Deutschlands Kolonien - ihre Gestaltung, Entwickelung und Hilfsquellen, Augsburg, Band 1 (Reprint der Ausgabe von 1898).
SCHMOLL, F. (2004): Erinnerung an die Natur – Die Geschichte des Naturschutzes

im deutschen Kaiserreich, Frankfurt.
SCHMOLL, F. (2006): Schönheit, Vielfalt, Eigenart. Die Formierung des Naturschutzes um 1900, seine Leitbilder und ihre Geschichte, in FROHN, H. W.; SCHMOLL, F., Natur und Staat – Staatlicher Naturschutz in Deutschland 1906-2006, Münster, 13-84.
SCHNEE, H. (1920): Deutsches Kolonial-Lexikon, Band 3.
SCHNEE, H. (1927): Die koloniale Schuldlüge, München.
SCHNEE, H. (1964): Als letzter Gouverneur in Deutsch-Ostafrika, Heidelberg.
SCHNEIDER, K. G.; WIESE, B. (1989): Namibia und Botswana - Kultur und Landschaft im südlichen Afrika, Köln.
SCHÖPFFER (1908): Forstliches aus Deutsch-Ostafrika, Z. f. Forst- u. Jagdwesen, 747-750.
SCHOLZ, R.; VORNHOLT, C. (1987): Nationalparks in Togo, In: LOHSE, V., Deutschland - Togo 1884-1986 - Beispiel europäisch-afrikanischer Beziehungen, Schriftenreihe der Fachhochschule für öffentliche Verwaltung NW, 12: 429-438, Gelsenkirchen.
SCHULTZE, L. (1914): Südwestafrika, Das Deutsche Kolonialreich, 2(2), Leipzig.
SCHUPPIUS (1924): Forstliches aus Togo, Z. f. Forst- u. Jagdwesen, 502-509.
SCHUPPIUS (1939): Forstliches aus Togo in deutscher Zeit, Kolonialforstliche Mitteilungen, 81-90.
SEIDEL, A. (2004): Deutschlands Kolonien, Erftstadt, (Reprint der Ausgabe von 1913).
SPEITKAMP, W. (2006): Deutsche Kolonialgeschichte, Stuttgart.
STAHL, W. (1913): Zum kolonialen Jagdrecht, Zeitschrift für Kolonialrecht, 13: 79-83.
STROMER, E. (1909): Die wirtschaftliche und wissenschaftliche Bedeutung des Tierschutzes in den deutschafrikanischen Schutzgebieten, Beilage der Münchner Neuesten Nachrichten, 115.
STUHLMANN, F. (1910): Der Waldschutz in den deutschen afrikanischen Kolonien, Deutsche Kolonialzeitung, 27: 503-504.
SUKOPP, H.; PRETSCHER, P.; SUKOPP, U. (2006): Artenschutz in Deutschland: Konzepte, Strategien und Bilanz der letzten 100 Jahre, Natur und Landschaft, 81(1): 18-21.
SUTHERLAND, J. (1912): The adventures of an elephant hunter, London.
TEARE, S. P. (1934): Wild im Tanganyika-Territorium - Seine Erhaltung und Überwachung, Das Hochland - Monatsschrift für die Deutschen in Ostafrika, Mitteilungsblatt des Deutschen Bundes für Ostafrika, H. 1: 12-16, Oldeani.
TEICHMANN (1903): Forstliche Versuche im Bezirk Wilhelmstal, Jahresbericht der Bezirksämter für die Zeit vom 1.7.1900 - 30.6.1901, auch in: Berichte über Land- und Forstwirtschaft in Deutsch-Ostafrika, 1: 50-65.
TETZLAFF, R. (1970): Koloniale Entwicklung und Ausbeutung – Wirtschafts- und Sozialgeschichte Deutsch-Ostafrikas 1885-1914, Berlin.
THAER, W. (1912): Die Aufgaben der landwirtschaftlichen Versuchsstationen in den Kolonien, Zeitschrift für Kolonialpolitik, Kolonialrecht und Kolonialwirtschaft, 14: 49-64.
THOMAS, D. K. (1963): Illegal Hunting in Tanganyika, Tanganyika Notes and Records, 61: 190-194.
TOUR, G. D. de la (1957) : Wild und Wildschutzgebiete Westafrikas, Buenos Aires.
TOWNSEND, M. E. (1931): Macht und Ende des deutschen Kolonialreiches, Leipzig.
UNITED NATIONS (1971): List of National Parks and equivalent reserves, Brüssel.
VAIL, L. (1977): Ecology and history: the example of Eastern Zambia, Journal of

Southern African Studies, 3(2): 129-155.
VOS, A. de (1969): The need for nature reserves in East Africa, Biological Conservation, 1: 130-134.
WÄCHTER, H. J. (2003): Die Reaktion auf A. W. Crosbys „Ecological Imperialism" – Ein Beispiel für den Umgang der Geschichtswissenschaft mit historisch-naturwissenschaftlichen Fragestellungen, Historische Mitteilungen, 16: 251-267.
WAIBEL, L. (1934): Vom Urwald zur Küste, in: KIETZ, K., Deutsche kolonisieren - Berichte berühmter Kolonial-Deutscher, Breslau, 19-28, 50-55.
WEBER, I.; WIEBUS, H. O. (2002): Namibia, Köln.
WEIßENBORN, B. (1888): Bericht über die zoologischen Ergebnisse der Expedition des Prem.-Lt. Kund, Sec.-Lt. Tappenbeck und Dr. Weißenborn in das Hinterland des Kamerungebietes vom 7. September 1887 bis 29. Februar 1888, Mittheilungen von Forschungsreisenden und Gelehrten aus den Deutschen Schutzgebieten, 1: 121-142.
WESTPHAL, W. (1987): Geschichte der deutschen Kolonien, Frankfurt.
WETEKAMP, W. (1914): Aus der Geschichte der staatlichen Naturdenkmalpflege, Mitteilungen der Brandenburgischen Provinzialkommission für Naturdenkmalpflege, Berlin, 207-218.
WETTENGEL, M. (1993): Staat und Naturschutz 1906-1945 – Zur Geschichte der Staatlichen Stelle für Naturdenkmalpflege in Preußen und der Reichsstelle für Naturschutz, Historische Zeitschrift, 257: 355-399.
WEULE, K. (1908): Wissenschaftliche Ergebnisse meiner ethnographischen Forschungsreise in den Südosten Deutsch-Ostafrikas, Mitt. a. d. Deutschen Schutzgebieten, Ergänzungsheft 1, Berlin.
WIECH, W. (1926): Deutsche Forstwirtschaft in den deutschen Kolonien, Vortrag gehalten auf der 23. Mitglieder-Versammlung des „Deutschen Forstverein" am 24. August 1926, auch in: ders. (1926): Deutsche Forstwirtschaft in den deutschen Kolonien, Jahresbericht des Deutschen Forstvereins, 202-220.
WIECH, W. (1928): Die Forstwirtschaft in den deutschen Kolonien (hauptsächlich Kamerun) und ihre Bedeutung für Deutschland, Württ. Wirtschaftszeitschrift, 8: 144-148.
WIESE UND KAISERSWALDAU, W. v. (1910): Die schwarzen Jäger – Eine traurige Jagdgeschichte aus Deutsch-Ostafrika, Tägliche Rundschau vom 23.05.1910.
WÖLFEL (1913): Die Bekämpfung der Rinderpest, Der Pflanzer, 9(9): 435-441.
WOOD, P. J. (1966): A Guide to some German Forestry Plantations in Tanga Region, Tanganyika Notes and Records, 66: 203-206.
ZACHE, H. (1912a): Albrecht von Rechenberg, Usambara-Post vom 06. April 1912.
ZACHE, H. (1912b): Die Wünsche unserer Ostafrikaner, Koloniale Zeitschrift, 12/13: 1.
ZACHE, H. (2004): Die deutsche Kolonialverwaltung, in: ders., Die deutschen Kolonien in Wort und Bild (Reprint von: Das deutsche Kolonialbuch von 1926), Wiesbaden, S. 99-107.
ZIMMERMANN, A. (1901): Die deutsche Kolonial-Gesetzgebung, 5. Theil, 1899-1900, Berlin.

15. Abbildungsverzeichnis

Abb. 1: Afrikaner mit Jagdtrophäen, Deutsch-Ostafrika, Bildbestand der Deutschen Kolonialgesellschaft, Koloniales Bildarchiv der Stadt- und Universitätsbibliothek Frankfurt am Main, Bildnr. 023-0263-05.

Abb. 2: Giraffen vor dem Kilimandscharo, Deutsch-Ostafrika, Bildbestand der Deutschen Kolonialgesellschaft, Koloniales Bildarchiv der Stadt- und Universitätsbibliothek Frankfurt am Main, Bildnr. 062-1351-05.

Abb. 3: Afrikaner mit Pfeil und Bogen, Deutsch-Ostafrika, Aufnahme von Woeckner zwischen 1909 und 1912, Bildbestand der Deutschen Kolonialgesellschaft, Koloniales Bildarchiv der Stadt- und Universitätsbibliothek Frankfurt am Main, Bildnr. 071-1999-61.

Abb. 4: Afrikanische Büffeljäger, Ostafrika, Aufnahme von Hecker, Bildbestand der Deutschen Kolonialgesellschaft, Koloniales Bildarchiv der Stadt- und Universitätsbibliothek Frankfurt am Main, Bildnr. 053-1583-11.

Abb. 5: Afrikaner mit geschossenem Flusspferd, Ostafrika, Aufnahme Gaudchau, Bildbestand der Deutschen Kolonialgesellschaft, Koloniales Bildarchiv der Stadt- und Universitätsbibliothek Frankfurt am Main, Bildnr. 048-1306-21.

Abb. 6: Afrikaner mit geschossenem Büffel, Ostafrika, Aufnahme Gaudchau, Bildbestand der Deutschen Kolonialgesellschaft, Koloniales Bildarchiv der Stadt- und Universitätsbibliothek Frankfurt am Main, Bildnr. 048-1305-07.

Abb. 7: Geschossener Löwe, Ostafrika 1905, Aufnahme von Gaudchau, Bildbestand der Deutschen Kolonialgesellschaft, Koloniales Bildarchiv der Stadt- und Universitätsbibliothek Frankfurt am Main, Bildnr. 048-1305-38.

Abb. 8: Geschossenes Nashorn, Ostafrika, Aufnahme Dr. Hecker, Bildbestand der Deutschen Kolonialgesellschaft, Koloniales Bildarchiv der Stadt- und Universitätsbibliothek Frankfurt am Main, Bildnr. 056-1644-21.

Abb. 9: Jäger mit geschossenem Nashorn, Deutsch-Ostafrika, Bildbestand der Deutschen Kolonialgesellschaft, Koloniales Bildarchiv der Stadt- und Universitätsbibliothek Frankfurt am Main, Bildnr. 048-1306-15.

Abb. 10: Jäger Wilms mit geschossenem Büffel, Deutsch-Ostafrika, ca. 1909-1912, Aufnahme Woeckner, Bildbestand der Deutschen Kolonialgesellschaft, Koloniales Bildarchiv der Stadt- und Universitätsbibliothek Frankfurt am Main, Bildnr. 071-1999-60.

Abb. 11: Jäger mit geschossenem Leopard, Aufnahme Woeckner zwischen 1909 und 1912, Bildbestand der Deutschen Kolonialgesellschaft, Koloniales Bildarchiv der Stadt- und Universitätsbibliothek Frankfurt am Main, Bildnr. 071-1999-62.

Abb. 12: Unbekannter Europäer mit Elfenbeinzähnen, Deutsch-Ostafrika 1913, Bildbestand der Deutschen Kolonialgesellschaft, Koloniales Bildarchiv der Stadt- und Universitätsbibliothek Frankfurt am Main, Bildnr. 006-1133-01.

Abb. 13: Silberner Tortenheber mit Elfenbeingriff, um 1910, Aufnahme des Verfassers.

Abb. 14: Waldschutzgebiete in Deutsch-Ostafrika, aus: KOPONEN 1994: 534.

Abb. 15: Dr. Albrecht Freiherr von Rechenberg, Bildbestand der Deutschen Kolonialgesellschaft, Koloniales Bildarchiv der Stadt- und Universitätsbibliothek Frankfurt am Main, Bildnr. 018-0085-17.

Abb. 16: Staatssekretär Bernhard Dernburg während seines Aufenthaltes in Deutsch-Ostafrika 1907, Bildbestand der Deutschen Kolonialgesellschaft, Koloniales Bildarchiv der Stadt- und Universitätsbibliothek Frankfurt am Main, Bildnr. 006-1137-05.

Abb. 17: Geschossener Elefant, Ostafrika (?), Aufnahme Dr. Hecker, Bildbestand der Deutschen Kolonialgesellschaft, Koloniales Bildarchiv der Stadt- und Universitätsbibliothek Frankfurt am Main, Bildnr. 050-1491-01.

Abb. 18: Karawane mit Elfenbeintransport, Deutsch-Ostafrika, Aufnahme von Woeckner zwischen 1909 und 1912, Bildbestand der Deutschen Kolonialgesellschaft, Koloniales Bildarchiv der Stadt- und Universitätsbibliothek Frankfurt am Main, Bildnr. 071-1999-21.

Abb. 19: Verladung von Elfenbein, Kamerun, Bildbestand der Deutschen Kolonialgesellschaft, Koloniales Bildarchiv der Stadt- und Universitätsbibliothek Frankfurt am Main, Bildnr. 041-0243-44.

Abb. 20: Dr. Robert Koch, Bildbestand der Deutschen Kolonialgesellschaft, Koloniales Bildarchiv der Stadt- und Universitätsbibliothek Frankfurt am Main, Bildnr. 018-0076-18.

Abb. 21: Herausgerissenes Horn vom Nashorn, Bildbestand der Deutschen Kolonialgesellschaft, Koloniales Bildarchiv der Stadt- und Universitätsbibliothek Frankfurt am Main, Bildnr. 030-1503-18.

Abb. 22: Carl Georg Schillings, aus: SCHILLINGS 1935: Frontispiz.

Abb. 23: Kolonialdenkmal in Bremen. 1932 nach einem Entwurf des Bildhauers Fritz Behn errichtet, Aufnahme des Verfassers, November 2007.

Abb. 24: Wildschutzgebiete in Deutsch-Ostafrika, aus: REICHS-KOLONIALAMT: 1913.

Abb. 25: Wildschutzgebiete in Deutsch-Südwestafrika, aus: REICHS-KOLONIALAMT: 1913.

Abb. 26: Wildschutzgebiete in Togo, aus: REICHS-KOLONIALAMT: 1913.

16. Verzeichnis der verwendeten Abkürzungen

Abb.	Abbildung
Anonymus	Unbekannter Autor
Abt.	Abteilung
Bl.	Blatt
BArch	Bundesarchiv Berlin
ca.	circa
DGK	Deutsche Kolonialgesellschaft
DOA	Deutsch-Ostafrika
DSWA	Deutsch-Südwestafrika
et al.	et alii
GS	Preußische Gesetzessammlung
GStAPK	Geheimes Staatsarchiv Preußischer Kulturbesitz Berlin
Jhd.	Jahrhundert
Kg	Kilogramm
km^2	Quadratkilometer
KolBA	Koloniales Bildarchiv der Universität Frankfurt
Nr.	Nummer
RGBl.	Reichsgesetzblatt
vgl.	vergleiche
*	geboren
†	gestorben

Abb. 2: Giraffen vor dem Kilimandscharo, Deutsch-Ostafrika.

Abb. 3: Afrikaner mit Pfeil und Bogen, Deutsch-Ostafrika.

Abb. 4: Afrikanische Büffeljäger, Ostafrika.

Abb. 5: Afrikaner mit geschossenem Flusspferd, Ostafrika.

Abb. 6: Afrikaner mit geschossenem Büffel, Ostafrika.

Abb. 7: Geschossener Löwe, Ostafrika 1905.

Abb. 8: Geschossenes Nashorn, Ostafrika.

Abb. 9: Jäger mit geschossenem Nashorn, Deutsch-Ostafrika.

Abb. 10: Jäger Wilms mit geschossenem Büffel, Deutsch-Ostafrika, ca. 1909-1912.

Abb. 11: Jäger mit geschossenem Leopard, zwischen 1909 und 1912.

Abb. 12: Unbekannter Europäer mit Elfenbeinzähnen, Deutsch-Ostafrika 1913.

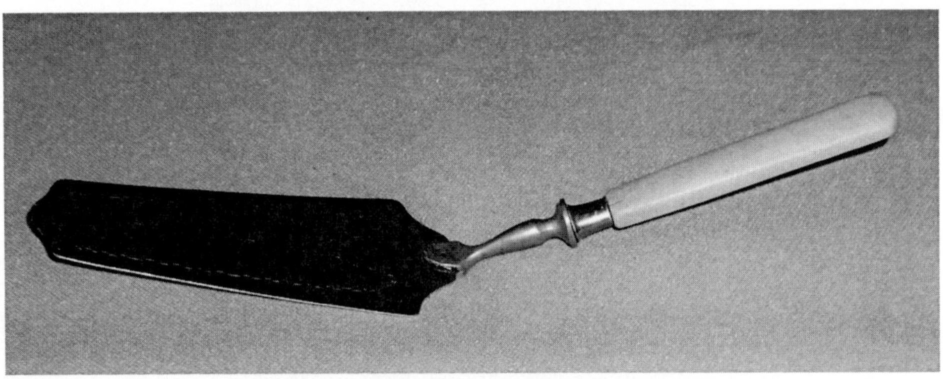

Abb. 13: Silberner Tortenheber mit Elfenbeingriff, um 1910.

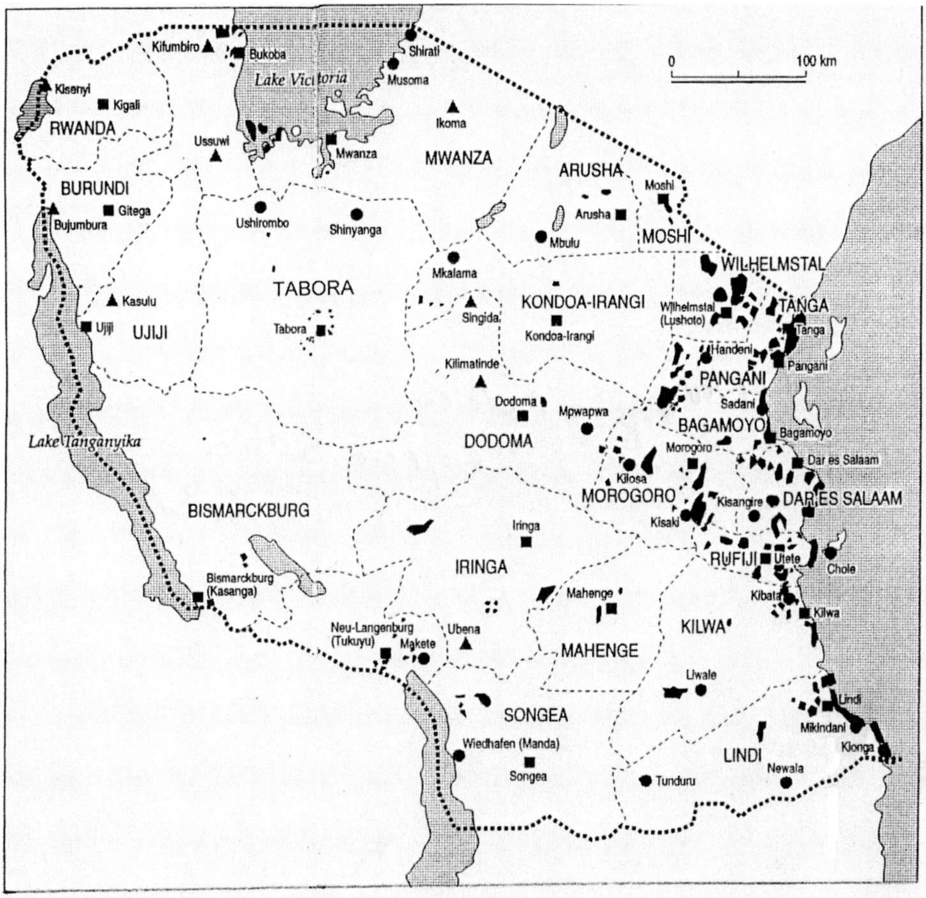

Abb. 14: Waldschutzgebiete in Deutsch-Ostafrika 1912.

Abb. 15: Dr. Albrecht Freiherr von Rechenberg, Gouverneur von Deutsch-Ostafrika.

Abb. 16: Staatssekretär Bernhard Dernburg während seines Aufenthaltes in Deutsch-Ostafrika 1907.

Abb. 17: Geschossener Elefant, Ostafrika.

Abb.: 18 Karawane mit Elfenbeintransport, Deutsch-Ostafrika, zwischen 1909 und 1912.

Abb. 19: Verladung von Elfenbein, Kamerun.

Abb. 20: Dr. Robert Koch.

Abb. 21: Herausgerissenes Horn vom Nashorn.

Abb. 22: Professor Carl Georg Schillings, Jäger, Forscher, Naturschützer.

Abb. 23: Für das Kolonialdenkmal in Bremen wurde der Elefant als Motiv verwendet. Errichtet 1932 nach einem Entwurf des Bildhauers und Naturschützers Fritz Behn.